普通高等教育"十一五"国家级规划教材　国际中文教育精品教材"1+2"工程　博雅国际汉语精品教材

博雅汉语·初级起步篇 I

Boya Chinese
Elementary

Third Edition ｜ 第三版

李晓琪　主编
任雪梅　徐晶凝　编著

北京大学出版社
PEKING UNIVERSITY PRESS

图书在版编目(CIP)数据

博雅汉语. 初级起步篇. Ⅰ / 李晓琪主编；任雪梅，徐晶凝编著. —3版. —北京：北京大学出版社，2023.10
博雅国际汉语精品教材
ISBN 978-7-301-34496-5

Ⅰ. ①博… Ⅱ. ①李… ②任… ③徐… Ⅲ. ①汉语-听说教学-对外汉语教学-教材 Ⅳ. ①H195.4

中国国家版本馆CIP数据核字(2023)第179333号

书　　　名	博雅汉语·初级起步篇Ⅰ（第三版） BOYA HANYU·CHUJI QIBU PIAN Ⅰ (DI-SAN BAN)
著作责任者	李晓琪　主编　任雪梅　徐晶凝　编著
责任编辑	唐娟华
外文审校	崔　虎　王　梓　矢竹幸
标准书号	ISBN 978-7-301-34496-5
出版发行	北京大学出版社
地　　　址	北京市海淀区成府路205号　100871
网　　　址	http://www.pup.cn　新浪微博：@北京大学出版社
电子邮箱	zpup@pup.cn
电　　　话	邮购部 010-62752015　发行部 010-62750672　编辑部 010-62767349
印　刷　者	河北博文科技印务有限公司
经　销　者	新华书店 889毫米×1194毫米　大16开本　29.125印张　660千字 2004年8月第1版　2013年4月第2版 2023年10月第3版　2025年5月第4次印刷
定　　　价	98.00元（含课本、练习册、词语手册、音频）

未经许可，不得以任何方式复制或抄袭本书之部分或全部内容。
版权所有，侵权必究
举报电话：010-62752024　电子邮箱：fd@pup.cn
图书如有印装质量问题，请与出版部联系，电话：010-62756370

第三版前言

2004年《博雅汉语》系列教材"起步篇""加速篇""冲刺篇""飞翔篇"陆续在北京大学出版社出版。该套教材出版后得到了同行比较广泛的认同。为使教材更上一层楼，在充分听取使用者意见的基础上，2012年，编写组对教材进行了全面修订。第二版《博雅汉语》结构更合理化，内容更科学化，装帧更现代化，更大限度地为使用者提供了方便。当前，国际中文教育进入了新时期，为进一步与时俱进，2022年，《博雅汉语》编写组的全体同人在教育部中外语言交流合作中心的领导下，与北京大学出版社共同努力，对《博雅汉语》进行了再次修订。本次修订主要体现在：

第一，与时俱进，讲好中国故事。

近十年来，中国发生了翻天覆地的变化，在多个领域取得了令人瞩目的成就，真实、立体的中国故事比比皆是：中国的经济快速增长，GDP从2009年的4.6万亿美元增长到2019年的14.4万亿美元，成为全球最大的商品贸易国；中国的高铁技术、5G技术以及航天技术在国际上处于领先地位；中国取得了惊人的减贫成就，人民的生活水平稳步提高；环境保护工作快速发展，绿水青山的生活理念形成共识；与世界各国的进一步交流合作，不断提升了中国在国际上的影响力，"一带一路"已初见成效；等等。把反映这些变化的生动故事融入《博雅汉语》之中，让学习者了解中国的发展变化，让真实的中国走向世界，是本次修订的主导思想之一。为达此目的，我们在初级和准中级阶段——起步篇和加速篇，主要是对第二版教材的内容进行修订，修改、删减和增加所需内容，并对个别课文进行更换；在中高级阶段——冲刺篇和飞翔篇，则每册都删减、增加了若干篇课文。如冲刺篇第二版中的《名字的困惑》《朋友四型》《一盏灯》《清晨的忠告》等删去，增加了《变化中的中国》《中国绿色发展对世界意味着什么？》《太空课堂》《女科学家的科技扶贫》等篇目；删去飞翔篇第二版中的《人》《随感二则》《球迷种种》《安乐死是人道还是合理谋杀》等篇目，增加《北京绿道》《中国真正实力，三大超级工程亮相》《丝路上的音乐交响》《快速发展仍是中国未来30年关键中的关键》等篇目。第三版《博雅汉语》，在充分继承展示中华文化魅力，提高中华文化感召力的传统基础上，更具活力，更具时代特色。

第二,遵从《标准》,落实教材编写新航标。

经国家语言文字工作委员会审定,由教育部和国家语委共同发布的《国际中文教育中文水平等级标准》(简称《标准》),已于2021年7月1日正式实施。这是国际中文教育领域的一件大事,是中文在全球信息传播和文化交流中的作用日益凸显、中文学习需求不断扩大的形势下,我们的学科为此献上的一份有分量的学术成果。《标准》为世界各地国际中文教育的总体设计、教材编写、课堂教学和课程测试提供了科学的参考。可以说,《标准》是国际中文教育事业的方向指引,也是国际中文教材编写的新航标。遵循《标准》,落实教材编写新航标是本次修订的另一个重要主导思想。下表是《标准》中的语言要素量化指标:

等次	级别	音节	汉字	词汇	语法
初等	一级	269	300	500	48
	二级	199/468	300/600	772/1272	81/129
	三级	140/608	300/900	973/2245	81/210
中等	四级	116/724	300/1200	1000/3245	76/286
	五级	98/822	300/1500	1071/4316	71/357
	六级	86/908	300/1800	1140/5456	67/424
高等	七—九级	202/1110	1200/3000	5636/11092	148/572
总计		1110	3000	11092	572

注:表格中"/"前后两个数字,前面的数字表示本级新增的语言要素数量,后面的数字表示截至本级累积的语言要素数量。高等语言量化指标不再按级细分。

第三版《博雅汉语》与《标准》量化指标的对应如下:

起步篇:零起点教材。学习完起步篇后,学习者将掌握词语约1200~1400个,语法项目约150个,达到《标准》初等二级。

加速篇:适合已掌握约1200个基本词语和初级语法项目的学习者使用。学习完加速篇后,学习者将掌握新词语约1500个,新语法项目约150个,达到《标准》中等四级。

冲刺篇：适合已经掌握约3000个词语，以及约300个语法项目的学习者使用。学习完冲刺篇后，学习者将掌握新词语约3000个，新语法项目约200个，达到《标准》中等六级。

飞翔篇：适合已掌握约6000个词语和中级语法项目的学习者使用。学习完飞翔篇三册书后，学习者将掌握新词语约5000个，新语法项目约300个，达到《标准》高等九级。

为进一步全面体现《标准》的新航标，并体现语合中心发布的《国际中文教育用中国文化和国情教学参考框架》，《博雅汉语》的每册书都特别在练习的内容、形式及数量方面进行了增补，为《博雅汉语》与新版HSK的接轨打下坚实的基础。

本次《博雅汉语》的修订，遵从《标准》，在学术标准上与行业要求相一致，保证了教材的科学性。

第三，运用现代教育技术，建设新形态立体化教材。

本次《博雅汉语》修订工作的另一个重要方面是，利用现代化教育技术，建设新形态立体化教材。为此，本次修订特别注重纸质教材与数字资源相互配合。在内容编写上，充分考虑数字资源的呈现方式和传播方式，实现线上线下的有机结合与协调统一。

第三版《博雅汉语》的配套数字资源主要包括：

（1）在线电子课件（分课时教学PPT）；

（2）在线数字教学资源包（供教师备课及课堂教学使用的文字、图片、音视频等）；

（3）在线数字教学示范课（编者或其他教学名师主讲的课堂教学示范）。

这些配套数字资源将有效辅助教师的备课及课堂教学，节省教师的备课时间，提高教学效率。

另外，《博雅汉语》自第一版起，就已经走向了世界，在韩国、俄罗斯、越南、泰国、埃及等国家有广大的用户，受到各国汉语教师及学习者的欢迎和喜爱。本次修订后，我们将结合教材开展线上或线下的专题讲座、教学研讨及教材使用培训等活动，并最终形成数字化资源，通过互联网平台向教材使用者发布，使《博雅汉语》的国际化地位得到进一步发展。

总之，在继承《博雅汉语》前两版的优势，特别是各个阶段不同的编写理念和优秀选文的基础上，融入新时代要求，编写符合新时代需求的、在《标准》指引下的、运用现代教育技术的受到使用者欢迎的教材，是本次修订的指导思想。

基于《博雅汉语》多年的使用实践及世界各地学习者的不同需求，本次修订，全套九册教材均配有练习册，教师可根据学生的实际汉语水平和课时量灵活选用；初级教材配有多语种释义词语手册，便于学生对基础生词的掌握，准中级至高级阶段词语手册总体上从英文、中英双语向全中文释义过渡，便于学生尽快进入在汉语世界里自由飞翔的阶段。全套九册词语手册均可扫码下载，手机阅读。

我们相信，第三版《博雅汉语》将以更加优质新颖的内容和灵活多样的传播形式，为更多国家的中文教育提供内容资源和教材基础服务，同时，我们也希望不断听到使用者对第三版《博雅汉语》的建设性意见，共同促使《博雅汉语》在促进国际中文教育事业发展中尽一份绵薄之力。

最后，衷心感谢北京大学出版社汉语及语言学编辑部邓晓霞主任、宋立文副主任及各位责任编辑，谢谢你们的辛勤付出！

李晓琪

2023年9月于蓝旗营

第二版前言

2004年,《博雅汉语》系列教材的第一个级别——《初级起步篇》在北京大学出版社问世,之后其余三个级别《准中级加速篇》《中级冲刺篇》和《高级飞翔篇》也陆续出版。八年来,《博雅汉语》一路走来,得到了同行比较广泛的认同,同时也感受到了各方使用者的关心和爱护。为使《博雅汉语》更上一层楼,更加符合时代对汉语教材的需求,也为了更充分更全面地为使用者提供方便,《博雅汉语》编写组全体同人在北京大学出版社的提议下,于2012年对该套教材进行了全面修订,主要体现在:

首先,作为系列教材,《博雅汉语》更加注意四个级别的分段与衔接,使之更具内在逻辑。为此,编写者对每册书的选文与排序,生词的多寡选择,语言点的确定和解释,以及练习设置的增减都进行了全局的调整,使得四个级别的九册教材既具有明显的阶梯性,由浅入深,循序渐进,又展现出从入门到高级的整体性,翔实有序,科学实用。

其次,本次修订为每册教材都配上了教师手册或使用手册,《初级起步篇》还配有学生练习册,目的是为使用者提供最大的方便。在使用手册中,每课的开篇就列出本课的教学目标和要求,使教师和学生都做到心中有数。其他内容主要包括:教学环节安排、教学步骤提示、生词讲解和扩展学习、语言点讲解和练习、围绕本课话题的综合练习题、文化背景介绍,以及测试题和练习参考答案等。根据需要,《初级起步篇》中还有汉字知识的介绍。这样安排的目的,是希望既有助于教学经验丰富的教师进一步扩大视野,为他们提供更多参考,又能帮助初次使用本教材的教师从容地走进课堂,较为轻松顺利地完成教学任务。

再次,每个阶段的教材,根据需要,在修订方面各有侧重。

《初级起步篇》:对语音教学的呈现和练习形式做了调整和补充,强化发音训练;增加汉字练习,以提高汉字书写及组词能力;语言点的注释进行了调整和补充,力求更为清晰有序;个别课文的顺序和内容做了微调,以增加生词的重现率;英文翻译做了全面校订;最大的修订是练习部分,除了增减完善原有练习题外,还将课堂练习和课后复习分开,增设了学生练习册。

《准中级加速篇》:单元热身活动进行了调整,增强了可操作性;生词表中的英文翻译除了针对本课所出义项外,增加了部分常用义项的翻译;生词表后设置了"用刚学过的词语回答下面的问题"的练习,便于学生者进行活用和巩固;语言点的解释根据学生常出现的问题增加了注意事项;课文和语言点练习进行了调整,以更加方便教学。

《中级冲刺篇》:替换并重新调整了部分主副课文,使内容更具趣味性,词汇量的递增也更具科学性；增加了"词语辨析"栏目，对生词中出现的近义词进行精到的讲解，以方便教师和学习者；调整了部分语言点，使中高级语法项目的容量更加合理；加强了语段练习力度，增加了相应的练习题，使中高级语段练习更具可操作性。

《高级飞翔篇》：生词改为旁注，以加快学习者的阅读速度，也更加方便学习者查阅；在原有的"词语辨析"栏目下，设置"牛刀小试"和"答疑解惑"两个板块，相信可以更加有效地激发起学习者的内在学习动力；在综合练习中，增加了词语扩展内容，同时对关于课文的问题和扩展性思考题进行了重新组合，使练习安排的逻辑更加清晰。

最后，在教材的排版和装帧方面，出版社投入了大量精力，倾注了不少心血。封面重新设计，使之更具时代特色；图片或重画，或修改，为教材锦上添花；教材的色彩和字号也都设计得恰到好处，为使用者展现出全新的面貌。

我们衷心地希望广大同人都继续使用《博雅汉语》第二版，并与我们建立起密切的联系，希望在我们的共同努力下，打造出一套具有时代特色的优秀教材。

在《博雅汉语》第二版即将出版之际，作为主编，我衷心感谢北京大学对外汉语教育学院的八位作者。你们在对外汉语教学领域都已经辛勤耕耘了将近二十年，是你们的经验和智慧成就了本套教材，是你们的心血和汗水浇灌着《博雅汉语》茁壮成长，谢谢你们！我也要感谢为本次改版提出宝贵意见的各位同仁，你们为本次改版提供了各方面的建设性思路，你们的意见代表着一线教师的心声，本次改版也融入了你们的智慧。我还要谢谢北京大学出版社汉语编辑室，感谢你们选定《博雅汉语》进行改版，感谢你们在这么短的时间内完成《博雅汉语》第二版的编辑和出版！

李晓琪
2012年5月

第一版前言

语言是人类交流信息、沟通思想最直接的工具，是人们进行交往最便捷的桥梁。随着中国经济、社会的蓬勃发展，世界上学习汉语的人越来越多，对各类优秀汉语教材的需求也越来越迫切。为了满足各界人士对汉语教材的需求，北京大学一批长期从事对外汉语教学的优秀教师在多年积累的经验之上，以第二语言学习理论为指导，编写了这套新世纪汉语精品教材。

语言是工具，语言是桥梁，但语言更是人类文明发展的结晶。语言把社会发展的成果一一固化在自己的系统里。因此，语言不仅是文化的承载者，语言自身就是一种重要的文化。汉语，走过自己的漫长道路，更具有其独特深厚的文化积淀，她博大、她典雅，是人类最优秀的文化之一。正是基于这种认识，我们将本套教材定名《博雅汉语》。

《博雅汉语》共分四个级别——初级、准中级、中级和高级。掌握一种语言，从开始学习到自由运用，要经历一个过程。我们把这一过程分解为起步——加速——冲刺——飞翔四个阶段，并把四个阶段的教材分别定名为《初级起步篇》（Ⅰ、Ⅱ）、《准中级加速篇》（Ⅰ、Ⅱ）、《中级冲刺篇》（Ⅰ、Ⅱ）和《高级飞翔篇》（Ⅰ、Ⅱ、Ⅲ）。全套书共九本，既适用于本科的四个年级，也适用于处于不同阶段的长、短期汉语进修生。这是一套思路新、视野广，实用、好用的新汉语系列教材。我们期望学习者能够顺利地一步一步走过去，学完本套教材以后，可以实现在汉语文化的广阔天空中自由飞翔的目标。

第二语言的学习，在不同阶段有不同的学习目标和特点。《博雅汉语》四个阶段的编写既遵循汉语教材的一般性编写原则，也充分考虑到各阶段的特点，力求较好地体现各自的特色和目标。

《初级起步篇》

运用结构、情景、功能理论，以结构为纲，寓结构、功能于情景之中，重在学好语言基础知识，为"飞翔"做扎实的语言知识准备。

《准中级加速篇》

运用功能、情景、结构理论，以功能为纲，重在训练学习者在各种不同情景中的语言交际能力，为"飞翔"做比较充分的语言功能积累。

《中级冲刺篇》

以话题理论为原则，为已经基本掌握了基础语言知识和交际功能的学习者提供经过精心选择的人类共同话题和反映中国传统与现实的话题，目的是在新的层次上加强对学习者运用特殊句型、常用词语和成段表达能力的培养，推动学习者自觉地进入"飞翔"阶段。

《高级飞翔篇》

以语篇理论为原则，以内容深刻、语言优美的原文为范文，重在体现人文精神、突出人类共通文化，展现汉语篇章表达的丰富性和多样性，让学习者凭借本阶段的学习，最终能在汉语的天空中自由飞翔。

为实现上述目的，《博雅汉语》的编写者对四个阶段的每一具体环节都统筹考虑，合理设计。各阶段生词阶梯大约为1000、3000、5000和10000，前三阶段的语言点分别为：基本覆盖甲级，涉及乙级——完成乙级，涉及丙级——完成丙级，兼顾丁级。《飞翔篇》的语言点已经超出了现有语法大纲的范畴。各阶段课文的长度也呈现递进原则：600字以内、1000字以内、1500~1800字、2000~2500字不等。学习完《博雅汉语》的四个不同阶段后，学习者的汉语水平可以分别达到HSK的3级、6级、8级和11级。此外，全套教材还配有教师用书，为选用这套教材的教师最大可能地提供方便。

综观全套教材，有如下特点：

针对性： 使用对象明确，不同阶段采取各具特点的编写理念。

趣味性： 内容丰富，贴近学生生活，立足中国社会，放眼世界，突出人类共通文化；练习形式多样，版面活泼，色彩协调美观。

系统性： 词汇、语言点、语篇内容及练习形式体现比较强的系统性，与HSK协调配套。

科学性： 课文语料自然、严谨；语言点解释科学、简明；内容编排循序渐进；词语、句型注重重现率。

独创性： 本套教材充分考虑汉语自身的特点，充分体现学生的学习心理与语言认知特点，充分吸收现在外语教材的编写经验，力求有所创新。

我们希望《博雅汉语》能够使每个准备学习汉语的学生都对汉语产生浓厚的兴趣，使每个已经开始学习汉语的学生都感到汉语并不难学。学习汉语实际上是一种轻松愉快的体验，只要付出，就可以快捷地掌握通往中国文化宝库的金钥匙。我们也希望从事对外汉语教学的教师都愿意使用《博雅汉语》，并与我们建立起密切的联系，通过我们的共同努力，使这套教材日臻完善。

我们祝愿所有使用这套教材的汉语学习者都能取得成功，在汉语的天地自由飞翔！

最后，我们还要特别感谢北京大学出版社的各位编辑，谢谢他们的积极支持和辛勤劳动，谢谢他们为本套教材的出版所付出的心血和汗水！

李晓琪
2004年6月于勺园
lixiaoqi@pku.edu.cn

编写说明

本教材是《博雅汉语》系列精读教材的初级部分——《初级起步篇Ⅰ》，适合零起点的学生使用。

本教材采用以结构为纲，寓结构、功能于情景之中的编写原则，力求为学生以后的学习打下比较坚实的语言基础。在内容的编写与选取方面，突出实用性，力求场景的真实自然。本教材内容以学生的学习和生活为主，选取了校园及其他与学生日常生活密切相关的场景，以帮助学生尽快适应学校及日常生活。课文全部采用对话体，以满足学生用汉语进行交际的基本需求。

本教材共选取常用词语近700个，语言点近80项，课文的长度达到250字左右，对话及话轮转换近20句。

全书共有30课，每5课为一个单元，每单元的第5课为单元总结复习课，对前4课出现的语言点进行总结和复习，原则上不再出现新的语言点。此外，为了加强本书的实用性和适用范围，我们设立了单独的"语音"部分，教师在教学中可以针对学生的实际情况灵活处理，自主选用。

本教材是给学生使用的课本，为了帮助使用本教材的教师更好地了解本书的编写原则及各课的教学目标、教学重点，本教材还配备了《教师手册》。此外，为了巩固学习效果，除了课本中的练习外，我们还编写了《练习册》。课本上的练习以听说为主，可以在课堂上完成，而《练习册》则以书写为主，可以理解为课后作业本，原则上应该交给任课老师批阅。练习的设计以帮助学生逐步提高汉语综合能力为原则，涉及听说读写各种技能的训练，主要有语音练习、词汇练习、语言点练习、汉字练习、成段表达与阅读理解练习等。我们希望通过本书的学习，学习者可以打下良好而坚实的基础，积蓄充足的能量和后劲，实现在汉语的天空中自由飞翔的目标。

本书第一版的编写是由两位老师合作完成的：前15课由任雪梅执笔，后15课由徐晶凝执笔，任雪梅负责统稿。此次修订再版，则由任雪梅负责。主要在以下几个方面进行了修订：

1. 语音部分：（1）增加了声母表、韵母表，附了例字，增加了五度声调表及音变部分，将三声变调、"一"和"不"的变调、轻声和儿化都放在了这部分。（2）删除了原来的拼读表，但保留了声母、韵母和练习部分。（3）对各课的语音练习进行了调整，突出了对难音和重点音的训练，加强了声调、特别是词语连读的练习。练习形式更加简明实用，更具有可操作性。（4）补充了汉字笔画表。

2. 课文部分：（1）删除了部分过时的词语，增加了一些学生需要的词语。（2）调整了部分课文的顺序，使得语言点的学习顺序更加合理。（3）充实了复习课的内容，补充了包括前5课语言点的句子，使得复习的性质更加突出。（4）对一些非语言点的固定格式或特殊用法进行了注释。

3. 语言点：（1）对一些语言点进行了修改和补充。增加了几个语言点，删除了个别硬伤。（2）对一些例句进行了修改，使得句中出现的词语基本上是学过的生词，增加了生词的重现率，减少了词语的难度。

4. 练习部分：（1）统一了整本书的练习类型，使其在体例和练习量上更能保持一致。特别是加强了复习课中的练习，突出了复习、总结和归纳的作用。（2）对练习中的句子进行了修改，主要使用学过的词语，以加强词汇重现率。（3）课本中保留了机械性、操练性的可控练习，基本上在老师的带领下即可当堂完成；将需要思考和书写的练习，如组词成句、短文填空、阅读回答问题、段落写作练习等，调整到了《练习册》，可作为课外作业布置给学生。

5. 汉字部分：每课选取 10 个在结构上具有代表性和典型性的汉字，以田字格的形式呈现在课文的最后部分，目的是让学生了解汉字的基本结构，给学生一个整体印象和书写标准，具体的书写练习则放在《练习册》。《练习册》中的"汉字书写练习"由叶向阳老师编撰。

6. 对课文及语言点的英文翻译重新做了校对。

本教材自 2004 年出版以来，一晃已经 9 年过去了。在此期间，我们不断得到使用这套教材的教师、留学生的反馈意见，也看到了对这套教材进行研究的论文中所谈到的意见和建议。我们早就有修订再版的想法，此次终于在北京大学出版社王飙老师的推动下付诸实施，特在此表示感谢！也特别对所有使用和关心《博雅汉语·初级起步篇》并提出意见和建议的朋友表示衷心的感谢！恕我不能在此将他们的名字一一列出。

在本书的编写过程中，我们得到了各方面的大力支持和帮助，主编李晓琪教授多次就教材的编写原则及许多细节问题和编者进行充分的沟通和讨论。北京大学出版社的责编老师们也提出了非常专业的意见，她们尽职尽责的工作态度令我感动，在此一并表示诚挚的谢意！

此次再版，我们请美国斯坦福大学语言中心的 Michelle Leigh DiBello（狄萍）对本书的英文翻译进行了全面的修订，为此，狄萍老师 2012 年的春假过得比学期还忙。在这里，对她的辛勤付出表示最诚恳的感谢！

我们仍然希望使用本书的老师和学生朋友能够喜欢她，并能通过本书享受学习汉语的过程。我们也期待着来自您的宝贵意见。

编者
2012 年 4 月

人物介绍 Introduction of the Characters

刘明：大卫和玛丽的汉语老师。

李军：中国人，北京大学学生。

张红：中国人，清华大学学生。

安娜：俄罗斯留学生，玛丽的朋友。

大卫：美国留学生。

中村：日本留学生，玛丽的同屋。

玛丽：加拿大留学生。

简称表 Abbreviations

缩写 Abbreviations	英文名称 English Names	中文名称 Chinese Names	拼音 *Pinyin*
adj.	adjective	形容词	xíngróngcí
adv.	adverb	副词	fùcí
aux.	auxiliary	助动词	zhùdòngcí
conj.	conjunction	连词	liáncí
interj.	interjection	叹词	tàncí
mw.	measure word	量词	liàngcí
n.	noun	名词	míngcí
num.	numeral	数词	shùcí
ono.	onomatopoeia	拟声词	nǐshēngcí
part.	particle	助词	zhùcí
pn.	proper noun	专有名词	zhuānyǒu míngcí
pref.	prefix	词头	cítóu
prep.	preposition	介词	jiècí
pron.	pronoun	代词	dàicí
q.	quantifier	数量词	shùliàngcí
suff.	suffix	词尾	cíwěi
v.	verb	动词	dòngcí
S	Subject	主语	zhǔyǔ
P	Predicate	谓语	wèiyǔ
O	Object	宾语	bīnyǔ
Attr	Attribute	定语	dìngyǔ
A	Adverbial	状语	zhuàngyǔ
C	Complement	补语	bǔyǔ
NP	Noun Phrase	名词短语	míngcí duǎnyǔ
VP	Verbal Phrase	动词短语	dòngcí duǎnyǔ

目 录

	课文	语言点	页码
	语音		1
	汉字笔画表		10
第1单元	1 你好	1. "是"字句 2. 用"吗"的疑问句	11
	2 你是哪国人	1. 们 2. 也 3. 呢（1）	16
	3 那是你的书吗	1. 这/那 2. 特殊疑问句 3. 定语（1）	22
	4 图书馆在哪儿	1. 在/是 2. 哪儿 3. 方位名词（1）	28
	5 我是北京大学的留学生	单元语言点小结	35
第2单元	6 现在几点	1. 钟点表达法 2. 数字表达法	41
	7 明天你有课吗	1. "有"字句 2. 吧（1） 3. 方位名词（2） 4. 序数表达法 5. 时间名词做状语	47
	8 你的电话号码是多少	1. 吧（2） 2. 呢（2） 3. 号码表达法 4. "几"和"多少"（1）	54
	9 多少钱一瓶	1. "几"和"多少"（2） 2. "二"和"两" 3. 量词 4. 钱数表达法	61
	10 你家有几口人	单元语言点小结	68

Elementary 1/Textbook

第3单元	**11** 北京的冬天比较冷	1. 怎么样 2. 不 A 不 B 3. 形容词谓语	75
	12 你在干什么	1. S + 在 + VP（呢） 2. 每……都…… 3. 星期的表达法 4. 从……到……	82
	13 我去图书馆还书	1. 连动句 2. 先……，然后…… 3. "咱们"和"我们" 4. "A 不 A"和"V 不 V"	89
	14 我喜欢浅颜色的	1. 挺 + adj. 2. 定语（2） 3. "的"字词组 4. 有（一）点儿	96
	15 明天是我朋友的生日	单元语言点小结	102
第4单元	**16** 周末你干什么	1. 太……了 2. 动词重叠 3. 地点状语	108
	17 做客（一）	1.（是）A 还是 B 2. 就是 3. 会（1）	114
	18 做客（二）	1. 列举 2. 得（děi） 3. 反问句（1） 4. 如果……（的话），就……	121
	19 现在习惯了	1. 了（1）：V（+ NP）+ 了 2. "就"和"才" 3. 还 4. 年龄表达法	128
	20 看病人	单元语言点小结	135

单元	课号	课文标题	语言点	页码
第5单元	21	我喝了半斤白酒	1. 又 2. 了（2）：V + 了 + 数量词 + NP 3. 好像	141
	22	他感冒了	1. 能 2. 了（3）：不 + VP + 了 3. 最好 4. 日期表达法	146
	23	你学了多长时间汉语	1. 了（4）：V + 了 + 时间词（+ NP） 2. 了（5）：adj. + 了 3. "就"的小结	152
	24	你吃了早饭来找我	1. 祈使句 2. 反问句（2） 3. 了（6）：V₁ + 了 + NP + V₂（+ NP） 4. 时间状语、地点状语的语序	158
	25	你该多锻炼锻炼了	1. 助动词小结 2. 了（7）：该 + VP + 了 3. 了（8）：别 + VP + 了 4. 了（9）：没 + NP + 了 5. 单元语言点小结	164
第6单元	26	快考试了	1. 快/要/快要……了 2. 只好 3. 可能 4. 再	172
	27	爸爸妈妈让我回家	1. 极了 2. 想/要 3. 动量词	178
	28	考得怎么样	1. 还/再……就……了 2. 带"得"的状态补语	184
	29	我们已经买好票了	1. 结果补语（1） 2. 会（2）	191
	30	我要参加联欢会	单元语言点小结	198

课文译文	204
词语索引	221
专有名词	232
语言点索引	233

语音 Pronunciation

 概述 General Introduction

声母、韵母和声调 Initials, finals and tones

汉语的音节由三部分组成：声母、韵母和声调。声调不同，意义就可能不一样。

Among the components of a Chinese syllable, there is a tone besides the initial and the final. Syllables with same initials and finals but in different tones usually have different meanings.

声母（initial）+ 韵母（final）+ 声调（tone）= 音节（syllable）
　　m　　　　+　　a　　　+　　－　　　=　　mā

1. 声母 Initials

声母共有 21 个。There are 21 initials.

发音部位	Place of articulation	声母 Initials	例字 Examples
双唇音	Bilabial	b p m	八 怕 马
唇齿音	Labio dental	f	风
舌尖前音	Apical dental	z c s	子 词 三
舌尖中音	Apical alveolar	d t n l	大 天 女 六
舌尖后音	Sub-apical	zh ch sh r	中 车 十 人
舌面音	Palatal	j q x	几 七 下
舌根音	Velar	g k h	哥 开 火

2. 韵母 Finals

韵母共有 38 个。There are 38 finals.

	韵母 Finals						例字 Examples			
单韵母 Simple finals	a	o	e	i	u	ü	八 五	我 雨	了	里
复韵母 Compound finals	ai ao	ou	ei	ia ie iao iou(iu)	ua uo uai uei(ui)	üe	白 牙 花 月	包 也 火	走 叫 坏	飞 右 回
鼻韵母 Nasal finals	an ang	ong	en eng	ian in iang ing iong	uan uen(un) uang ueng	üan ün	安 生 英 光	当 见 用 翁	工 今 关 全	门 江 问 云

此外，还有"er、-i[ʅ]、-i[ɿ]"。

3. 声调　Tones

声调有四个。There are four tones.

The first tone	mā	妈（mother）	55
The second tone	má	麻（hemp）	35
The third tone	mǎ	马（horse）	214
The fourth tone	mà	骂（curse）	51

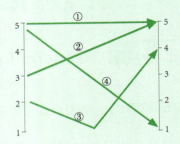

2 语音　Pronunciation

1. 声母和韵母（1）　Initials and finals（1）

声母：b p m f d t n l g k h

韵母：a o e i u

🎧 听后选择　Choose the syllables that you heard

1. bo–po　　2. bo–ba　　3. mo–me　　4. fo–fu　　5. mo–mu

6. da–ta　　7. le–ne　　8. gu–ku　　9. hu–fu　　10. mi–ni

2. 声母和韵母（2）　Initials and finals（2）

声母：z c s zh ch sh r

韵母：ai ao ou ei ua uo uai uei(ui)

🎧 听后选择　Choose the syllables that you heard

1. zai–cai　　2. zao–zhao　　3. zhou–chou　　4. shai–sai　　5. cao–sao

6. chao–shao　　7. rou–rao　　8. zhua–zhuo　　9. shei–sui　　10. zhui–zhuai

3. 声母和韵母（3）　Initials and finals（3）

声母：j q x n l

韵母：i ü ia ie iao iou(iu) üe

🎧 听后选择　Choose the syllables that you heard

1. nie–lie　　2. lia–liao　　3. ju–qu　　4. jue–que　　5. qu–xue

6. jie–jue　　7. lie–lüe　　8. qiu–que　　9. nü–lü　　10. ji–xi

4. 声母和韵母（4） Initials and finals（4）

声母：b d z zh j q

韵母：an en in ian uen(un) uan ün üan

🎧 听后选择 Choose the syllables that you heard

1. ban–bin   2. zen–zun   3. dun–duan   4. zhen–zhun   5. jun–juan
6. dan–duan   7. qian–quan   8. zhan–zhuan   9. zhun–jun   10. zan–zhan

5. 声母和韵母（5） Initials and finals（5）

声母：b p d t g k j q ch sh c s

韵母：ang eng ing iang iong uang ong ueng

🎧 听后选择 Choose the syllables that you heard

1. pang–bang   2. deng–teng   3. sang–cang   4. chuang–shuang   5. gong–kong
6. jing–jiong 7. weng–wang   8. chuang–chang 9. qing–xing   10. bing–beng

6. 朗读下面的常用语句 Read aloud the following expressions

日常用语　Daily Expressions		
1. 你好。	Nǐ hǎo.	How are you? / How do you do?
2. 早上好。	Zǎoshang hǎo.	Good morning.
3. 下午好。	Xiàwǔ hǎo.	Good afternoon.
4. 晚上好。	Wǎnshang hǎo.	Good evening.
5. 晚安。	Wǎn'ān.	Good night.
6. 谢谢。	Xièxie.	Thank you.
7. 不客气。	Bú kèqi.	You're welcome.
8. 对不起。	Duìbuqǐ.	Sorry.
9. 没关系。	Méi guānxi.	It's okey.
10. 再见。	Zàijiàn.	Bye.
11. 明天见。	Míngtiān jiàn.	See you tomorrow.
12. 请进。	Qǐng jìn.	Come in please.
13. 认识你很高兴。	Rènshi nǐ hěn gāoxìng.	I'm glad to meet you.

3 音变　Sound Change

1. 变调　Tone changes

（1）三声变调　Third tone sandhi

当两个第三声相连时，第一个第三声变为第二声。
When two 3rd tones are next to each other, the first one changes into the 2nd tone.

nǐ hǎo → ní hǎo（你好）

shǒubiǎo（手表）　lǎohǔ（老虎）　xǐ shǒu（洗手）　mǎi shuǐ（买水）
fǔdǎo（辅导）　　kěyǐ（可以）　xiǎo niǎo（小鸟）　qǐ zǎo（起早）

（2）"一"的变调　Tone changes of 一

"一"单念或在词尾时读为 yī，在第一、二、三声前读为 yì，在第四声前读为 yí。
When it is read independently or is at the end of a word, 一 (one) is pronounced as yī; when it precedes a 1st, 2nd or a 3rd tone, 一 is pronounced as yì; when it precedes a 4th tone, 一 is pronounced as yí.

yī + ˉˊˇ → yì + ˉˊˇ
yī + ˋ → yí + ˋ

yì tiān（一天）　yì nián（一年）　yì běn（一本）　yí gè（一个）

（3）"不"的变调　Tone changes of 不

"不"单念或在第一、二、三声前声调不变，读为 bù，在第四声前读为 bú。
The tone of 不 (no) does not change when it stands by itself or precedes a 1st, 2nd or a 3rd tone, pronounced as bù, but it is pronounced as bú when it precedes a 4th tone.

bù + ˉˊˇ → bù + ˉˊˇ
bù + ˋ → bú + ˋ

bù tīng（不听）　bù xué（不学）　bù xiǎng（不想）　bú qù（不去）

2. 轻声　The neutral tone

māma（妈妈）　　wǒmen（我们）　　huílai（回来）
nǐ de（你的）　　péngyou（朋友）　gēge（哥哥）
nǐmen（你们）　　chūqu（出去）　　piàoliang（漂亮）

3. 儿化　The retroflex final

huà（画 to draw）　　　　huàr（画儿 picture）
cuò（错 wrong）　　　　　cuòr（错儿 mistake）
xìn（信 to believe）　　　xìnr（信儿 message）

拼写规则　Spelling Rules

1. 音节拼写规则　Spelling rules of syllables

（1）ü 或以 ü 为韵头的韵母单独成音节时，在其前加 y，ü 上两点省略。

When there is no initial before the final ü or a final starting with ü in a syllable, we add y before the final. The two dots above ü are dropped.

ü → yu　　üe → yue

（2）i 单独成音节时，其前加 y。

When there is no initial before the final i in a syllable, we add y before the final.

i → yi

（3）以 i 为韵头的韵母单独成音节时，将 i 改为 y。

When there is no initial before a final starting with i, we change i into y.

iao → yao　　iou → you

（4）u 单独成音节时，其前加 w。

When there is no initial before the final u, we add w before the final.

u → wu

（5）以 u 为韵头的韵母单独成音节时，将 u 改为 w。

When there is no initial before a final starting with u, we change u into w.

ua → wa　　uai → wai　　uan → wan　　uang → wang

（6）ü 或以 ü 为韵头的韵母与 j、q、x 相拼时，ü 上两点省略。

When the final ü or a final starting with ü is preceded by j, q and x, the two dots above ü are dropped.

ü → ju　qu　xu　jun　quan　xue

（7）iou、uei、uen 三个韵母与声母相拼时，要写为 iu、ui、un。

When preceded by initials, the finals iou, uei and uen are shortened as iu, ui and un respectively.

iou → iu：　jiu　qiu　xiu　diu
uei → ui：　tui　gui　zhui　sui
uen → un：　lun　kun　dun　shun

🖊 根据拼写规则写出下列音节　　Write the following syllables according to the spelling rules

i		ian		iong		iou	
ie		u		uo		ua	
uai		uei		uen		ueng	
uang		ü		üe		ün	

2. 声调的标写规则　　Rules of tone marking

声调要标写在音节的主要元音上（发音时开口度大、声音响亮的元音）。

We use the tone marks on the main vowel（the one pronounced the loudest and with the mouth open widest）.

声调标写的优先顺序　The preferred order　a e o i/u

（1）音节中只有一个元音时，声调就标在这个元音上。

When there is only one vowel in the syllable, the tone mark should be put above the vowel.

bā　bō　tè　mí　lú　lǜ　bān　lóng　pén　nín　lún　jūn

（2）音节中有元音 a 时，声调标在 a 上。

When there is the vowel a in the syllable, the tone mark should be put above it.

bāo　bāi　zhuāng　jiāng　juān

（3）音节中有元音 e、i 或 ü 时，声调标在 e 上。

When there are the vowels e, i or ü in the syllable, the tone mark should be put above e.

bèi　què

（4）音节中有 o、u 或 i 时，声调标在 o 上。

When there are the vowels o, u or i in the syllable, the tone mark should be put above o.

lóu　jiǒng

（5）u、i 一起出现时，标在后一个元音上。

When there are the vowels u and i in the syllable, the tone mark should be put above the latter one.

tuì　jiǔ

🖊 给下列词语标写声调　　Add tone marks to the following syllables

拼音	pinyin	phonetic transcription
声调	shengdiao	tone
汉字	Hanzi	Chinese character
生词	shengci	new word
语法	yufa	grammar

5 综合练习 General Review

1. 辨音练习   Sound discrimination

b—p
- pùzi（铺子）— bùzi（步子）
- màibó（脉搏）— bàopò（爆破）
- miánbù（棉布）— diànpù（店铺）
- bùfá（步伐）— pǔfǎ（普法）
- piǎobái（漂白）— bāngpài（帮派）
- míngbai（明白）— ménpái（门牌）

d—t
- dùzi（肚子）— tùzi（兔子）
- dàitì（代替）— dìtú（地图）
- tèbié（特别）— bié de（别的）
- dāngmiàn（当面）— tāngmiàn（汤面）
- tuǒdang（妥当）— duō tàng（多烫）
- tuīdòng（推动）— tǔduī（土堆）

g—k
- gēge（哥哥）— kěkě（可可）
- kāiguān（开关）— gàiguān（概观）
- guānxīn（关心）— kuān xīn（宽心）
- kuāngguǎng（宽广）— kānguǎn（看管）
- guà hào（挂号）— guàkào（挂靠）
- gēn bān（跟班）— kěngàn（肯干）

j—q
- jījí（积极）— jīqì（机器）
- jīchuáng（机床）— qǐ chuáng（起床）
- jiējí（阶级）— qièjì（切记）
- jìnghè（敬贺）— qìnghè（庆贺）

zh—ch
- zhǎnlǎn（展览）— chǎn luǎn（产卵）
- zhìlǐ（治理）— chīlì（吃力）
- zhèngzhì（政治）— chéngchí（城池）
- zhuāntou（砖头）— chuántóu（船头）

zh ch sh—z c s
- zhàn qián（站前）— zǎn qián（攒钱）
- chēngzàn（称赞）— zēnghèn（憎恨）
- shāngyè（商业）— sǎngyīn（嗓音）
- zhìdì（质地）— zǐdì（子弟）

j q x—zh ch sh
- jūzhù（居住）— qūchú（驱除）— xūshè（虚设）
- jiūjìng（究竟）— qiújìn（囚禁）— xiūchǐ（羞耻）
- juédìng（决定）— quèshí（确实）— xuéxí（学习）
- jūnduì（军队）— qúnjū（群居）— xúnzhǎo（寻找）

```
an  en  in—ang  eng  ing
    lán tiān（蓝天）— láng háo（狼嚎）    wánshuǎ（玩耍）— wángguó（王国）
    běnlái（本来）— béng lái（甭来）      fèntǔ（粪土）— fēngdù（风度）
    nín hǎo（您好）— níngjìng（宁静）     línlì（林立）— línglóng（玲珑）
```

2. 声调练习　Tone exercises

（1）四声组合　Combinations of four tones

dōngguā（冬瓜）	shūzhuō（书桌）	fāshēng（发生）
hóngchá（红茶）	dírén（敌人）	fángchén（防尘）
hǎotīng（好听）	fǎngtán（访谈）	lǚfèi（旅费）
cèyàn（测验）	fàngqì（放弃）	bànyè（半夜）
pīpíng（批评）	hūnlǐ（婚礼）	chū jià（出嫁）
liánjiē（连接）	féiměi（肥美）	táotài（淘汰）
tòngkǔ（痛苦）	zhèngzhí（正直）	dàmǐ（大米）

（2）三声变调　Third tone sandhi

    shǒubiǎo——shóubiǎo（手表）   yǔsǎn——yúsǎn（雨伞）
    xiǎomǐ——xiáomǐ（小米）   gǎnxiǎng——gánxiǎng（感想）
    lěngshuǐ——léngshuǐ（冷水）   hěn hǎo——hén hǎo（很好）

（3）"一"的变调　Tone changes of 一

    yígòng（一共）   yìqǐ（一起）   yì tiáo（一条）
    yíbàn（一半）   yìbān（一般）   yíxiàr（一下儿）

（4）"不"的变调　Tone changes of 不

    bú gòu（不够）   bù duō（不多）   bù xǔ（不许）
    bú mài（不卖）   bú shì（不是）   bú rè（不热）

3. 音节练习　Syllable exercises

（1）音节拼读　Read the following syllables

    yī   wú   yǔ   yào   yuè
    wán   yuǎn   liù   tuī   lùn

（2）听后标声调　Add tone marks to the following syllables after you heard

  mai   bo   qiu   dui   meng
  bie   lou   juan   bei   long

（3）用正确的拼写形式改写　Correct the following syllables according to the spelling rules

  liou   yie   jü   qüan   tuei
  luen   iao   uan   ü   i

4. 唱儿歌　Listen to the children's song below and sing along

Chūntiān zài nǎli?	春天在哪里？
Chūntiān zài nǎli?	春天在哪里？
Chūntiān jiù zài xiǎopéngyǒu de xīnwō li.	春天就在小朋友的心窝里。
Zhèli yǒu hóng huār,	这里有红花儿，
Zhèli yǒu lǜ cǎo,	这里有绿草，
Hái yǒu nà huì chàng gē de xiǎo huánglí.	还有那会唱歌的小黄鹂。

5. 朗读下面的常用语句　Read aloud the following expressions

课堂用语 Expressions in Class					
读生词	dú shēngcí	to read the new words	打开书，第4页	dǎkāi shū, dì-sì yè	to open your books, at P4
听	tīng	to listen	读课文	dú kèwén	to read the text
听写	tīngxiě	to have a dictation	跟我读	gēn wǒ dú	to follow me to read
作业	zuòyè	homework	做练习	zuò liànxí	to do the exercises
老师	lǎoshī	teacher	再说一遍	zài shuō yí biàn	to repeat

汉字笔画表

笔画 Strokes	名称 Names		例字 Examples
丶	点	diǎn	广
一	横	héng	王
丨	竖	shù	巾
丿	撇	piě	白
㇏	捺	nà	八
㇀	提	tí	打
㇏	撇点	piēdiǎn	巡
㇗	竖提	shùtí	农
㇆	横折提	héngzhétí	论
㇉	弯钩	wāngōu	承
亅	竖钩	shùgōu	小
㇄	竖弯钩	shùwāngōu	屯
㇂	斜钩	xiégōu	浅
㇁	卧钩	wògōu	心
㇇	横钩	hénggōu	写
㇆	横折钩	héngzhégōu	月
㇈	横折弯钩	héngzhéwāngōu	九
㇌	横撇弯钩	héngpiěwāngōu	那
㇋	横折折折钩	héngzhézhézhégōu	奶
㇡	竖折折钩	shùzhézhégōu	与
㇄	竖弯	shùwān	四
㇍	横折弯	héngzhéwān	沿
㇕	横折	héngzhé	口
㇗	竖折	shùzhé	山
㇜	撇折	piězhé	云
㇀	横撇	héngpiě	水
㇅	横折折撇	héngzhézhépiě	建
㇙	竖折撇	shùzhépiě	专

Nǐ hǎo
你好

大　卫：你好！

李　军：你好！

大　卫：你是老师吗？

李　军：不是，我不是老师，我是学生。她是老师。

大　卫：谢谢。

李　军：不客气。

Dàwèi：　Nǐ hǎo!
Lǐ Jūn：　Nǐ hǎo!
Dàwèi：　Nǐ shì lǎoshī ma?
Lǐ Jūn：　Bú shì, wǒ bú shì lǎoshī, wǒ shì xuésheng. Tā shì lǎoshī.
Dàwèi：　Xièxie.
Lǐ Jūn：　Bú kèqi.

大　卫：老师，您好！

王老师：你好！你是留学生吗？

大　卫：是，我是留学生。

王老师：你叫什么名字？

大　卫：我叫大卫。

Dàwèi:	Lǎoshī, nín hǎo!		
Wáng lǎoshī:	Nǐ hǎo! Nǐ shì liúxuéshēng ma?		
Dàwèi:	Shì, wǒ shì liúxuéshēng.		
Wáng lǎoshī:	Nǐ jiào shénme míngzi?		
Dàwèi:	Wǒ jiào Dàwèi.		

New Words and Expressions

1	你好	nǐ hǎo		Hello!
	好	hǎo	adj.	good, fine
2	你	nǐ	pron.	you
3	是	shì	v.	to be; yes
4	老师	lǎoshī	n.	teacher
5	吗	ma	part.	*interrogative particle*
6	不	bù	adv.	no, not
7	我	wǒ	pron.	I, me
8	学生	xuésheng	n.	student
9	她	tā	pron.	she, her
10	谢谢	xièxie	v.	Thank you.
11	不客气	bú kèqi		You are welcome.
12	您	nín	pron.	you
13	留学生	liúxuéshēng	n.	foreign student, international student
14	叫	jiào	v.	to call, to be called
15	什么	shénme	pron.	what
16	名字	míngzi	n.	name

专有名词　Proper Nouns

1　大卫　　　　　Dàwèi　　　　　　name of a person (male)
2　李军　　　　　Lǐ Jūn　　　　　　name of a person (male)
3　王　　　　　　Wáng　　　　　　a Chinese surname

语言点　Language Points

1　"是"字句　Sentences with 是

● 你是老师吗？

（1）肯定式：S + 是 + n.

The affirmative form: S + 是 + n.

① 我是老师。
② 她是学生。

（2）否定式：S + 不 + 是 + n.

The negative form：S + 不 + 是 + n.

③ 我不是留学生。
④ 李军不是老师。

（3）疑问式：S + 是 + n. + 吗？

The interrogative form：S + 是 + n. + 吗？

⑤ 你是老师吗？
⑥ 大卫是留学生吗？

2　用"吗"的疑问句　Interrogative sentences with 吗

● 你是老师吗？

▲ "吗"加在陈述句句末，用来提问：陈述句 + 吗？例如：
吗 is added to the end of a declarative sentence to make a question. For example:

① 你好。　　　　　　　　→ 你好吗？
② 大卫是留学生。　　　　→ 大卫是留学生吗？
③ 她不是老师。　　　　　→ 她不是老师吗？
④ 他（tā, he）叫李军。　　→ 他叫李军吗？

Exercises in Class

一 语音练习 Pronunciation exercises

🖋 朗读 Read aloud

	b	p	m	f
a	ba	pa	ma	fa
o	bo	po	mo	fo
u	bu	pu	mu	fu

shānpō（山坡）　　bā tiān（八天）　　duō tīng（多听）　　kāfēi（咖啡）

chūfā（出发）　　dān xīn（担心）　　chūzhōng（初中）　　fēnzhōng（分钟）

chūntiān（春天）　　bōyīn（播音）

🖋 听写 Write the initials or finals that you heard

1. __an __ian　　__ao __ing　　__ao __u　　__ai __ui　　__i __an

2. d__ p__　　d__ f__　　l__ t__　　m__ sh__　　sh__ sh__

二 替换练习 Substitution exercises

1. 你好！

    您 _____
    老师 _____

2. 我是学生。

    她 _____
    大卫 _____

3. A：你是老师吗？

    大卫 _____
    学生 _____
    留学生 _____

   B：我不是老师，我是学生。

    大卫 _____　李军 _____
    学生 _____　老师 _____
    留学生 _____　老师 _____

三 把下列句子改成否定句　Change the following sentences into the negative form

1. 她是王老师。
2. 我是留学生。
3. 她是老师。
4. 我是李军。

四 把下列句子改成用"吗"的疑问句

Change the following sentences into interrogative sentences with 吗

1. 你好。
2. 李军不是老师。
3. 她是留学生。
4. 他叫李军。

五 完成对话　Complete the dialogue

A：你好！
B：_____！
A：你叫什么名字？
B：_____。
A：你是老师吗？
B：不是，_____。

六 模仿书写下列汉字　Write the following Chinese characters

2 你是哪国人
Nǐ shì nǎ guó rén

刘老师：同学们好！

学　生：老师好！

刘老师：我来介绍一下儿。我姓刘，叫刘明，是你们的老师。你叫什么名字？

大　卫：我叫大卫。

刘老师：你是哪国人？

大　卫：我是美国人。

Liú lǎoshī:　Tóngxuémen hǎo!

Xuésheng:　Lǎoshī hǎo!

Liú lǎoshī:　Wǒ lái jièshào yíxiàr. Wǒ xìng Liú, jiào Liú Míng, shì nǐmen de lǎoshī. Nǐ jiào shénme míngzi?

Dàwèi:　Wǒ jiào Dàwèi.

Liú lǎoshī:　Nǐ shì nǎ guó rén?

Dàwèi:　Wǒ shì Měiguó rén.

大　卫：我来介绍一下儿。她叫玛丽，他叫李军。

玛　丽：认识你很高兴。

李　军：我也很高兴。你是美国人吗？

玛　丽：不，我不是美国人，我是加

你是哪国人 2

拿大人。你呢?

李　军：我是中国人。

Dàwèi:　　Wǒ lái jièshào yíxiàr. Tā jiào Mǎlì, tā jiào Lǐ Jūn.
Mǎlì:　　　Rènshi nǐ hěn gāoxìng.
Lǐ Jūn:　　Wǒ yě hěn gāoxìng. Nǐ shì Měiguó rén ma?
Mǎlì:　　　Bù, wǒ bú shì Měiguó rén, wǒ shì Jiānádà rén. Nǐ ne?
Lǐ Jūn:　　Wǒ shì Zhōngguó rén.

词语表　　New Words and Expressions

1	同学	tóngxué	n.	classmate
2	们	men	suff.	suffix denoting plurality
3	来	lái	v.	to come; used before another verb to indicate someone will do something
4	介绍	jièshào	v.	to introduce
5	一下儿	yíxiàr	q.	used after a verb to indicate a brief action
6	姓	xìng	v./n.	to be surnamed; surname
7	的	de	part.	auxiliary word indicating possession, roughly equivalent to "-'s" suffix
8	哪	nǎ	pron.	which
9	国	guó	n.	country
10	人	rén	n.	people, person
11	他	tā	pron.	he, him
12	认识	rènshi	v.	to meet, to know someone
13	很	hěn	adv.	very
14	高兴	gāoxìng	adj.	glad, happy
15	也	yě	adv.	too, also
16	呢	ne	part.	modal particle for elliptical questions

专有名词 Proper Nouns

1	刘	Liú	a Chinese surname
2	刘明	Liú Míng	name of a person (male)
3	美国	Měiguó	America
4	玛丽	Mǎlì	name of a person (female)
5	加拿大	Jiānádà	Canada
6	中国	Zhōngguó	China

注释 Note

我来介绍一下儿：在介绍人、事物、地方等情况时，常用这句话。
Let me make a brief introduction: This sentence is commonly used when introducing a person, an object, a location or other circumstances.

语言点 Language Points

1 们　The suffix 们

- 同学们好！

▲ 表示复数，只用于表示人的代词或名词后。
们 is a noun suffix denoting plurality, only used after personal pronouns or nouns.

(1) 代词（pron.）+们：你 / 我 / 她 / 他 + 们
① 你们好！
② 他们是美国人。
③ 我们是留学生。

(2) 名词（n.）+们：老师 / 同学 + 们
④ 老师们好！
⑤ 同学们好吗？

2 也 Also

● 我也很高兴。

▲ 表示类同。例如：
也 indicates categorical similarities. For example:
① 你是学生，我也是学生。
② 你们不是老师，我们也不是老师。
③ 李军是中国人，刘明也是中国人。

3 呢（1） The particle 呢（1）

● 我是加拿大人。你呢？

▲ "呢"用在疑问句末尾，表示疑问的语气。例如：
呢 is used at the end of an interrogative sentence, indicating the question mood. For example:
① A：我是美国人，你呢？（＝你是哪国人？）
　 B：我是加拿大人。
② A：你叫李军，她呢？（＝她叫什么名字？）
　 B：她叫玛丽。
③ A：李军不是老师，刘明呢？（＝刘明是老师吗？）
　 B：刘明也不是老师。

Exercises in Class

一 语音练习 Pronunciation exercises

✎ 朗读 Read aloud

	d	t	n	l
i	di	ti	ni	li
e	de	te	ne	le
ü			nü	lü

guāngpán（光盘）　　chū mén（出门）　　dāngrán（当然）　　pīntú（拼图）

chū lú（出炉）　　　pūbí（扑鼻）　　　guāpí（瓜皮）　　　jiātíng（家庭）

Zhōngwén（中文）　　shēnghuó（生活）

听写　Write the initials or finals that you heard

1. __i__ing　　　__u __ing　　　__u__i　　　__u__u　　　__a__ü
2. b__y__　　　d__p__　　　ch__f__　　　l__y__　　　j__d__

替换练习　Substitution exercises

1. A：你是美国人吗？
   　　中国
   　　加拿大

   B：不是。
   A：你是哪国人？
   B：我是_____人。

2. A：他是美国留学生，你呢？
   　　叫大卫
   　　不是加拿大人

   B：我 _____。

3. A：玛丽是留学生，李军呢？
   　　不是老师
   　　不是美国人

   B：李军_____。

选词填空　Choose the appropriate word to fill in the blank

　　　　吗　　呢　　什么　　哪

1. 你叫_____名字？
2. 我是学生，你_____？
3. 大卫是_____国人？
4. 你们是留学生_____？

四 用"也"改写下列句子　Rewrite the following sentences with 也

1. 李军是中国人，刘明是中国人。
2. 大卫是留学生，玛丽是留学生。
3. 你是我的同学，他是我的同学。
4. A：认识你很高兴。
　　B：我很高兴。

五 用"呢"提问并回答

Change the following sentences into questions with 呢, and then answer the questions

例：A：我是中国人。→ 你呢？
　　B：我是日本人。

1. A：他叫大卫。
2. A：我是加拿大人。
3. A：刘明是老师。
4. A：我不是留学生。

六 完成对话　Complete the dialogues

1. A：我来介绍一下儿，他叫_____，是_____。
　　B：你们好！
2. A：认识你很高兴。
　　B：我_____。
3. A：我叫_____，你呢？
　　B：_____。

七 模仿书写下列汉字　Write the following Chinese characters

3

Nà shì nǐ de shū ma
那是你的书吗

大　卫：玛丽，那是谁的书？是你的书吗？

玛　丽：不是，是我同屋的书。

大　卫：是汉语课本吗？

玛　丽：不是，是《汉日词典》。

大　卫：什么词典？

玛　丽：《汉日词典》，就是汉语、日语词典。

Dàwèi：　Mǎlì, nà shì shéi de shū? Shì nǐ de shū ma?
Mǎlì：　　Bú shì, shì wǒ tóngwū de shū.
Dàwèi：　Shì Hànyǔ kèběn ma?
Mǎlì：　　Bú shì, shì《Hàn-Rì Cídiǎn》.
Dàwèi：　Shénme cídiǎn?
Mǎlì：　　《Hàn-Rì Cídiǎn》, jiù shì Hànyǔ、Rìyǔ cídiǎn.

玛　丽：这是什么杂志？

中　村：音乐杂志。

玛　丽：是日本的杂志吗？

中　村：不是，是中国的杂志。

玛　丽：是你的杂志吗？

中　村：不是，是我朋友的杂志。

那是你的书吗 3

Mǎlì: Zhè shì shénme zázhì?
Zhōngcūn: Yīnyuè zázhì.
Mǎlì: Shì Rìběn de zázhì ma?
Zhōngcūn: Bú shì, shì Zhōngguó de zázhì.
Mǎlì: Shì nǐ de zázhì ma?
Zhōngcūn: Bú shì, shì wǒ péngyou de zázhì.

词语表 — New Words and Expressions

1	那	nà	pron.	that
2	谁	shéi / shuí	pron.	who, whom
3	书	shū	n.	book
4	同屋	tóngwū	n.	roommate
5	汉语	Hànyǔ	n.	Chinese language
6	课本	kèběn	n.	textbook
7	词典	cídiǎn	n.	dictionary
8	就是	jiù shì		it means ...
9	日语	Rìyǔ	n.	Japanese language
10	这	zhè	pron.	this
11	杂志	zázhì	n.	magazine
12	音乐	yīnyuè	n.	music
13	朋友	péngyou	n.	friend

专有名词 — Proper Nouns

1	汉日词典	Hàn-Rì Cídiǎn	Chinese-Japanese Dictionary
2	中村	Zhōngcūn	a Japanese surname
3	日本	Rìběn	Japan

Notes

就是：用来进一步解释、说明。例如：

It means ...: For giving further explanation. For example:

① 《汉日词典》就是汉语、日语词典。
② 他是李军，就是大卫的中国朋友。

Language Points

1 这 / 那　This / That

● 那是谁的书？/ 这是什么杂志？

▲ "这"表示近指，"那"表示远指。例如：
这 indicates an object which is near to the speaker, and 那 indicates an object which is farther away. For example:

① 这是汉语课本。
② 这是老师的书。
③ 那是音乐杂志。
④ 那是朋友的词典。

2 特殊疑问句　Particular interrogative sentences using question words

● 那是谁的书？/ 这是什么杂志？

▲ 用"哪、什么、谁"等疑问词提问的句子，就是汉语的特殊疑问句，语序和陈述句相同。例如：
A paticular interrogative sentence in the Chinese language calls for the use of 哪，什么，谁 and other such question words. It has the same word order with a declarative sentence. For example:

① A：你是哪国人？
　　B：我是美国人。
② A：她是谁？
　　B：她是我的同屋。
③ A：那是什么？
　　B：那是汉语课本。

④ A：你叫什么名字？
　B：我叫大卫。

3 定语（1）　Attributes (1)

● 这是我朋友的杂志。

▲ 汉语中定语的位置是在中心语的前面，表示领属关系时要加"的"（如例③、④）。例如：

In Chinese, the attribute, or modifying word, comes before the word being modified. To indicate possession, 的 is inserted between them, as shown in example ③ and ④. For example:

① 这是汉语词典，不是汉语课本。
② 玛丽是加拿大人，不是美国人。
③ 她是我的同屋，也是我的同学。
④ 他叫李军，是大卫的朋友。

Exercises in Class

一　语音练习　Pronunciation exercises

朗读　Read aloud

	g	k	h
ai	gai	kai	hai
ei	gei	kei	hei
ao	gao	kao	hao
ou	gou	kou	hou

kāishǐ（开始）　　zhōngwǔ（中午）　　shēntǐ（身体）　　gēqǔ（歌曲）
fēngjǐng（风景）　　fāngfǎ（方法）　　gāojǔ（高举）　　biāozhǔn（标准）
tīngdǒng（听懂）　　zhuājǐn（抓紧）

 听写　Write the initials or finals that you heard

1. __a__u　　　__ing__u　　　__u__ou　　　__u__u　　　__ai__e
2. p___ d___　　c___ m___　　j___ l___　　b___ t___　　m___ d___

二 替换练习　Substitution exercises

1. A：那是谁的书？
   B：那是李军的书。
   　　　大卫
   　　　老师
   　　　她
   　　　中村

2. A：这是什么书？
   B：这是汉语书。
   　　　日语
   　　　英语
   　　　法语
   　　　韩语

3. 大卫是留学生，是美国人。

李军	我的朋友	中国
玛丽	我的同学	加拿大
中村	玛丽的同屋	日本

三 选词填空　Choose the appropriate word to fill in the blank

这　　那　　哪　　什么　　谁　　也

1. A：这是_____的课本？
   B：_____是我朋友的课本。
   A：这是_____课本？
   B：这是英语课本。

2. A：_____本（běn, measure word）是你的书？
   B：_____本是我的书。
   A：那本_____是你的书吗？
   B：是。

四 分别用"谁""什么""哪国"把下列句子改成疑问句

Change the following sentences into questions with 谁，什么 and 哪国

1. 这是汉语词典。
2. 他是美国留学生。
3. 这是刘老师的书。
4. 大卫的朋友叫李军。
5. 中村是玛丽的同屋。

五 完成对话　　Complete the dialogues

1. A：玛丽，这是你的课本吗？

   B：不是，_____。

2. A：他是谁？是你的朋友吗？

   B：是，他叫_____，是_____。

六 模仿书写下列汉字　　Write the following Chinese characters

书　同　汉　语　课
本　日　国　朋　友

4 Túshūguǎn zài nǎr
图书馆在哪儿

玛 丽：同学，请问，图书馆在哪儿？

学生A：对不起，我不是这个学校的学生，不知道。

玛 丽：没关系。

Mǎlì:	Tóngxué, qǐngwèn, túshūguǎn zài nǎr?
Xuésheng A:	Duìbuqǐ, wǒ bú shì zhège xuéxiào de xuésheng, bù zhīdào.
Mǎlì:	Méi guānxi.

玛 丽：同学，这儿是办公楼吗？

学生B：不是，这是教学楼，办公楼在那儿，宿舍楼的北边。

玛 丽：是左边的楼吗？

学生B：不，是右边的楼。

玛 丽：谢谢。

学生B：不用谢。

28　●　初级起步篇 I（第三版）/课本

Mǎlì:	Tóngxué, zhèr shì bàngōnglóu ma?		
Xuésheng B:	Bú shì, zhè shì jiàoxuélóu, bàngōnglóu zài nàr, sùshèlóu de běibian.		
Mǎlì:	Shì zuǒbian de lóu ma?		
Xuésheng B:	Bù, shì yòubian de lóu.		
Mǎlì:	Xièxie.		
Xuésheng B:	Búyòng xiè.		

词语表 — New Words and Expressions

1	请问	qǐngwèn	v.	Excuse me..., May I ask...
2	图书馆	túshūguǎn	n.	library
3	在	zài	v.	to be located at or in (someplace)
4	哪儿	nǎr	pron.	where
5	对不起	duìbuqǐ	v.	sorry
6	个	gè	mw.	*measure word*
7	学校	xuéxiào	n.	school
8	知道	zhīdào	v.	to know
9	没关系	méi guānxi		It doesn't matter.
10	这儿	zhèr	pron.	here
11	办公楼	bàngōnglóu	n.	administration building
	楼	lóu	n.	building
12	教学	jiàoxué	n.	teaching
13	那儿	nàr	pron.	there
14	宿舍	sùshè	n.	dormitory
15	北边	běibian	n.	the north side
16	左边	zuǒbian	n.	the left side
17	右边	yòubian	n.	the right side
18	不用谢	búyòng xiè		You are welcome.
	不用	búyòng	adv.	need not

Language Points

1 在/是 To be located at / in (someplace)

● 图书馆在哪儿？/ 这儿是办公楼吗？

（1）n. + 在 + 方位
　　n. + 在 + place / direction
　　① 图书馆在那儿。
　　② 加拿大在美国的北边。
　　③ 教学楼在宿舍楼的右边。

（2）方位 + 是 + n.
　　Place / direction + 是 + n.
　　④ 那儿是宿舍楼。
　　⑤ 教学楼的北边是图书馆。
　　⑥ 玛丽的左边是大卫。

2 哪儿 Where

● 图书馆在哪儿？

▲ 疑问代词，用来询问地方，后面不用"吗"。例如：
An interrogative pronoun used to ask where someone or something is located. This type of question does not use 吗. For example:

① 我的书在哪儿？
② 你们的宿舍楼在哪儿？

3 方位名词（1） Nouns of location (1)

● 办公楼在那儿，宿舍楼的北边。

▲ 东（dōng）/ 西（xī）/ 南（nán）/ 北 + 边 → 东边 / 西边 / 南边 / 北边
east / west / south / north + side → east side / west side / south side / north side

① 教学楼在图书馆的北边。
② 李军在大卫的右边。
③ 日本在中国的东边。

课堂练习　　　　　　　　　　　　　　Exercises in Class

一　语音练习　Pronunciation exercises

朗读　Read aloud

	zh	ch	sh	r
an	zhan	chan	shan	ran
ang	zhang	chang	shang	rang
ua	zhua	chua	shua	rua
i	zhi	chi	shi	ri

shāngdiàn（商店）　chī fàn（吃饭）　zhuānyè（专业）　zhuāzhù（抓住）
fānyì（翻译）　　　shēngrì（生日）　chāoshì（超市）　shūdiàn（书店）
fāngmiàn（方面）　gōngkè（功课）

 听写　Write the initials or finals that you heard

1. ___u___i　　___uo___ai　　___i___i　　___i___i　　___ao___i
2. d___r___　　ch___f___　　sh___y___　　m___b___　　h___g___

二　替换练习　Substitution exercises

1. A：图书馆在哪儿？　　　　　B：图书馆在宿舍楼的北边。

　　教学楼　　　　　　　　　　教学楼　图书馆　南边
　　玛丽　　　　　　　　　　　玛丽　　大卫　　右边
　　词典　　　　　　　　　　　词典　　汉语书　左边

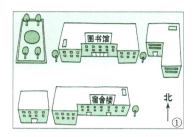
①

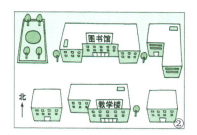
②

③

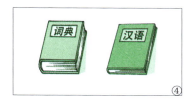
④

2. A：右边的楼是图书馆吗？ 　　B：不，图书馆是左边的楼。

　　宿舍楼　　　　　　　　　　　　宿舍楼
　　教学楼　　　　　　　　　　　　教学楼
　　办公楼　　　　　　　　　　　　办公楼

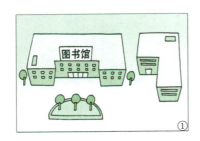
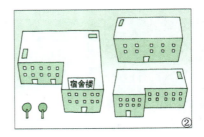

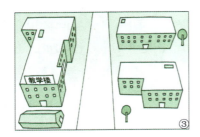
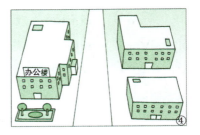

3. A：请问，图书馆在哪儿？　　　B：_____。

　　宿舍楼在哪儿
　　这是中村的汉语书吗
　　她是美国人吗

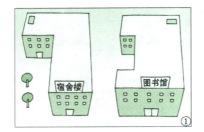
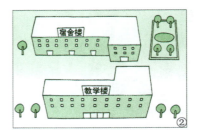

三 选词填空　Choose the appropriate word to fill in the blank

> 在　　是　　这儿　　哪儿　　那儿

1. _____是学生宿舍楼吗？
2. 这儿不是图书馆，图书馆在_____。
3. 教学楼_____办公楼的北边。
4. 学校的南边_____商店（shāngdiàn, shop）。
5. 请问，办公楼在_____？

四 用"哪儿"把下列句子改成疑问句

Change the following sentences into questions with 哪儿

1. 宿舍楼在图书馆的北边。
2. 日本在中国的东边。
3. 右边的楼是办公楼。
4. 我的课本在词典的下边（xiàbian, under）。
5. 那是留学生的宿舍楼。

五 根据下图，用"在""是"说出办公楼、教学楼、宿舍楼、图书馆的位置

Use 在 or 是 to describe the location of the administration building, teaching building, dormitory building and library in the picture below

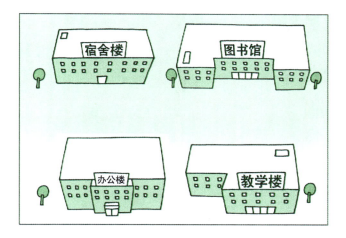

六 完成对话　Complete the dialogues

1. A：教学楼在哪儿？
   B：对不起，我不知道。
   A：_____。

2. A：李军，这是你的书吗？
   B：是，谢谢你。
   A：_____。

七 模仿书写下列汉字 Write the following Chinese characters

学 问 在 哪 这

个 楼 教 那 用

5

wǒ shì Běijīng Dàxué de liúxuéshēng
我是北京大学的留学生

玛　丽：你好！你叫什么名字？

张　红：我叫张红。你呢？

玛　丽：我叫玛丽。我是北京大学的留学生。我的专业是国际关系。你呢？

张　红：我是清华大学中文系的研究生。我的专业是现代文学。

玛　丽：清华大学在哪儿？

张　红：在北京大学的东边。有空儿的时候，欢迎你去玩儿。

Mǎlì:	Nǐ hǎo! Nǐ jiào shénme míngzi?
Zhāng Hóng:	Wǒ jiào Zhāng Hóng. Nǐ ne?
Mǎlì:	Wǒ jiào Mǎlì. Wǒ shì Běijīng Dàxué de liúxuéshēng. Wǒ de zhuānyè shì guójì guānxi. Nǐ ne?
Zhāng Hóng:	Wǒ shì Qīnghuá Dàxué Zhōngwén xì de yánjiūshēng. Wǒ de zhuānyè shì xiàndài wénxué.
Mǎlì:	Qīnghuá Dàxué zài nǎr?
Zhāng Hóng:	Zài Běijīng Dàxué de dōngbian. Yǒu kòngr de shíhou, huānyíng nǐ qù wánr.

博雅汉语　　Boya Chinese

大　卫：请问，卫生间在哪儿？
学　生：在那儿，教室的旁边。
大　卫：是西边的教室吗？
学　生：对。

Dàwèi:	Qǐngwèn, wèishēngjiān zài nǎr?
Xuésheng:	Zài nàr, jiàoshì de pángbiān.
Dàwèi:	Shì xībian de jiàoshì ma?
Xuésheng:	Duì.

词语表　　New Words and Expressions

1	专业	zhuānyè	n.	major field of study
2	国际	guójì	adj.	international
3	关系	guānxi	n.	relation, relationship
4	中文	Zhōngwén	n.	Chinese language
5	系	xì	n.	department in a university
6	研究生	yánjiūshēng	n.	graduate student
7	现代	xiàndài	n.	modern
8	文学	wénxué	n.	literature
9	东边	dōngbian	n.	the east side
10	有	yǒu	v.	to have; there be
11	空儿	kòngr	n.	free time
12	时候	shíhou	n.	time, moment
13	欢迎	huānyíng	v.	to welcome
14	去	qù	v.	to go

15	玩儿	wánr	v.	to play, to have fun
16	卫生间	wèishēngjiān	n.	restroom, toilet
17	教室	jiàoshì	n.	classroom
18	旁边	pángbiān	n.	side, nearby
19	西边	xībian	n.	the west side
20	对	duì	adj.	correct

专有名词 Proper Nouns

1	张红	Zhāng Hóng	name of a person (female)
2	北京大学	Běijīng Dàxué	Peking University
3	清华大学	Qīnghuá Dàxué	Tsinghua University

注释 Note

欢迎你去玩儿：对人发出邀请时常说的客气话。

You are welcome to come and visit: This is a polite form commonly used when giving an invitation.

语言点 Language Points

单元语言点小结 Summary of Language Points

语言点	例句	课号
1. "是"字句	我是学生。她是老师。	1
2. 用"吗"的疑问句	你是留学生吗？	1
3. 们	同学们好！	2
4. 也	我也很高兴。	2
5. 呢（1）	我是加拿大人。你呢？	2
6. 这/那	那是谁的书？	3
7. 特殊疑问句	这是什么杂志？	3

语言点	例句	课号
8. 定语（1）	这是我朋友的杂志。	3
9. 在 / 是	这儿是办公楼吗？	4
10. 哪儿	图书馆在哪儿？	4
11. 方位名词（1）	办公楼在那儿，宿舍楼的北边。	4

课堂练习 Exercises in Class

一 语音练习 Pronunciation exercises

朗读 Read aloud

b—p:	píbāo（皮包）	bùpǐ（布匹）	bàopò（爆破）	páibǐ（排比）
d—t:	dài tóu（带头）	dìtú（地图）	tǔdì（土地）	dútè（独特）
g—k:	kǎigē（凯歌）	kǎogǔ（考古）	gāokǎo（高考）	gōngkè（功课）
zh—ch:	zhīchí（支持）	zhùchù（住处）	chǔzhì（处置）	zhàocháng（照常）
l—r:	lùnwén（论文）	rénmín（人民）	ròutāng（肉汤）	lòu yǔ（漏雨）

二 选词填空 Choose the appropriate word to fill in the blank

呢 吗 也 的 在

1. 你是留学生，我_____是留学生。
2. 我叫玛丽，你_____？
3. 你的词典_____那儿。
4. 那是刘老师的汉语书_____？
5. 你是哪个学校_____学生？

谁 这 那 那儿 这儿 哪儿

1. 留学生的宿舍楼在_____，图书馆的旁边。
2. _____是教室，那儿是卫生间。
3. 北京大学在_____？
4. 他是_____？是你的同学吗？
5. _____不是教学楼，教学楼在那儿。
6. _____是中国音乐，不是美国音乐。

三 把括号中的词语放在句中合适的位置
Place the given word where it belongs to the sentence

1. A 我 B 是 C 美国留学生，我是加拿大留学生。　　　　（不）
2. A 那 B 是 C 的 D 汉语书？　　　　　　　　　　　　（谁）
3. 刘明 A 是 B 中国人，C 李军 D 是中国人。　　　　　（也）
4. 张红 A 是 B 清华大学 C 中文系 D 研究生。　　　　　（的）
5. A 北京大学的 B 图书馆 C 宿舍楼的 D 东边。　　　　（在）

四 仿照例句改写句子　Rewrite the following sentences according to the example

例：她是老师。　→　她不是老师。　→　她是老师吗？

1. 大卫是美国留学生。
2. 那儿是图书馆。
3. 这是他的书。
4. 中村的专业是中国文学。

五 用"哪儿""哪（哪+n.）""什么（什么+n.）"或"谁"就画线部分提问
Substitute the underlined words with 哪儿, 哪（哪+n.）, 什么（什么+n.）or 谁 to form a question

1. 那是<u>大卫</u>的老师。
2. 他叫<u>李军</u>。
3. 她的同屋是<u>加拿大</u>人。
4. <u>张红</u>是玛丽的中国朋友。
5. 这是<u>中国</u>音乐。
6. 图书馆在<u>宿舍楼的北边</u>。

六 完成对话　Complete the dialogues

（一）初次见面　Meeting for the first time

1. A：_____？
   B：我叫李军，_____？
   A：我叫张红。

2. A：_____。他叫大卫，是美国留学生。
   她叫张红，是清华大学的研究生。
   B：_____，认识你很高兴。
   C：_____。

（二）询问国籍　Asking nationality

1. A：_____？
   B：我是美国人。
2. A：_____？
   B：我不是美国人，我是加拿大人。

（三）礼貌用语　Courtesy expressions

1. A：对不起。
   B：_____。
2. A：谢谢您。
   B：_____。（_____。）
3. 这是北京大学，有空儿的时候，_____。

七　模仿书写下列汉字　Write the following Chinese characters

| 呢 | 北 | 大 | 的 | 文 |
| 系 | 东 | 边 | 旁 | 西 |

6

Xiànzài jǐ diǎn
现在几点

玛 丽：中村，日本的大学早上几点上课？

中 村：大部分是九点，我们学校是八点五十分。

玛 丽：几点下课？

中 村：十点半。

玛 丽：北京大学早上八点上课，太早了。

Mǎlì: Zhōngcūn, Rìběn de dàxué zǎoshang jǐ diǎn shàng kè?
Zhōngcūn: Dà bùfen shì jiǔ diǎn, wǒmen xuéxiào shì bā diǎn wǔshí fēn.
Mǎlì: Jǐ diǎn xià kè?
Zhōngcūn: Shí diǎn bàn.
Mǎlì: Běijīng Dàxué zǎoshang bā diǎn shàng kè, tài zǎo le.

玛 丽：大卫，讲座几点开始？

大 卫：七点。

玛 丽：现在几点？

大 卫：差一刻六点。

玛 丽：谢谢！一会儿见。

差一刻六点。 图书馆

谢谢！一会儿见。

Elementary 1/Textbook 41

博雅汉语　　Boya Chinese

Mǎlì:　Dàwèi, jiǎngzuò jǐ diǎn kāishǐ?
Dàwèi:　Qī diǎn.
Mǎlì:　Xiànzài jǐ diǎn?
Dàwèi:　Chà yí kè liù diǎn.
Mǎlì:　Xièxie! Yíhuìr jiàn.

词语表　　New Words and Expressions

1	大学	dàxué	n.	university, college
2	早上	zǎoshang	n.	morning
3	几	jǐ	pron.	how many
4	点	diǎn	n.	o'clock, hour on the clock
5	上课	shàng kè		to go to class, to attend class
6	大部分	dà bùfen		the greater part, majority, most
	部分	bùfen	n.	part
7	九	jiǔ	num.	nine
8	我们	wǒmen	pron.	we, us
9	八	bā	num.	eight
10	五十	wǔshí	num.	fifty
11	分	fēn	n.	minute
12	下课	xià kè		to finish class
13	十	shí	num.	ten
14	半	bàn	num.	half
15	太……了	tài……le		too
16	早	zǎo	adj.	early
17	讲座	jiǎngzuò	n.	lecture
18	开始	kāishǐ	v.	to begin, to start
19	七	qī	num.	seven

20	现在	xiànzài	n.	now
21	差	chà	v.	to lack, to be short (*by some amount*)
22	一	yī	num.	one
23	刻	kè	mw.	a quarter (*of an hour*)
24	六	liù	num.	six
25	一会儿	yíhuìr	q.	in a moment, in a short while
26	见	jiàn	v.	to see, to meet

Note

太……了：在这里表示过分。
It's too...: Here it indicates excessiveness.

Language Points

1 钟点表达法　How to express clock time

8：00	八点
8：05	八点零（líng，zero）五分
8：10	八点十分
8：15	八点十五（分）/八点一刻
8：30	八点三十（分）/八点半
8：45	八点四十五（分）/八点三刻/差一刻九点
8：50	八点五十（分）/差十分九点

● 日本的大学早上几点上课？

▲ 询问时间用"几点"。例如：
几点 is used to ask the time. For example:
① 现在几点？
② 你们几点下课？
③ 你们学校几点上课？

❷ **数字表达法**　How to express numerals

▲ 汉语数字的读法是：

The way to read Chinese numerals is as follows：

0—10：零（líng）、一、二（èr）、三（sān）、四（sì）、五、六、七、八、九、十

11—20：十一、十二、十三、十四、十五、十六、十七、十八、十九、二十

21—100：二十一……二十九、三十、四十、五十、六十、七十、八十、九十、一百（bǎi）

课堂练习　Exercises in Class

 一　语音练习　Pronunciation exercises

朗读　Read aloud

	z	c	s
en	zen	cen	sen
eng	zeng	ceng	seng
i	zi	ci	si

lǎoshī（老师）　　shǒujī（手机）　　měi tiān（每天）　　běi fēng（北风）
huǒchē（火车）　　wǎn'ān（晚安）　　hǎotīng（好听）　　dǎ chē（打车）
nǚshēng（女生）　　dǔ chē（堵车）

 听写　Write the initials or finals that you heard

1. ___ei___i　　___en___in　　___eng___i　　___ui___an　　___ui___u

2. sh___t___　　sh___m___　　c___y___　　p___y___　　f___j___

二　看图用汉语的数字填空

Fill in the blanks with the appropriate Chinese numerals according to the pictures below

___　___　___　___　___　___　___　___　___

现在几点 6

三 读出下列数字 Read aloud the following numbers

| 89 | 12 | 35 | 67 | 98 | 49 |
| 51 | 100 | 24 | 73 | 56 | 80 |

四 用指定的词语替换画线的部分 Substitute the underlined words with the given words

1. 现在八点<u>十五分</u>。　　（刻）
2. 讲座六点<u>三十分</u>开始。（半）
3. 七点<u>四十五分</u>来教室。（刻）
4. <u>九点五十分</u>下课。　　（差）

五 用"几"提问 Change the following sentences into questions with 几

1. 现在<u>十点五十</u>。
2. 我们<u>八点</u>上课。
3. 玛丽<u>十二点</u>下课。
4. 讲座<u>七点半</u>开始。

六 完成对话 Complete the dialogues

1. A：现在几点？
   B：_____。

2. A：你们早上几点上课？
   B：_____。

七 模仿书写下列汉字　Write the following Chinese characters

几　九　八　五　十
分　七　六　见　半

Míngtiān nǐ yǒu kè ma
明天你有课吗

玛 丽：中村，明天你有课吗？

中 村：我上午有课，下午没有。

玛 丽：你有自行车吧？

中 村：有。什么事儿？

玛 丽：我明天下午去见朋友，可是我没有自行车……

中 村：没问题，我有。钥匙在桌子上，车在楼下车棚里。

玛 丽：是宿舍楼后边的车棚吗？

中 村：对，第一个车棚。

Mǎlì: Zhōngcūn, míngtiān nǐ yǒu kè ma?
Zhōngcūn: Wǒ shàngwǔ yǒu kè, xiàwǔ méiyǒu.
Mǎlì: Nǐ yǒu zìxíngchē ba?
Zhōngcūn: Yǒu. Shénme shìr?
Mǎlì: Wǒ míngtiān xiàwǔ qù jiàn péngyou, kěshì wǒ méiyǒu zìxíngchē……
Zhōngcūn: Méi wèntí, wǒ yǒu. Yàoshi zài zhuōzi shang, chē zài lóu xià chēpéng li.
Mǎlì: Shì sùshèlóu hòubian de chēpéng ma?
Zhōngcūn: Duì, dì-yī ge chēpéng.

大　卫：玛丽,今天晚上你有时间吗?

玛　丽：有。有事儿吗?

大　卫：学校电影院有电影,你去吗?

玛　丽：什么电影?

大　卫：我不知道名字,可是听说很有名。

玛　丽：我当然去。

Dàwèi： Mǎlì, jīntiān wǎnshang nǐ yǒu shíjiān ma?
Mǎlì： Yǒu. Yǒu shìr ma?
Dàwèi： Xuéxiào diànyǐngyuàn yǒu diànyǐng, nǐ qù ma?
Mǎlì： Shénme diànyǐng?
Dàwèi： Wǒ bù zhīdào míngzi, kěshì tīngshuō hěn yǒumíng.
Mǎlì： Wǒ dāngrán qù.

New Words and Expressions

1	明天	míngtiān	n.	tomorrow
2	课	kè	n.	class
3	上午	shàngwǔ	n.	morning, forenoon
4	下午	xiàwǔ	n.	afternoon
5	没（有）	méi（yǒu）	v.	to not have
6	自行车	zìxíngchē	n.	bicycle
7	吧	ba	part.	particle placed at the end of a sentence to indicate a supposition, suggestion, request or order
8	事	shì	n.	some matter or thing
9	可是	kěshì	conj.	but

10	没问题	méi wèntí		no problem
11	钥匙	yàoshi	n.	key
12	桌子	zhuōzi	n.	desk, table
13	上	shang	n.	on
14	车	chē	n.	bicycle, car, vehicle
15	下	xià	n.	below, under, down
16	车棚	chēpéng	n.	bicycle shed
17	里	li	n.	in, inside
18	后边	hòubian	n.	behind, at the back
19	第一	dì-yī	num.	first
20	今天	jīntiān	n.	today
21	晚上	wǎnshang	n.	evening
22	时间	shíjiān	n.	time
23	电影院	diànyǐngyuàn	n.	movie theater
24	电影	diànyǐng	n.	film, movie
25	听说	tīngshuō	v.	to have heard of (something)
26	有名	yǒumíng	adj.	famous, well-known
27	当然	dāngrán	adv.	of course, certainly

Language Points

1 "有"字句 Sentences with 有

● 明天你有课吗？

▲ "有"可以用来表示领有。

有 indicates possession or ownership.

（1）肯定式：S + 有 + n.

The affirmative form：S + 有 + n.

① 我有汉语课本。

② 他上午有课。

③ 大卫有中国朋友。

（2）否定式：S + 没有 + n.

The negative form：S + 没有 + n.

④ 我没有美国朋友。
⑤ 玛丽没有自行车。
⑥ 晚上大卫没有时间。

（3）疑问式：S + 有 + n. + 吗?

The interrogative form：S + 有 + n. + 吗?

⑦ 你有同屋吗?
⑧ 张红有英语词典吗?
⑨ 明天上午你有时间吗?

❷ 吧（1）　The particle 吧（1）

● 你有自行车吧?

▲ "吧"用在疑问句尾，有要求确认的意思。例如：
If 吧 is used at the end of a question, it indicates a request for confirmation of one's supposition. For example:

① 你是美国留学生吧?
② 那是图书馆吧?
③ 你们明天有汉语课吧?

❸ 方位名词（2）　Nouns of location（2）

● 钥匙在桌子上。/ 车在楼下车棚里。

▲ 表示空间方位常用的方位名词有：上、下、里、外（wài, outside）、前（qián, before）、后、左、右、旁边……"上、下、里、外、前、后"可以直接跟在名词后，表示方位。例如：

The words commonly used to indicate location include 上，下，里，外，前，后，左，右 and 旁边 etc.. The first six of these words can be added directly after a noun to indicate relative location. For example:

① 她的自行车在楼下。
② 玛丽在车棚里。
③ 老师在教室里。

❹ 序数表达法　How to express ordinal numerals

● 对，第一个车棚。

▲ 汉语的序数表达是"第+数字"。例如：
The expression of ordinal numerals in Chinese is "第+数字". For example:
① 李军是大卫的第一个中国朋友。
② 左边第三个楼是办公楼。
③ 我的自行车在西边第二个车棚里。

5 时间名词做状语　Using time words as adverbial modifier

● 明天你有课吗？

▲ 时间名词可以放在动词前面做状语。例如：
When used as an adverbial modifier, the time word can be placed before the verb. For example:
① 我明天上午八点有课。
② 电影院晚上有电影。
③ 大卫下午有事儿。

Exercises in Class

一 语音练习　Pronunciation exercises

朗读　Read aloud

	j	q	x
üe	jue	que	xue
üan	juan	quan	xuan
üen	jun	qun	xun
iou	jiu	qiu	xiu
iao	jiao	qiao	xiao

gǎnjué（感觉）　　xuǎnzé（选择）　　dǎ qiú（打球）　　biǎodá（表达）
jiějué（解决）　　yǒuqíng（友情）　　qǐ chuáng（起床）　　shuǐpíng（水平）
bǐrú（比如）　　xiǎoshí（小时）

听写　Write the initials or finals that you heard

1. __u__iu　　__iao__ue　　__un__ai　　__un__iu　　__ue__i
2. l___sh___　　j___d___　　q___sh___　　t___y___　　c___y___

二　看图用序数词填空　Fill in the blanks with the ordinal numerals according to the pictures below

___　___　___　___　___　___　___　___　___　___

三　替换练习　Substitution exercises

A：你有自行车吗?
　　　中国朋友
　　　汉语课本
　　　音乐杂志
　　　宿舍的钥匙
　　　英语词典

B：有。我有_____。

四　选词填空　Choose the appropriate word to fill in the blank

早上　　上午　　下午　　晚上

1. 今天_____七点，电影院有好电影。
2. 明天_____我没有课，上午有。
3. 我们_____九点上课，十点半下课。
4. 你明天_____几点去清华大学?

五　仿照例句改写句子　Rewrite the following sentences according to the examples

例：我明天有课。→ 你明天有课吗?　→ 我明天没有课。

1. 我有汉语老师。
2. 他有美国同学。
3. 大卫有自行车。
4. 李军明天有时间。
5. 玛丽有汉语词典。

例：我是加拿大人。 → 你是加拿大人吧？

1. 我们明天没有课。
2. 他们有自行车。
3. 她不是汉语老师。
4. 宿舍楼的北边是图书馆。
5. 清华大学在北京大学的东边。

六 用指定的词语完成对话　Complete the dialogues with the given words

1. A：学校电影院今天晚上有电影，你去吗？
   B：_____。（当然）
2. A：张红有自行车，你有自行车吗？
   B：_____。（也）
3. A：下午你去图书馆吗？
   B：_____。（可是）
4. A：清华大学在哪儿？
   B：不知道，_____。（听说）
5. A：玛丽，张红是你第几个中国朋友？
   B：_____。（第二）

七 模仿书写下列汉字　Write the following Chinese characters

明　天　有　上　午

车　第　今　当　然

8 Nǐ de diànhuà hàomǎ shì duōshao
你的电话号码是多少

张　红：玛丽，周末你有空儿吗？

玛　丽：有。什么事儿？

张　红：来我们学校玩儿吧！

玛　丽：好啊！不过，去你们学校怎么走呢？

张　红：21路和106路公共汽车都到。骑自行车也很快，十五分钟就到。

玛　丽：你的宿舍在哪儿？

张　红：在校园的东南边，是东5号楼。

玛　丽：你的房间号是多少？

张　红：502号。我的宿舍是东5号楼502室。

玛　丽：你的手机号码是多少？

张　红：18563861023。你有手机吗？

玛　丽：我没有中国的手机，不过我朋友有。

张　红：号码是多少？

玛　丽：13695670132。

张　红：好，有事儿打电话。我等你。

Zhāng Hóng:	Mǎlì, zhōumò nǐ yǒu kòngr ma?	
Mǎlì:	Yǒu. Shénme shìr?	
Zhāng Hóng:	Lái wǒmen xuéxiào wánr ba!	
Mǎlì:	Hǎo a! Búguò, qù nǐmen xuéxiào zěnme zǒu ne?	
Zhāng Hóng:	Èrshíyī lù hé yāo líng liù lù gōnggòng qìchē dōu dào. Qí zìxíngchē yě hěn kuài, shíwǔ fēnzhōng jiù dào.	
Mǎlì:	Nǐ de sùshè zài nǎr?	
Zhāng Hóng:	Zài xiàoyuán de dōngnánbian, shì dōng wǔ hào lóu.	
Mǎlì:	Nǐ de fángjiān hào shì duōshao?	
Zhāng Hóng:	Wǔ líng èr hào. Wǒ de sùshè shì dōng wǔ hào lóu wǔ líng èr shì.	
Mǎlì:	Nǐ de shǒujī hàomǎ shì duōshao?	
Zhāng Hóng:	Yāo bā wǔ liù sān bā liù yāo líng èr sān. Nǐ yǒu shǒujī ma?	
Mǎlì:	Wǒ méiyǒu Zhōngguó de shǒujī, búguò wǒ péngyou yǒu.	
Zhāng Hóng:	Hàomǎ shì duōshao?	
Mǎlì:	Yāo sān liù jiǔ wǔ liù qī líng yāo sān èr.	
Zhāng Hóng:	Hǎo, yǒu shìr dǎ diànhuà. Wǒ děng nǐ.	

词语表 — New Words and Expressions

1	周末	zhōumò	n.	weekend
2	啊	a	part.	used at the end of a sentence as a modal particle
3	不过	búguò	conj.	but, however
4	怎么	zěnme	pron.	how
5	走	zǒu	v.	to go, to walk
6	路	lù	n.	route
7	和	hé	conj.	and
8	公共汽车	gōnggòng qìchē		public bus
9	都	dōu	adv.	all, both

10	到	dào	v.	to arrive
11	骑	qí	v.	to ride (as a bike, motorcycle, or horse)
12	快	kuài	adj.	fast
13	分钟	fēnzhōng	mw.	minute
14	就	jiù	adv.	at once, right away
15	校园	xiàoyuán	n.	campus
16	东南	dōngnán	n.	southeast
17	东	dōng	n.	east
18	二	èr	num.	two
19	号	hào	n.	number
20	房间	fángjiān	n.	room
21	多少	duōshao	pron.	how many, how much
22	室	shì	n.	room
23	手机	shǒujī	n.	cell phone
24	号码	hàomǎ	n.	number
25	打	dǎ	v.	to call, to play
26	电话	diànhuà	n.	telephone
27	等	děng	v.	to wait

Note

十五分钟就到:"就"表示所用时间很短。例如:

It only takes fifteen minutes: 就 indicates a short time span, soon. For example:

① 去图书馆五分钟就到。

② 电影一会儿就开始。

Language Points 语言点

1 吧（2）　　The particle 吧（2）

● 来我们学校玩儿吧！

▲ "吧"用在句尾，表示建议的语气。例如：
吧 can be used at the end of a sentence to indicate a suggestion. For example:

① 来我家玩儿吧！
② 我们去图书馆吧！
③ 我们骑自行车去吧！

2 呢（2）　　The particle 呢（2）

● 去你们学校怎么走呢？

▲ "呢"可以用在特殊疑问句尾，加强疑问语气。例如：
呢 can be used at the end of a specific question to emphasize an interrogative tone. For example:

① 去图书馆怎么走呢？
② 这是谁的书呢？
③ 玛丽在哪儿呢？

3 号码表达法　　How to express numbers

● 我的宿舍是东5号楼502室。

▲ 汉语中的号码直接读数字，其中，"1"作为号码时，要读成"yāo"。例如：
In Chinese, numbers are said exactly as they are written, with the exception of the number "one", which should be read as "yāo". For example:

① 我的房间号是201（èr líng yāo）。
② 他的电话号码是31653415（sān yāo liù wǔ sān sì yāo wǔ）。
③ 108（yāo líng bā）路公共汽车到北京大学。

4 "几"和"多少"（1）　　几 and 多少（1）

● 你的房间号是多少？

▲ "几"和"多少"都可以用来询问号码。例如：

几 and 多少 are both used to ask number-related question. For example:

① 你的宿舍是几号楼？

② 大卫的电话号码是多少？

③ 张红的房间号是多少？

Exercises in Class

一 语音练习 Pronunciation exercises

🖋 朗读 Read aloud

ia	ie	iong	uai	uei
ya	ye	yong	wai	wei

yǒuhǎo（友好）　　yǔnxǔ（允许）　　yǐngxiǎng（影响）　　jiǎngjiě（讲解）
gǎnrǎn（感染）　　biǎoyǎn（表演）　　zhǐyǒu（只有）　　　zhǎnlǎn（展览）
suǒyǐ（所以）　　　yǔfǎ（语法）

🖋 听写 Write the initials or finals that you heard

1. __a__e　　__ing__uan　　__ai__en　　__ei__eng　　__u__e
2. j__y__　　x__w__　　y__y__　　j__j__　　w__j__

二 读出下面的号码 Read the numbers in the pictures below

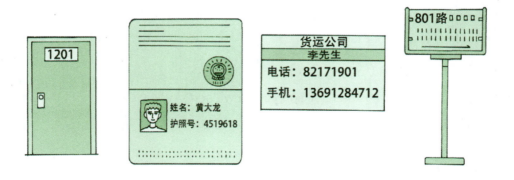

8 你的电话号码是多少

三 替换练习 Substitution exercises

1. A：你的宿舍在哪儿？

   图书馆
   教学楼
   电影院

   B：在校园的西南边。

   北边
   西北边
   东南边

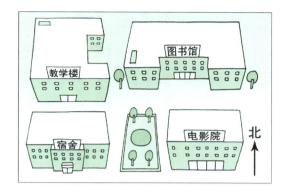

2. A：你的电话号码是多少？

   手机号码
   房间号
   学生证（zhèng，ID）号码

   B：82171901。

   13691284712
   1203
   20031208

3. A：周末你有空儿吗？

   下午
   明天
   明天晚上

   B：有。

   A：我们去看（kàn, to watch）电影吧。

   图书馆
   北京大学玩儿
   玛丽的房间

   B：好。

Elementary 1/Textbook　59

四 仿照例句改写句子 Rewrite the sentences according to the example

例：21路到北京大学，106路也到北京大学。→ 21路和106路都到北京大学。

1. 大卫是留学生，玛丽也是留学生。
2. 我的同屋有自行车，我也有自行车。
3. 李军去图书馆，张红也去图书馆。
4. 中村明天没有时间，玛丽也没有时间。

五 用"几"或"多少"提问 Change the following sentences into questions with 几 or 多少

1. 我的电话号码是62578493。
2. 大卫的房间是1106。
3. 我的房间在6号楼。
4. 108路公共汽车到北京大学。
5. 我们早上8：00上课。
6. 大卫是我的第一个美国朋友。

六 模仿书写下列汉字 Write the following Chinese characters

去　号　多　少　走
手　机　电　话　等

Duōshao qián yì píng
多少钱一瓶

大　卫：你好！我买啤酒。

售货员：你买几瓶？

大　卫：多少钱一瓶？

售货员：三块五。

大　卫：我买两瓶，再买两瓶水、一盒牛奶和一个面包。

售货员：两瓶啤酒七块，两瓶水两块四，一盒牛奶十二块，一个面包五块，一共是二十六块四毛钱。

大　卫：给你钱。

Dàwèi:	Nǐ hǎo, Wǒ mǎi píjiǔ.
Shòuhuòyuán:	Nǐ mǎi jǐ píng?
Dàwèi:	Duōshao qián yì píng?
Shòuhuòyuán:	Sān kuài wǔ.
Dàwèi:	Wǒ mǎi liǎng píng, zài mǎi liǎng píng shuǐ、yì hé niúnǎi hé yí ge miànbāo.
Shòuhuòyuán:	Liǎng píng píjiǔ qī kuài, liǎng píng shuǐ liǎng kuài sì, yì hé niúnǎi shí'èr kuài, yí ge miànbāo wǔ kuài, yígòng shì èrshíliù kuài sì máo qián.
Dàwèi:	Gěi nǐ qián.

玛　丽：小姐，有英汉词典吗？

售货员：有。你看，这些都是，你要哪本呢？

玛　丽：我要这本小词典。多少钱一本？

售货员：二十二块。

玛　丽：对不起，我没有零钱。

售货员：没关系。

Mǎlì:　　　　Xiǎojiě, yǒu Yīng-Hàn cídiǎn ma?
Shòuhuòyuán: Yǒu. Nǐ kàn, zhèxiē dōu shì, nǐ yào nǎ běn ne?
Mǎlì:　　　　Wǒ yào zhè běn xiǎo cídiǎn. Duōshao qián yì běn?
Shòuhuòyuán: Èrshí'èr kuài.
Mǎlì:　　　　Duìbuqǐ, wǒ méiyǒu língqián.
Shòuhuòyuán: Méi guānxi.

New Words and Expressions

1	买	mǎi	v.	to buy
2	啤酒	píjiǔ	n.	beer
3	售货员	shòuhuòyuán	n.	shop assistant, salesperson
4	瓶	píng	n.	bottle
5	钱	qián	n.	money
6	三	sān	num.	three
7	块	kuài	mw.	*spoken form of the yuan, China's basic monetary unit*
8	两	liǎng	num.	two (*of something*)
9	再	zài	adv.	again, once more, further
10	水	shuǐ	n.	water
11	盒	hé	n.	box
12	牛奶	niúnǎi	n.	milk
13	面包	miànbāo	n.	bread
14	四	sì	num.	four
15	一共	yígòng	adv.	altogether, in total
16	毛	máo	mw.	*monetary unit equivalent to 1/10 of one yuan*

17	给	gěi	v.	to give
18	小姐	xiǎojiě	n.	Miss
19	看	kàn	v.	to look, to watch, to see
20	这些	zhèxiē	pron.	these
21	要	yào	v.	to want (something)
22	本	běn	mw.	measure word (for bound objects like books)
23	小	xiǎo	adj.	small
24	零钱	língqián	n.	small change

Language Points

1 "几"和"多少"（2）　　几 and 多少（2）

● 你买几瓶？／多少钱一瓶？

▲ "几"一般用来询问十以下的数目，十以上的数目常用"多少"来询问。例如：

几 is generally used to ask about numbers smaller than 10, while 多少, on the other hand, is generally used to ask about numbers bigger than 10. For example:

① 我要五本汉语书。　　→ 你要几本汉语书？
② 他要三瓶啤酒。　　　→ 他要几瓶啤酒？
③ 玛丽有五十本书。　　→ 玛丽有多少本书？
④ 一本词典八十块钱。　→ 一本词典多少钱？
⑤ 一盒牛奶十二块钱。　→ 一盒牛奶多少钱？

2 "二"和"两"　二 and 两

● 我买两瓶啤酒，再买两瓶水。

▲ 数目　Numbers/Amounts

（1）用"二"　Read as èr

十二　　二十　　二十二　　　　一百二十
第二　　二号楼　第三十二个学生　二路公共汽车

（2）用"二""两"均可　Read as either èr or liǎng

两／二百　　两／二千（qiān, thousand）

两 / 二万（wàn, ten thousand）　　两 / 二亿（yì, a hundred million）

▲ 一般量词前用"两"。例如：

Two is said as liǎng when it occurs before a measure word, i.e. to say "two of something". For example:

两本　　两块　　两瓶　　两毛　　两个　　两盒

❸ **量词** Measure words

● 两瓶水 / 一盒牛奶 / 一个面包

▲ 汉语中的许多名词都有特别的量词。有些名词也可临时用作量词，如"瓶""盒"。例如：
In Chinese, many nouns need specific measure words when expressing a certain number. Some nouns can be temporarily used as measure words, such as 瓶, 盒. For example:

一瓶水　　一本书　　一个车棚　　一个面包　　一盒牛奶　　一块钱
21路公共汽车　　一辆（liàng）自行车　　一把（bǎ）钥匙　　一位（wèi）老师

❹ **钱数表达法** How to express RMB

● 一共是二十六块四毛钱。

▲ 人民币的计量单位是"元（yuán）""角（jiǎo）""分（fēn）"，但在口语中常用"块""毛""分"。例如：

The units of measurement for RMB are yuán, jiǎo, and fēn. In spoken form, however, the word yuán is often said as kuài; similarly, jiǎo is generally said as máo. For example:

五元 → 五块　　　　　　　　　十二元五角 → 十二块五（毛）
六角二分 → 六毛二（分）　　　七十四元八角二分 → 七十四块八毛二

Exercises in Class

一 语音练习　Pronunciation exercises

朗读　Read aloud

ian	iang	uang	ueng
yan	yang	wang	weng

yǎn xì（演戏）　wǎngshì（往事）　ěrshùn（耳顺）　yǎngwàng（仰望）
bǐsài（比赛）　gǎnmào（感冒）　zǎofàn（早饭）　qǐng jià（请假）
kǎolǜ（考虑）　zhǔnbèi（准备）

🖋 听写　Write the initials or finals that you heard

1. __an__e　__ong__ang　__ang__i　__ao__eng　__er__i
2. h___ q___　x___d___　H___ H___　ch___z___　y___z___

替换练习　Substitution exercises

A：请问，《英汉词典》多少钱一本？

自行车	辆
啤酒	瓶
面包	个
汉语课本	本
水	瓶
牛奶	盒

B：五十块。你要几本？

二百八十块	辆
六块	瓶
六块	个
六十五块	本
两块	瓶
十二块	盒

A：我要三本。一共多少钱？

B：一共一百五十块。

五百六十 _____

十二 _____

十八 _____

三百二十五 _____

八 _____

二十四 _____

三 读出下面的价格　Read aloud the following prices

193元　　98元　　254.6元　　12.38元

82.75元　　64.53元　　34.76元

四 填量词　Fill in the blanks with the appropriate measure words

一（　）词典　　一（　）水　　一（　）啤酒　　一（　）面包

一（　）钱　　一（　）钱　　一（　）牛奶　　一（　）自行车

一（　）人　　一（　）老师

五 用"二"或"两"填空　Fill in the following blanks with either 二 or 两

1. 我有_____本汉语书。
2. 玛丽的房间号是五一_____。
3. 一本词典五十_____块钱。
4. 大卫要买_____盒牛奶。
5. 六一_____路公共汽车到北京大学。

六 用"几"或"多少"提问　Change the following sentences into questions with 几 or 多少

1. 玛丽有<u>两</u>本词典。
2. 中村有<u>三</u>个面包，两盒牛奶。
3. 我有<u>一百二十</u>本汉语书。
4. 李军要买<u>五</u>瓶啤酒。
5. 刘明有<u>三十</u>个学生。

七 模仿书写下列汉字　Write the following Chinese characters

你家有几口人
Nǐ jiā yǒu jǐ kǒu rén

玛 丽：这是你的照片吗？

张 红：对，是我家的照片。

玛 丽：你家有几口人？

张 红：我家有五口人：爷爷、奶奶、爸爸、妈妈和我。

玛 丽：你没有哥哥姐姐吗？

张 红：没有，我家只有我一个孩子，不过很多家庭一般有两个孩子。玛丽，你家都有什么人？

玛 丽：我家有爸爸、妈妈、哥哥、弟弟、妹妹，还有两条狗。

张 红：一共六口人？

玛 丽：不，八口。

张 红：爸爸、妈妈、一个哥哥、一个弟弟、一个妹妹和你，六口，对吧？

玛 丽：不对，还有两条狗。

张 红：是这样……

Mǎlì:	Zhè shì nǐ de zhàopiàn ma?
Zhāng Hóng:	Duì, shì wǒ jiā de zhàopiàn.
Mǎlì:	Nǐ jiā yǒu jǐ kǒu rén?
Zhāng Hóng:	Wǒ jiā yǒu wǔ kǒu rén: yéye、nǎinai、bàba、māma hé wǒ.
Mǎlì:	Nǐ méiyǒu gēge jiějie ma?
Zhāng Hóng:	Méiyǒu, wǒ jiā zhǐ yǒu wǒ yí ge háizi, búguò hěn duō jiātíng yìbān yǒu liǎng ge háizi. Mǎlì, nǐ jiā dōu yǒu shénme rén?

Mǎlì: Wǒ jiā yǒu bàba、māma、gēge、dìdi、mèimei, hái yǒu liǎng tiáo gǒu.
Zhāng Hóng: Yígòng liù kǒu rén?
Mǎlì: Bù, bā kǒu.
Zhāng Hóng: Bàba、māma、yí ge gēge、yí ge dìdi、yí ge mèimei hé nǐ, liù kǒu, duì ba?
Mǎlì: Bú duì, hái yǒu liǎng tiáo gǒu.
Zhāng Hóng: Shì zhèyàng……

词语表 — New Words and Expressions

1	照片	zhàopiàn	n.	photo, picture
2	家	jiā	n.	family, home
3	口	kǒu	mw.	*measure word (for family members)*
4	爷爷	yéye	n.	paternal grandpa
5	奶奶	nǎinai	n.	paternal grandma
6	爸爸	bàba	n.	dad
7	妈妈	māma	n.	mom
8	哥哥	gēge	n.	elder brother
9	姐姐	jiějie	n.	elder sister
10	只	zhǐ	adv.	only
11	孩子	háizi	n.	child, children
12	多	duō	adj.	a lot, many
13	家庭	jiātíng	n.	family unit, household
14	一般	yìbān	adj.	in general, usually
15	弟弟	dìdi	n.	younger brother
16	妹妹	mèimei	n.	younger sister
17	还	hái	adv.	in addition, also, as well
18	条	tiáo	mw.	*measure word (used here for dogs)*
19	狗	gǒu	n.	dog
20	这样	zhèyàng	pron.	like this, this way

Note

还有两条狗:"还"表示添加。例如:

There are also two dogs: 还 expresses things in addition. For example:

①我有美国朋友、加拿大朋友,还有日本朋友。

②我有一个姐姐,还有一个妹妹。

Language Points

单元语言点小结　Summary of Language Points

语言点	例句	课号
1. 钟点表达法	日本的大学早上几点上课?	6
2. 数字表达法	六十五	6
3. "有"字句	明天你有课吗?	7
4. 吧(1)	你有自行车吧?	7
5. 方位名词(2)	车在楼下车棚里。	7
6. 序数表达法	我的自行车在第一个车棚里。	7
7. 时间名词做状语	明天你有课吗?	7
8. 吧(2)	来我们学校玩儿吧!	8
9. 呢(2)	去你们学校怎么走呢?	8
10. 号码表达法	我的宿舍是东5号楼502室。	8
11. "几"和"多少"(1)	你的房间号是多少?	8
12. "几"和"多少"(2)	你买几瓶?/多少钱一瓶?	9
13. "二"和"两"	十二/二号楼/两本/两块	9
14. 量词	两瓶啤酒七块。	9
15. 钱数表达法	一共是二十六块四毛钱。	9

10 你家有几口人

Exercises in Class

课堂练习

一 语音练习 Pronunciation exercises

📝 朗读 Read aloud

i—ü:	dìqū（地区）	jùlí（距离）	yǔyī（雨衣）	lìlǜ（利率）
u—ü:	lǚtú（旅途）	mùyù（沐浴）	fùnǚ（妇女）	shùjù（数据）
e—o:	bōzhé（波折）	bòhe（薄荷）	zhémó（折磨）	kèbó（刻薄）
ie—üe:	jiéyuē（节约）	xuèyè（血液）	quèqiè（确切）	xièjué（谢绝）
üe—uo:	xuéshuō（学说）	zhuóyuè（卓越）	lüèduó（掠夺）	xuēruò（削弱）

📝 听后选择 Choose the syllables that you heard

1. tiān—diàn   2. miàn—làn   3. wàn—yǎn
4. kàn—biàn   5. hán—pàn   6. shuāng—guāng

📝 听写 Write the initials or finals that you heard

1. ch____   2. q____   3. s____   4. x____
5. ____ian   6. ____uang   7. ____ing   8. ____iang

二 填出照片中一家人的称呼 Fill in the titles of the people in the photo

三 量词填空　Fill in the blanks with the appropriate measure words

1. 一（　）人　　2. 一（　）书　　3. 一（　）狗　　4. 一（　）车
5. 一（　）钱　　6. 一（　）水　　7. 一（　）词典　8. 一（　）家庭
9. 一（　）牛奶　10. 一（　）面包　11. 一（　）啤酒　12. 一（　）朋友

四 看图说出时间、钱数和号码

Look at the pictures and state the depicted time, money amount or number amount

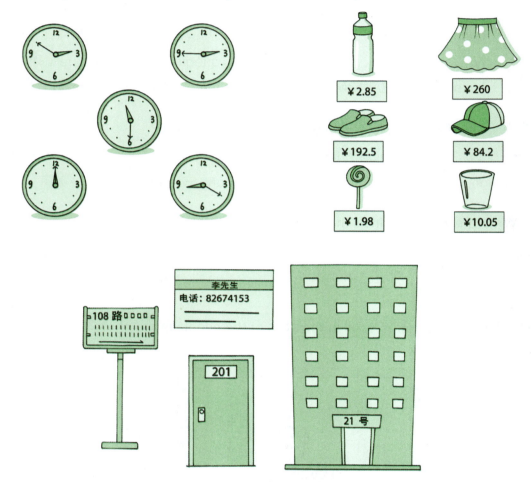

五 填出下图中的方位词　Fill in the blanks in the diagram below with directional terms

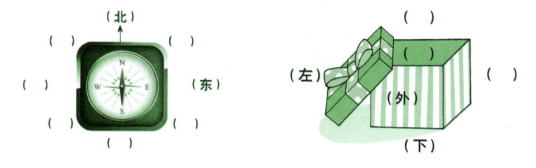

你家有几口人 10

六　替换练习　Substitution exercises

A：你家一共有三口人，对吧？
　　　一共要三本书
　　　一共有两把钥匙
　　　一共买四瓶水

B：不对，四口人，还有一条狗。
　　　四本　　　一本词典
　　　三把　　　一把自行车钥匙
　　　五瓶　　　一瓶啤酒

七　选词填空　Choose the appropriate word to fill in the blank

　　　　吧　　吗　　呢　　哪　　啊

1. 中村有一本词典，玛丽_____？
2. 明天是周末，你们没有课_____？
3. 这些都是汉语课本，你要_____本？
4. 大卫是美国留学生，玛丽也是美国留学生_____？
5. A：明天下午没有课，我们去看电影_____！
　　B：好_____。

八　就画线部分提问

Rewrite the sentences as questions by changing the underlined words into question words

1. 一瓶啤酒<u>三块五毛钱</u>。
2. 我家有<u>五口</u>人。
3. 大卫明天上午<u>十点</u>有课。
4. 我们学校有<u>五百</u>个留学生。
5. 我的宿舍在<u>6</u>号楼。
6. 张红的手机号码是<u>14058973021</u>。
7. 玛丽要买一本书和一本词典，一共<u>五十块</u>。
8. 电影晚上<u>六点半</u>开始。
9. 这是中村的<u>第四</u>本词典。
10. 我家有<u>两个</u>孩子。

九 模仿书写下列汉字　Write the following Chinese characters

家　奶　爸　妈　哥

姐　孩　多　还　对

11 北京的冬天比较冷
Běijīng de dōngtiān bǐjiào lěng

玛 丽：今天的天气怎么样？

中 村：不太好，有风，下午还有雨。

玛 丽：冷吗？

中 村：不冷，二十度。

玛 丽：明天呢？

中 村：明天是晴天。

Mǎlì:　　Jīntiān de tiānqì zěnmeyàng?
Zhōngcūn：Bú tài hǎo, yǒu fēng, xiàwǔ hái yǒu yǔ.
Mǎlì:　　Lěng ma?
Zhōngcūn：Bù lěng, èrshí dù.
Mǎlì:　　Míngtiān ne?
Zhōngcūn：Míngtiān shì qíngtiān.

大　卫：老师，北京秋天的天气怎么样？

刘老师：北京的秋天不冷不热，很舒服，是最好的季节。

大　卫：冬天呢？听说北京的冬天很冷，是吗？

刘老师：对，北京的冬天比较冷，最冷

差不多零下十五度。

大　卫：常常下雪吗？

刘老师：不常下雪。大卫，你最喜欢哪个季节？

大　卫：我喜欢夏天，我的爱好是游泳。老师，您呢？

刘老师：我喜欢春天。

Dàwèi:　　Lǎoshī, Běijīng qiūtiān de tiānqì zěnmeyàng?

Liú lǎoshī:　Běijīng de qiūtiān bù lěng bú rè, hěn shūfu, shì zuì hǎo de jìjié.

Dàwèi:　　Dōngtiān ne? Tīngshuō Běijīng de dōngtiān hěn lěng, shì ma?

Liú lǎoshī:　Duì, Běijīng de dōngtiān bǐjiào lěng, zuì lěng chàbuduō língxià shíwǔ dù.

Dàwèi:　　Chángcháng xià xuě ma?

Liú lǎoshī:　Bù cháng xià xuě. Dàwèi, nǐ zuì xǐhuan nǎge jìjié?

Dàwèi:　　Wǒ xǐhuan xiàtiān, wǒ de àihào shì yóu yǒng. Lǎoshī, nín ne?

Liú lǎoshī:　Wǒ xǐhuan chūntiān.

New Words and Expressions

1	天气	tiānqì	n.	weather
2	怎么样	zěnmeyàng	pron.	how
3	不太	bú tài		not too
4	风	fēng	n.	wind
5	雨	yǔ	n.	rain
6	冷	lěng	adj.	cold
7	度	dù	mw.	degree
8	晴天	qíngtiān	n.	sunny day, clear day
9	秋天	qiūtiān	n.	autumn, fall

11 北京的冬天比较冷

10	热	rè	adj.	hot
11	舒服	shūfu	adj.	comfortable
12	最	zuì	adv.	most
13	季节	jìjié	n.	season
14	冬天	dōngtiān	n.	winter
15	比较	bǐjiào	adv.	relatively, quite, rather
16	差不多	chàbuduō	adv.	almost, nearly
17	零下	língxià	n.	below zero
18	常常	chángcháng	adv.	often, usually
19	下	xià	v.	to fall
20	雪	xuě	n.	snow
21	常	cháng	adv.	often, usually
22	喜欢	xǐhuan	v.	to like
23	夏天	xiàtiān	n.	summer
24	爱好	àihào	n.	hobby
25	游泳	yóu yǒng		to swim
26	春天	chūntiān	n.	spring

专有名词 Proper Nouns

| 北京 | Běijīng | capital of China |

注释 Note

二十度：中国计量温度所使用的单位是摄氏度，不是华氏度。

twenty degrees：The thermometer scale used in China is Celcius rather than Fahrenheit.

Language Points

1 怎么样　How

● 今天的天气怎么样？

▲ "怎么样"放在句尾，用来询问天气、身体、学习等很多方面的情况。例如：
Often placed at the end of a sentence，怎么样 is used to inquire about the weather, health, one's studies or other conditions. For example:

① 北京秋天的天气怎么样？
② 爷爷的身体（shēntǐ, body, health）怎么样？
③ 北京大学的留学生宿舍怎么样？

2 不 A 不 B　Not A and not B

● 北京的秋天不冷不热，很舒服，是最好的季节。

▲ "不 A 不 B"表示正好，A 和 B 为相反意义的形容词。例如：
"Not A and not B" in which A and B are adjectival antonyms is used to specify perfect suitability, neither of the extremes but rather "just right". For example:

不大（dà, big, large）不小　　不早不晚（wǎn, late）　　不快不慢（màn, slow）

3 形容词谓语　Adjectival predicates

● 听说北京的冬天很冷。

▲ 汉语中的形容词做谓语时，不需要用"是"。例如：
In Chinese, when an adjective acts as the predicate, 是 is not necessary. For example:

① 那个学校的留学生很多。
② 北京的冬天比较冷。
③ 今天的天气不太舒服。
④ 这个电影很有名。

▲ 做谓语的形容词前常常加程度副词，不加时往往有对比的意思。例如：
With adjectival predicates, there is usually an adverb of degree before the adjective. If there is no adverb of degree, then a comparison is implied. For example:

⑤ 我的房间大，他的房间小。
⑥ 冬天冷，夏天热。

11 北京的冬天比较冷

课堂练习　　Exercises in Class

一　语音练习　Pronunciation exercises

朗读　Read aloud

	z	j	zh
ang	zang		zhang
eng	zeng		zheng
ian		jian	
iang		jiang	

xiàn huā（献花）　　zhèngshū（证书）　　jiànkāng（健康）　　xiàngxīn（向心）

chàng gē（唱歌）　　nàozhōng（闹钟）　　jiàqī（假期）　　dàngāo（蛋糕）

fàngsōng（放松）　　xiàtiān（夏天）

听写　Write the initials or finals that you heard

1. ___eng ___ian　　___ie ___i　　___ong ___in　　___i ___u　　___eng ___ing

2. sh___ c___　　j___ q___　　q___ ch___　　Ch___ J___　　q___ l___

二　读出下列温度表上的数字并用适当的词填空

Look at the pictures and read aloud the following temperatures and fill in the blanks with the appropriate words

（　　）　（　　）　（　　）　　（　　）　（　　）　（　　）

三 替换练习　Substitution exercises

1. A：明天的天气怎么样？
   B：不太好，有风，下午还有雨。

很好	是晴天
上午比较好	不过晚上有雨
很热	没有风，也不下雨
比较冷	下午有小雪

2. A：北京的冬天怎么样？

   春天
   夏天
   秋天

   B：比较冷，最冷差不多零下十五度。

很好	不过常常有风
很热	最热差不多三十九度
不冷不热	是最好的季节

四 选词填空　Choose the appropriate word to fill in the blank

　　不太　　比较　　差不多　　最　　常常　　很

1. 我们学校早上八点上课，_____早。
2. 北京的夏天_____下雨。
3. 我的同学_____都有自行车。
4. 今天的天气很热，_____舒服。
5. 中村的汉语书_____多。
6. 听说这个电影_____有名。

五 用"怎么样"提问　Change the following sentences into questions with 怎么样

1. 北京的冬天比较冷。
2. 这个电影很好。
3. 哥哥的房间很小，不太舒服。
4. 北京大学的图书馆很大。
5. 爷爷的身体很好。

六 模仿书写下列汉字　Write the following Chinese characters

你在干什么
Nǐ zài gàn shénme

大　卫：喂，你好！

玛　丽：喂，大卫，是我，玛丽。

大　卫：啊，玛丽，你好！

玛　丽：大卫，你在干什么呢？

大　卫：我在做作业。

玛　丽：是吗？你每天都有很多作业吗？

大　卫：不是。今天是星期三，从早上八点到中午十二点，我有四节课，明天还有听写，所以作业很多。你呢？在干什么？

玛　丽：我在酒吧喝咖啡。

大　卫：哪个酒吧？

玛　丽：学校书店对面的那个。

大　卫：你自己吗？

玛　丽：不，还有我的同屋和她的朋友，他们在唱歌呢。

大　卫：明天你们没有课吗？

玛　丽：有，我们十点就回宿舍。

Dàwèi: Wèi, nǐ hǎo!

Mǎlì: Wèi, Dàwèi, shì wǒ, Mǎlì.

Dàwèi: À, Mǎlì, nǐ hǎo!

Mǎlì: Dàwèi, nǐ zài gàn shénme ne?

Dàwèi: Wǒ zài zuò zuòyè.

Mǎlì: Shì ma? Nǐ měi tiān dōu yǒu hěn duō zuòyè ma?

Dàwèi: Bú shì. Jīntiān shì xīngqīsān, cóng zǎoshang bā diǎn dào zhōngwǔ shí'èr diǎn, wǒ yǒu sì jié kè, míngtiān hái yǒu tīngxiě, suǒyǐ zuòyè hěn duō. Nǐ ne? Zài gàn shénme?

Mǎlì: Wǒ zài jiǔbā hē kāfēi.

Dàwèi: Nǎge jiǔbā?

Mǎlì: Xuéxiào shūdiàn duìmiàn de nàge.

Dàwèi: Nǐ zìjǐ ma?

Mǎlì: Bù, hái yǒu wǒ de tóngwū hé tā de péngyou, tāmen zài chàng gē ne.

Dàwèi: Míngtiān nǐmen méiyǒu kè ma?

Mǎlì: Yǒu, wǒmen shí diǎn jiù huí sùshè.

词语表 — New Words and Expressions

1	喂	wèi	interj.	hello (*used to answer the phone*)
2	啊	à	interj.	ah, oh
3	在	zài	adv./prep.	*indicating an action in progress*; at
4	干	gàn	v.	to do
5	做	zuò	v.	to do
6	作业	zuòyè	n.	homework
7	每	měi	pron.	every
8	天	tiān	n.	day
9	星期三	xīngqīsān	n.	Wednesday
10	从……到……	cóng……dào……		from...to...
11	中午	zhōngwǔ	n.	noon

12	节	jié	mw.	*measure word (for classes)*, period
13	听写	tīngxiě	n.	dictation
14	所以	suǒyǐ	conj.	so, therefore
15	酒吧	jiǔbā	n.	bar
16	喝	hē	v.	to drink
17	咖啡	kāfēi	n.	coffee
18	书店	shūdiàn	n.	bookstore
19	对面	duìmiàn	n.	across from, facing
20	自己	zìjǐ	pron.	oneself, by oneself
21	在	zài	adv.	in the process of
22	唱	chàng	v.	to sing
23	歌	gē	n.	song
24	回	huí	v.	to return

Note

喂：中国人打电话时常用的招呼语。

Hello：喂 is frequently used to greet a person on the phone in Chinese.

Language Points

1 S + 在 + VP（呢） Be in progress

● 你在干什么呢？/ 他们在唱歌呢。

▲ "在 + VP" "在 + VP 呢" 表示正在进行的动作或存在的状态。例如：
"在 + VP" "在 + VP 呢" are used to indicate an action which is presently in progress or a condition already in existence. For example:

① 昨天晚上 8 点，我在看电影。

② 大卫现在在喝啤酒呢,他想休息(xiūxi, to rest)一下儿。

③ A:你现在在干什么呢?

B:我在上课呢。

④ A:星期三上午十点,你在干什么?

B:我在学校的商店买东西。

2 每……都……　　Each/ Every

● 你每天都有很多作业吗?

▲ 表示没有例外。例如:

It implies without exception. For example:

① 我每天早上都喝咖啡。

② 他们每个人都知道。

③ 这儿每天都下雨。

④ 大卫每个周末都去酒吧。

3 星期的表达法　　How to express days of the week

星期一	星期二	星期三	星期四	星期五	星期六	星期日(星期天)
xīngqīyī	xīngqī'èr	xīngqīsān	xīngqīsì	xīngqīwǔ	xīngqīliù	xīngqīrì (xīngqītiān)
Monday	Tuesday	Wednesday	Thursday	Friday	Saturday	Sunday

4 从……到……　　From... until / to...

● 从早上八点到中午十二点,我有四节课。

▲ 表示起止时间。例如:

It is used to denote time intervals. For example:

① 中村从下午四点到晚上八点有时间。

② 他们从星期一到星期五都有课。

③ 大卫从晚上八点到十点做作业。

Exercises in Class

一 语音练习　Pronunciation exercises

✎ 朗读　Read aloud

	c	q	ch
uan	cuan		chuan
uen	cun		chun
üan		quan	
üen		qun	

xiàoyuán（校园）　bù chún（不纯）　zuò chuán（坐船）　miàntiáor（面条儿）
rèqíng（热情）　lùnwén（论文）　quàn xué（劝学）　xìngfú（幸福）
bào míng（报名）　quèshí（确实）

✎ 听写　Write the initials or finals that you heard

1. ___un___uang　　___uan___ui　　___uan___ai　　___uan ___u　　___uan ___iu
2. y___y___　　　　h___l___　　　sh___ y___　　w___q___　　j___s___

二 替换练习　Substitution exercises

A：你在干什么呢？
B：我在做作业呢。

　　喝啤酒
　　买书
　　游泳
　　唱歌

三 选词填空　Choose the appropriate word to fill in the blank

所以　对面　就　节　自己

1. 夏天太热，_____我不喜欢夏天。
2. 大卫没有时间，你_____去看电影吧。
3. 我们学校早上八点_____上课，太早了。

4. 我在201，她在202，她的房间在我房间的_____。

5. 从星期二到星期五，每天我都有四_____课。

四 用"从……到……"连词成句

Complete the sentences with the given words and 从……到……

1. 早上八点　中午十二点　有课

_____

2. 上午十点　下午四点　没有时间

_____

3. 晚上八点　十点　做作业

_____

4. 星期一　星期五　有课

_____

5. 今天下午　明天上午　在宿舍里休息（xiūxi, to rest）

_____

五 看课表说时间安排

Study the class schedule provided below and follow the example to convey what has been planned for the day

例：今天是星期三，我上午下午都有课，晚上还有讲座。

	课　程　表					
		星期一	星期二	星期三	星期四	星期五
上午	第一节　8：00—8：50	汉语	口语	口语		汉语
	第二节　9：00—9：50	汉语	口语	口语		汉语
	第三节　10：10—11：00	口语	汉语		汉语	口语
	第四节　11：10—12：00	口语	汉语		汉语	口语
下午	第五节　13：00—13：50	听力		汉字	听力	
	第六节　14：00—14：50	听力		汉字	听力	
	第七节　15：10—16：00					
	第八节　16：10—17：00					
晚上	第九节　18：00—18：50		讲座	讲座		
	第十节　19：00—19：50		讲座	讲座		

六 模仿书写下列汉字　Write the following Chinese characters

干 做 作 每 从
到 所 以 吧 点

Wǒ qù túshūguǎn huán shū
我去图书馆还书

大　卫：你好，李军。你去哪儿？

李　军：我去图书馆还书，你呢？

大　卫：我先去银行换钱，然后去商店买东西。

李　军：我也要去银行，咱们一起去吧！

大　卫：你不去图书馆吗？

李　军：没关系，图书馆不关门。

Dàwèi：Nǐ hǎo, Lǐ Jūn. Nǐ qù nǎr?
Lǐ Jūn：Wǒ qù túshūguǎn huán shū, nǐ ne?
Dàwèi：Wǒ xiān qù yínháng huàn qián, ránhòu qù shāngdiàn mǎi dōngxi.
Lǐ Jūn：Wǒ yě yào qù yínháng, zánmen yìqǐ qù ba!
Dàwèi：Nǐ bú qù túshūguǎn ma?
Lǐ Jūn：Méi guānxi, túshūguǎn bù guān mén.

玛　丽：中村，明天是星期天，你打算干什么？

中　村：我打算去商店买东西。

玛　丽：是学校的商店吗？

中　村：不，是购物中心。

玛　丽：那儿的东西贵不贵？

中　村：还可以。那儿的东西非常多，质量也不错。

玛　丽：我正打算买衣服呢，明天和你一起去，好不好？

中　村：好啊！

玛　丽：咱们几点去？

中　村：购物中心九点开门，咱们十点去吧。

Mǎlì:　　　Zhōngcūn, míngtiān shì xīngqītiān, nǐ dǎsuàn gàn shénme?
Zhōngcūn:　Wǒ dǎsuàn qù shāngdiàn mǎi dōngxi.
Mǎlì:　　　Shì xuéxiào de shāngdiàn ma?
Zhōngcūn:　Bù, shì gòuwù zhōngxīn.
Mǎlì:　　　Nàr de dōngxi guì bu guì?
Zhōngcūn:　Hái kěyǐ. Nàr de dōngxi fēicháng duō, zhìliàng yě búcuò.
Mǎlì:　　　Wǒ zhèng dǎsuàn mǎi yīfu ne, míngtiān hé nǐ yìqǐ qù, hǎo bu hǎo?
Zhōngcūn:　Hǎo a!
Mǎlì:　　　Zánmen jǐ diǎn qù?
Zhōngcūn:　Gòuwù zhōngxīn jiǔ diǎn kāi mén, zánmen shí diǎn qù ba.

New Words and Expressions

1	还	huán	v.	to return
2	先	xiān	adv.	first
3	银行	yínháng	n.	bank
4	换	huàn	v.	to change
5	然后	ránhòu	conj.	then
6	商店	shāngdiàn	n.	store
7	东西	dōngxi	n.	thing(s)

13 我去图书馆还书

8	咱们	zánmen	pron.	we, us
9	一起	yìqǐ	adv.	together
10	关门	guān mén		to close the door
	关	guān	v.	to close
11	星期天	xīngqītiān	n.	Sunday
12	打算	dǎsuàn	v.	to be going to do, to plan to
13	购物中心	gòuwù zhōngxīn		shopping mall
	购物	gòu wù		to go shopping
	中心	zhōngxīn	n.	center
14	贵	guì	adj.	expensive
15	还可以	hái kěyǐ		so-so, okay, passable
16	非常	fēicháng	adv.	very
17	质量	zhìliàng	n.	quality
18	不错	búcuò	adj.	pretty good, not bad
19	正	zhèng	adv.	just
20	衣服	yīfu	n.	clothes
21	开门	kāi mén		to open the door
	开	kāi	v.	to open

Note

还可以：意思是不太好，也不太坏，常用来回答"怎么样"问句。例如：

Not bad：还可以 is used to indicate that something is neither very good nor very bad. It is often used to reply to questions of 怎么样. For example:

① A：这本汉语书怎么样？
   B：还可以。

② A：今天的天气怎么样？
   B：还可以。

Language Points

1 连动句　The sentence with serial-verb construction

● 我*去图书馆*还书。

▲ 连动句句式：S+VP$_1$+VP$_2$，其中 VP$_2$ 可以是 VP$_1$ 的目的。例如：

In the "S+VP$_1$+VP$_2$" construction, the verb in phrase 2 is usually the objective or motive of the verb in phrase 1. For example:

① 我去商店买东西。
② 大卫去银行换钱。
③ 玛丽去图书馆做作业。
④ 学生们去教学楼上课。

2 先……，然后……　First..., then...

● 我先去银行换钱，然后去商店买东西。

▲ 表示动作在时间上的先后顺序。例如：

It is used to indicate the succession of two actions within a given time period. For example:

① 明天我先去银行，然后去上课。
② 李军先去电影院，然后回宿舍。
③ 刘老师先去图书馆还书，然后去教室上课。
④ 安娜先去商店买衣服，然后去书店买词典。

3 "咱们"和"我们"　咱们 and 我们

● 咱们一起去吧！

▲ "咱们"一般包括说话者和听话者，如例①、②；而"我们"可以包括听说双方，如例③，也可以不包括听话者，如例④。

咱们 usually includes both the speaker and the listener (as in example ① and ②). On the other hand, 我们 can include the speaker and the listener (as in example ③) or simply the speaker but not the listener (as in example ④).

① 玛丽，晚上咱们去看电影吧。
② 明天是星期天，咱们去酒吧喝啤酒，好吗？
③ 中村，下午我们一起去图书馆，好吗？

④ 你去学校的商店，我们去购物中心，好不好？

4 "A（adjective）不A"和"V（verb）不V" "A 不 A" and "V 不 V"

- 那儿的东西贵不贵？

▲ "A不A"和"V不V"是正反问句，意思相当于"A吗"或"V吗"。例如：
In Chinese, "adjective + 不 + adjective" and "verb + 不 + verb" can both be used to form affirmative-negative interrogative sentences. For example:

① 北京的冬天冷不冷？ （＝北京的冬天冷吗？）
② 你买不买东西？ （＝你买东西吗？）
③ 你是不是美国人？ （＝你是美国人吗？）

⚠ 正反问句的句尾不用"吗"。例如：
In this form of the questions, 吗 is omitted. For example:

⑤ 北京的冬天冷不冷吗？（×）
⑥ 你是不是中国人吗？（×）

课堂练习 Exercises in Class

一 语音练习 Pronunciation exercises

🖋 朗读 Read aloud

	s	x	sh
an	san		shan
en	sen		shen
in		xin	

Hànyǔ（汉语）　　bànfǎ（办法）　　Rìběn（日本）　　xiàwǔ（下午）
xiàoguǒ（效果）　xià xuě（下雪）　lìshǐ（历史）　　diànyǐng（电影）
shàng wǎng（上网）　hèkǎ（贺卡）

🖋 听写 Write the initials or finals that you heard

1. ___ai___an　　___ang___u　　___ian___ia　　___en___in　　___iu___an
2. s___ c___　　sh___ x___　　sh___ j___　　ch___ ch___　　zh___ sh___ m___

二 替换练习　Substitution exercises

1. A：你去哪儿？
   B：我去银行换钱。
   　　　去商店买东西
   　　　去教室上课
   　　　去图书馆还书
   　　　去书店买词典

2. A：明天是星期六，你打算干什么？
   B：我打算去购物中心买衣服。
   　　　　去清华大学玩儿
   　　　　去酒吧喝啤酒
   　　　　去电影院看电影
   　　　　在房间里做作业

三 选词填空　Choose the appropriate word to fill in the blank

> 换　　还　　打算　　贵　　关门　　开门

1. 学校的商店上午八点_____。
2. 我下午去银行_____钱。
3. 你知道酒吧晚上几点_____吗？
4. 今天晚上你_____干什么？
5. 一瓶啤酒三块钱，不_____。
6. 我去图书馆_____书。

四 把下列句子改成"A 不 A"或"V 不 V"问句

Change the following sentences into questions with the "A 不 A" or the "V 不 V" form

1. 玛丽晚上去酒吧。
2. 中村不喝咖啡。
3. 北京的冬天比较冷。
4. 购物中心的东西不太贵。
5. 学校的书店晚上不开门。

五 用"我们""你们"或"咱们"填空 Fill in the blanks with 我们，你们 or 咱们

1. A：今天天气很好，_____去玩儿吧。
   B：好啊。
2. A：玛丽，明天没有课，_____晚上去酒吧，好吗？
   B：对不起，我有作业，_____去吧。
3. A：大卫，明天_____打算去看电影，你去吗？
   B：当然去。
4. A：玛丽，你知道_____学校有多少留学生吗？
   B：听说有两百多个。

六 模仿书写下列汉字 Write the following Chinese characters

14 Wǒ xǐhuan qiǎn yánsè de
我喜欢浅颜色的

玛 丽：中村，你看，那件白毛衣怎么样？

中 村：挺好看的。不过，白的容易脏。这件蓝的怎么样？

玛 丽：这件蓝的颜色有点儿深，我喜欢浅颜色的。

中 村：那件黄的呢？

玛 丽：不错，挺漂亮的，就买它吧。

Mǎlì: Zhōngcūn, nǐ kàn, nà jiàn bái máoyī zěnmeyàng?
Zhōngcūn: Tǐng hǎokàn de. Búguò, bái de róngyì zāng. Zhè jiàn lán de zěnmeyàng?
Mǎlì: Zhè jiàn lán de yánsè yǒudiǎnr shēn, wǒ xǐhuan qiǎn yánsè de.
Zhōngcūn: Nà jiàn huáng de ne?
Mǎlì: Búcuò, tǐng piàoliang de, jiù mǎi tā ba.

大 卫：玛丽，看，这是我昨天买的自行车，怎么样？

玛 丽：挺漂亮的。不是新的吧？

大 卫：对，我买的是一辆旧的，旧的比较便宜，也不容易丢。

玛 丽：有别的颜色吗？

大 卫：有，有黑的、蓝的，还有灰的、黄的。你喜欢什么颜色的？

14 我喜欢浅颜色的

玛　丽：我喜欢绿的。

Dàwèi:　Mǎlì, kàn, zhè shì wǒ zuótiān mǎi de zìxíngchē, zěnmeyàng?
Mǎlì:　　Tǐng piàoliang de. Bú shì xīn de ba?
Dàwèi:　Duì, wǒ mǎi de shì yí liàng jiù de, jiù de bǐjiào piányi, yě bù róngyì diū.
Mǎlì:　　Yǒu bié de yánsè ma?
Dàwèi:　Yǒu, yǒu hēi de、lán de, hái yǒu huī de、huáng de. Nǐ xǐhuan shénme yánsè de?
Mǎlì:　　Wǒ xǐhuan lǜ de.

词语表 — New Words and Expressions

#	汉字	拼音	词性	释义
1	件	jiàn	mw.	measure word (for pieces of clothing)
2	白	bái	adj.	white
3	毛衣	máoyī	n.	sweater
4	挺	tǐng	adv.	very, quite
5	好看	hǎokàn	adj.	nice, good-looking
6	容易	róngyì	adj.	easy
7	脏	zāng	adj.	dirty
8	蓝	lán	adj.	blue
9	颜色	yánsè	n.	color
10	有点儿	yǒudiǎnr	adv.	a little (big, small, expensive, etc.)
11	深	shēn	adj.	dark
12	浅	qiǎn	adj.	light, pale, pastel (in color)
13	黄	huáng	adj.	yellow
14	漂亮	piàoliang	adj.	pretty, beautiful
15	它	tā	pron.	it
16	昨天	zuótiān	n.	yesterday
17	新	xīn	adj.	new
18	辆	liàng	mw.	measure word (for vehicles)
19	旧	jiù	adj.	old, used

20	便宜	piányi	adj.	inexpensive, cheap
21	丢	diū	v.	to lose, to get stolen
22	别的	bié de		another
23	黑	hēi	adj.	black
24	灰	huī	adj.	gray
25	绿	lǜ	adj.	green

Language Points

1 挺 + adj.　Rather/ Quite...

● （那件白毛衣）挺好看的。

▲ 表示程度比较高，相当于"很"，常跟"的"一起使用。例如：
"挺 + adj" indicates that the adjective is to a rather high degree, which is equivalent to "很 + adj". 的 is often used at the end of this structure. For example:

① 你的毛衣挺漂亮的。
② 学校商店的东西挺贵的。
③ 北京的冬天挺冷的。
④ 学生宿舍挺小的。

2 定语（2）　Attributives (2)

● 这是我昨天买的自行车。

▲ 汉语里动词性成分做定语也要放在中心语前面。例如：

In Chinese, verbal constituent as attributives should also be placed in front of the headword. For example:

① 你买的毛衣挺漂亮的。
② 玛丽是我认识的新朋友。
③ 这是我喜欢喝的咖啡。

3 "的"字词组　The 的 phrase

● 白的容易脏。这件蓝的怎么样？

▲ "X + 的"可以构成"的"字词组,"X"可以是名词（例①）、代词（例②）、动词（例③）或形容词（例④）等。"的"字词组的功能相当于一个名词。

The 的 phrase is composed of "X + 的" in which X can be a noun (as in example ①), a pronoun (as in example ②), a verb (as in example ③), an adjective (as in example ④) and so on. The 的 phrase acts as one noun.

① 这本词典是英文的。
② 那辆自行车是我的。
③ 她买的便宜，我买的贵。
④ 玛丽的毛衣是红的。

4 有（一）点儿　A little bit / Kind of

● 这件蓝的颜色有点儿深，我喜欢浅颜色的。

▲ "有（一）点儿"放在形容词前面，表示不多、稍微，"一"可以省略。多用于不如意的事情。
有（一）点儿, placed before the adjective, is used to indicate "a little" "a bit" "kind of", in which 一 may be omitted. It often carries a negative tone.

① 今天有点儿冷。
② 黑颜色的有点儿深。
③ 那儿的东西有（一）点儿贵。
④ 他有（一）点儿不高兴。

Exercises in Class

一 语音练习　Pronunciation exercises

 朗读　Read aloud

	b	p	d	t
in	bin	pin		
ing	bing	ping	ding	ting

kàn bìng（看病）　　zìxìn（自信）　　dàndìng（淡定）　　mìnglìng（命令）
gòu wù（购物）　　　zhìliàng（质量）　shùnlì（顺利）　　　jùhuì（聚会）
duànliàn（锻炼）　　sùshè（宿舍）

博雅汉语 Boya Chinese

听写 Write the initials or finals that you heard

1. __i__ao　　__ai __ui　　__an__u　　__u__ong　　__ao__ian
2. p__y__　　J___ J___　　j__x__　　__n__　　b__x__

二 替换练习 Substitution exercises

1. A：那件白毛衣怎么样？

   今天的天气 _____
   学校商店的东西 _____
   这本词典 _____

   B：挺好看的，不过，这件蓝的也很漂亮。

热	明天	热
便宜	别的商店	便宜
不错	那本词典	好

2. 这件蓝的颜色有点儿深，我喜欢浅颜色的。

这本书	旧	新的
新车	贵	便宜的
茶（chá, tea）	热	凉（liáng, cool）的

3. 这是我喜欢看的书，那是她喜欢看的书。

吃	东西	吃	东西
喝	咖啡	喝	咖啡
去	商店	去	商店

4. 喜欢看书的人是玛丽。

   在买衣服 _____
   昨天去酒吧 _____
   在教室写作业 _____

三 写出下列词语的反义词 Write the antonyms for the following words

1. 黑——　　2. 深——　　3. 贵——
4. 冷——　　5. 新——　　6. 开门——

四 选词填空　Choose the appropriate word to fill in the blank

　　　　　　新　旧　红　黄　蓝　绿　灰

1. 我的毛衣是____的，不是____的。
2. 天（tiān, sky）是____的，草（cǎo, grass）是____的，花儿（huār, flower）是____的。
3. 玛丽的自行车是____的，不是____的。

　　　　　　挺　很　比较　不太　有点儿

1. 那件红毛衣_____漂亮的。
2. 这个房间_____小，那个房间比较大。
3. 这个商店的东西_____贵，我们去别的商店吧。
4. 今天二十五度，_____热，_____舒服。

五 说出你最喜欢的颜色，并描述一下儿你们国家国旗的颜色

State your favorite color, then describe the colors of your country's national flag

黑 hēi black	白 bái white	灰 huī grey
红 hóng red	黄 huáng yellow	蓝 lán blue
橙 chéng orange	绿 lǜ green	紫 zǐ purple

六 模仿书写下列汉字　Write the following Chinese characters

白　喜　欢　就　昨
新　别　黑　都　没

15

Míngtiān shì wǒ péngyou de shēngrì
明天是我朋友的生日

玛 丽：中村，从晚饭以后到现在，你一直在忙，忙什么呢？

中 村：我在准备礼物呢。

玛 丽：准备礼物？

中 村：对，明天是我朋友的生日，我做一个蛋糕送给她，你说好不好？

玛 丽：你自己做？

中 村：对啊，自己做的比较特别。

Mǎlì: Zhōngcūn, cóng wǎnfàn yǐhòu dào xiànzài, nǐ yìzhí zài máng, máng shénme ne?
Zhōngcūn: Wǒ zài zhǔnbèi lǐwù ne.
Mǎlì: Zhǔnbèi lǐwù?
Zhōngcūn: Duì, míngtiān shì wǒ péngyou de shēngrì, wǒ zuò yí ge dàngāo sònggěi tā, nǐ shuō hǎo bu hǎo?
Mǎlì: Nǐ zìjǐ zuò?
Zhōngcūn: Duì a, zìjǐ zuò de bǐjiào tèbié.

李 军：大卫，你说，送生日礼物，什么东西比较好？

大 卫：你打算送给谁？男的还是女的？

明天是我朋友的生日 **15**

李　军：女的。

大　卫：可送的很多啊，比如巧克力。

李　军：巧克力有点儿甜，她不喜欢甜的。

大　卫：衣服怎么样？

李　军：她的衣服号码我不知道，也不知道她喜欢什么颜色。

大　卫：那么送一束花儿吧，每个女孩子都喜欢花儿。

李　军：这个主意挺不错的。

Lǐ Jūn： Dàwèi, nǐ shuō, sòng shēngrì lǐwù, shénme dōngxi bǐjiào hǎo?

Dàwèi： Nǐ dǎsuàn sònggěi shéi? Nán de háishi nǚ de?

Lǐ Jūn： Nǚ de.

Dàwèi： Kě sòng de hěn duō a, bǐrú qiǎokèlì.

Lǐ Jūn： Qiǎokèlì yǒudiǎnr tián, tā bù xǐhuan tián de.

Dàwèi： Yīfu zěnmeyàng?

Lǐ Jūn： Tā de yīfu hàomǎ wǒ bù zhīdào, yě bù zhīdào tā xǐhuan shénme yánsè.

Dàwèi： Nàme sòng yí shù huār ba, měi ge nǚháizi dōu xǐhuan huār.

Lǐ Jūn： Zhège zhúyi tǐng búcuò de.

词语表 — New Words and Expressions

1	晚饭	wǎnfàn	n.	dinner
2	以后	yǐhòu	n.	after
3	一直	yìzhí	adv.	all along, along
4	忙	máng	v./adj.	to hasten; busy
5	准备	zhǔnbèi	v.	to prepare
6	礼物	lǐwù	n.	gift
7	生日	shēngrì	n.	birthday

8	蛋糕	dàngāo	n.	cake
9	送	sòng	v.	to give, to give as a gift
10	说	shuō	v.	to say, to speak
11	特别	tèbié	adj.	special
12	男	nán	adj.	male
13	还是	háishi	conj.	or
14	女	nǚ	adj.	female
15	可	kě	aux.	to be possible, to be worth
16	比如	bǐrú	v.	for example
17	巧克力	qiǎokèlì	n.	chocolate
18	甜	tián	adj.	sweet
19	号码	hàomǎ	n.	size
20	那么	nàme	conj.	then, in that case
21	束	shù	mw.	bouquet, *measure word (for flowers)*
22	花	huā	n.	flower
23	主意	zhúyi	n.	idea

注释 / Notes

1. 男的还是女的："（是）……还是……"是选择问句。例如：
   A guy or a girl :"（是）……还是……" indicates an alternative question. For example:
   ① 你喜欢红的还是蓝的？
   ② 你去还是我去？
   ③ 你喝水还是喝咖啡？

2. 可送的很多啊："可 + V"表示值得做什么。例如：
   There are lots of things you could give :"可 + V" indicates that the verb is worth doing, should be done, or is possible. For example:
   ① 电影很多，可是可看的不多。
   ② 星期天可去的地方很多。
   ③ 购物中心很大，可买的东西很多，可是，我没有钱。

15 明天是我朋友的生日

语言点 Language Points

单元语言点小结　Summary of Language Points

语言点	例句	课号
1. 怎么样	今天的天气怎么样？	11
2. 不 A 不 B	北京的秋天不冷不热，很舒服，是最好的季节。	11
3. 形容词谓语	听说北京的冬天很冷。	11
4. S + 在 + VP（呢）	你在干什么呢？／他们在唱歌呢。	12
5. 每……都……	你每天都有很多作业吗？	12
6. 星期的表达法	星期一／二／三／四／五／六／日（天）	12
7. 从……到……	从早上八点到中午十二点，我有四节课。	12
8. 连动句	我去图书馆还书。	13
9. 先……，然后……	我先去银行换钱，然后去商店买东西。	13
10. "咱们"和"我们"	咱们一起去吧！	13
11. "A（adjective）不 A"和"V（verb）不 V"	那儿的东西贵不贵？／你去不去图书馆？	13
12. 挺 + adj.	（那件白毛衣）挺好看的。	14
13. 定语（2）	这是我昨天买的自行车。	14
14. "的"字词组	白的容易脏。这件蓝的怎么样？	14
15. 有（一）点儿	这件蓝的颜色有点儿深，我喜欢浅颜色的。	14

课堂练习 Exercises in Class

一 语音练习　Pronunciation exercises

朗读　Read aloud

z—c：	zǎocān（早餐）	zìcóng（自从）	cúnzài（存在）	cāozuò（操作）
j—q：	qíjì（奇迹）	qiújiù（求救）	qīngjìng（清静）	jīngqí（惊奇）
z—zh：	zīyuán（资源）	zhīyuán（支援）	zìyuàn（自愿）	zhìyuàn（志愿）
c—ch：	cūbù（粗布）	chūbù（初步）	cūnzhuāng（村庄）	chūnzhuāng（春装）
s—sh：	jìnsì（近似）	jìnshì（近视）	sīrén（私人）	shīrén（诗人）

二 量词填空 Fill in the blanks with the appropriate measure word

1. 一（　）自行车　2. 一（　）毛衣　3. 一（　）花儿　4. 一（　）蛋糕
5. 一（　）主意　6. 一（　）啤酒　7. 一（　）课　8. 一（　）钱

三 选词填空 Choose the appropriate word to fill in the blank

就　　从　　在　　最　　挺　　比较

1. 送朋友的礼物，自己做的_____特别。
2. 今天早上八点，我_____教室里上课呢。
3. 刘老师的学生里，大卫的汉语_____好。
4. 银行在商店对面，一分钟_____到。
5. _____八点到十点，我一直在做作业。
6. 明天天气不太好，听说风_____大的。

先　　以后　　然后　　差不多　　常常　　所以

1. 下课以后，我打算_____回宿舍，然后去图书馆。
2. 新的自行车有点儿贵，_____我要买旧的。
3. 中村_____去图书馆看书。
4. 大卫_____每个周末都去酒吧。
5. 星期天，我先去银行，_____去购物中心。
6. 上午八点_____，我不在宿舍。

四 用指定的词语改写句子 Rewrite the sentences with the given words

1. 明天是大卫的生日，你去吗？（V不V）

2. 我们每天都有课。（从……到……）

3. 玛丽有自行车，大卫和中村也有自行车。（每……都……）

4. 中村的生日礼物比较特别。（挺……的）

5. 我不喜欢红毛衣，我喜欢蓝毛衣。（"的"字词组）

五 把下列句子改成疑问句　Change the following sentences into questions

1. 中村做的蛋糕<u>挺不错的</u>。
2. 我<u>在准备生日礼物呢</u>。
3. 北京的秋天<u>不冷不热，是最好的季节</u>。
4. 今天的作业<u>有点儿多</u>。
5. 明天是<u>星期六</u>，没有课。
6. 我下午<u>去商店买花儿</u>。

六 用所给的词语完成句子　Complete the sentences with the given words

1. 北京的秋天_____。（最）
2. 昨天晚上从八点到十点_____。（一直）
3. 这个周末_____。（打算）
4. 这个酒吧的咖啡_____。（有点儿）

七 模仿书写下列汉字　Write the following Chinese characters

| 忙 | 蛋 | 送 | 男 | 女 |
| 衣 | 服 | 知 | 道 | 花 |

Zhōumò nǐ gàn shénme
周末你干什么

大　卫：明天又是周末，太高兴了！

同　学：看起来，你很喜欢周末。

大　卫：当然喜欢啦！周末可以好好儿玩儿玩儿，你不喜欢吗？

同　学：我不喜欢。每个周末，我都觉得没意思。

大　卫：你周末都干什么呢？

同　学：在宿舍里看看电视，上上网，洗洗衣服，做做作业，睡睡懒觉……

大　卫：你不跟朋友一起出去玩儿吗？

同　学：有时候和朋友一起逛逛商店，有时候去图书馆学习学习。你周末都干什么呢？

大　卫：我每个周末都有不同的安排。上个周末到朋友家包饺子，上上个周末去跳舞，再上个周末去爬山……

同　学：这个周末你干什么？

大　卫：我去听音乐会。一起去，怎么样？

同　学：好啊，太好了！

Dàwèi: Míngtiān yòu shì zhōumò, tài gāoxìng le!

Tóngxué: Kàn qilai, nǐ hěn xǐhuan zhōumò.

Dàwèi: Dāngrán xǐhuan la! Zhōumò kěyǐ hǎohāor wánrwanr, nǐ bù xǐhuan ma?

Tóngxué: Wǒ bù xǐhuan. Měi ge zhōumò, wǒ dōu juéde méi yìsi.

Dàwèi: Nǐ zhōumò dōu gàn shénme ne?

Tóngxué: Zài sùshè li kànkan diànshì, shàngshang wǎng, xǐxi yīfu, zuòzuo zuòyè, shuìshui lǎnjiào……

Dàwèi: Nǐ bù gēn péngyou yìqǐ chūqu wánr ma?

Tóngxué: Yǒu shíhou hé péngyou yìqǐ guàngguang shāngdiàn, yǒu shíhou qù túshūguǎn xuéxí xuéxí. Nǐ zhōumò dōu gàn shénme ne?

Dàwèi: Wǒ měi ge zhōumò dōu yǒu bù tóng de ānpái. Shàng ge zhōumò dào péngyou jiā bāo jiǎozi, shàng shàng ge zhōumò qù tiào wǔ, zài shàng ge zhōumò qù pá shān……

Tóngxué: Zhège zhōumò nǐ gàn shénme?

Dàwèi: Wǒ qù tīng yīnyuèhuì. Yìqǐ qù, zěnmeyàng?

Tóngxué: Hǎo a, tài hǎo le!

New Words and Expressions

1	又	yòu	adv.	again
2	了	le	part.	*particle*
3	看起来	kàn qilai		it looks like, it seems that
4	啦	la	part.	*modal particle*
5	可以	kěyǐ	aux.	may, can, be able to
6	好好儿	hǎohāor	adv.	to one's heart's content, all out
7	觉得	juéde	v.	to feel
8	没意思	méi yìsi		boring
9	电视	diànshì	n.	TV, television
10	上网	shàng wǎng		to go online, to access the Internet
11	洗	xǐ	v.	to wash
12	睡懒觉	shuì lǎnjiào		to get up late
	睡觉	shuì jiào		to sleep

13	跟	gēn	conj.	and
14	出去	chūqu		to go out
15	逛	guàng	v.	to go out shopping, to walk around
16	学习	xuéxí	v.	to study
17	不同	bù tóng		different
18	安排	ānpái	v.	to arrange
19	上	shàng	n.	last, previous
20	包	bāo	v.	to wrap
21	饺子	jiǎozi	n.	dumpling
22	跳舞	tiào wǔ		to dance
23	爬	pá	v.	to climb, to crawl
24	山	shān	n.	hill, mountain
25	听	tīng	v.	to listen
26	音乐会	yīnyuèhuì	n.	concert

Language Points

1 太……了 It is too...

● 明天又是周末，太高兴了！

▲ "太……了"表示程度很高，常用于感叹，有时有"过分"的意思。例如：

"太……了" is often used to indicate that the specified adjective is to an excessive degree. It is often used for exclamatory remarks. For example:

① 今天太冷了。
② 这个房间太舒服了。
③ 这件毛衣的颜色太浅了，我不喜欢。

2 动词重叠 Verbal reduplication

● 周末可以好好儿玩儿玩儿，你不喜欢吗？

▲ 动词重叠，表示轻松、随便的意味。例如：

Verbal reduplication indicates an informal, casual tone of voice. For example:

① 她有时候和朋友一起逛逛商店。
② 周末我在家洗洗衣服，看看电视，买买东西，做做作业，睡睡懒觉。
③ 跳跳舞，唱唱歌，逛逛商店，都很有意思。

③ 地点状语　Location as adverbial modifier

● 在宿舍里看看电视，上上网，洗洗衣服，做做作业，睡睡懒觉……

▲ 在 + 地方（location）+ V：地点状语要放在动词谓语前。例如：
When the adverbial modifier is a location, it should precede the verbial predicate. For example:

① 大卫在北京大学学习汉语。
② 他在图书馆看书。
③ 他们在购物中心买东西。
④ 玛丽在酒吧唱歌。

Exercises in Class

一 语音练习　Pronunciation exercises

✎ 朗读　Read aloud

	n	l	f	h
an	nan	lan	fan	han
en	nen		fen	hen
ang	nang	lang	fang	hang
eng	neng	leng	feng	heng
in	nin	lin		
ing	ning	ling		

chángzhēng（长征）　　chénggōng（成功）　　Nánjīng（南京）　　fénshāo（焚烧）
fángjiān（房间）　　　　lúntāi（轮胎）　　　　qíngtiān（晴天）　　míngē（民歌）
bàngōngtīng（办公厅）　　　　　　　　　　　　jīngshénbìng（精神病）
fàngdàjìng（放大镜）　　　　　　　　　　　　chácāntīng（茶餐厅）
dà chéngshì（大城市）　　　　　　　　　　　　dēngxīnróng（灯芯绒）
chéngqiān-shàngwàn（成千上万）　　　　　　mǎnmiàn-chūnfēng（满面春风）

一 听写 Write the initials or finals that you heard

1. __ian__un   __ei__ui   __ie__un   __ei__an   __u__i
2. ch____sh____   Ch____ J____   x____x____   x____q____   b____sh____

二 替换练习 Substitution exercises

我在图书馆看书。

购物中心	买衣服
银行	换钱
酒吧	喝啤酒
宿舍	洗衣服
教室	学习汉语

三 根据例子填表 Fill in the table according to the example

再上个月（yuè, month）	上上个月	上个月	这个月	下个月	下下个月	再下个月
			这个星期			
			这个周末			

四 选词填空 Choose the appropriate word to fill in the blank

好好儿　看起来　觉得　安排　高兴　没意思

1. 你送我生日礼物，我很_____。
2. 这个电影_____，我不太喜欢。
3. 这个周末你有什么_____？
4. 我_____购物中心的衣服有点儿贵。
5. 每天很忙，周末我要_____睡睡懒觉。
6. 今天的天气_____不太好，可能（kěnéng, maybe）下雨。

五 模仿例句造句 Make sentences according to the given example

例：看书　　→ 看看书　　　　→ 晚上我在宿舍看看书。

1. 听音乐　→ 听听音乐　　　→
2. 逛商店　→ 　　　　　　　→
3. 洗衣服　→ 　　　　　　　→
4. 睡懒觉　→ 　　　　　　　→

5. 看电视　　→　　　　　　　　→

6. 上网　　　→　　　　　　　　→

六 模仿书写下列汉字　Write the following Chinese characters

做客（一）
Zuò kè (yī)

刘老师：请进，请进！

大　卫：老师，您的家真干净啊！

刘老师：是吗？来，坐这儿吧！

大　卫：这是给您的礼物。

刘老师：哎呀！你们太客气了。

大　卫：一点儿心意，请收下。

刘老师：谢谢！你们喝什么？茶还是果汁？

大　卫：随便，什么都行。

玛　丽：我喝茶。

刘老师：路上顺利吗？

玛　丽：不太顺利，车上有点儿挤，地铁站也有点儿远。

刘老师：你们一般坐公共汽车还是打车？

大　卫：我喜欢坐公共汽车，车上有空调，很舒服。

玛　丽：我喜欢坐地铁。

……

刘老师：你们饿不饿？中午在我家吃饺子，怎么样？

大　卫：太好了，我最喜欢吃的就是饺子。

刘老师：你们会包吗？

玛　丽：不太会，我们试试吧！

太好了，我最喜欢吃的就是饺子。

Liú lǎoshī:	Qǐng jìn, qǐng jìn!		
Dàwèi:	Lǎoshī, nín de jiā zhēn gānjìng a!		
Liú lǎoshī:	Shì ma? Lái, zuò zhèr ba!		
Dàwèi:	Zhè shì gěi nín de lǐwù.		
Liú lǎoshī:	Āiyā! Nǐmen tài kèqi le.		
Dàwèi:	Yìdiǎnr xīnyì, qǐng shōuxia.		
Liú lǎoshī:	Xièxie! Nǐmen hē shénme? Chá háishi guǒzhī?		
Dàwèi:	Suíbiàn, shénme dōu xíng.		
Mǎlì:	Wǒ hē chá.		
Liú lǎoshī:	Lùshang shùnlì ma?		
Mǎlì:	Bú tài shùnlì, chē shang yǒudiǎnr jǐ, dìtiězhàn yě yǒudiǎnr yuǎn.		
Liú lǎoshī:	Nǐmen yìbān zuò gōnggòng qìchē háishi dǎ chē?		
Dàwèi:	Wǒ xǐhuan zuò gōngòng qìchē, chē shang yǒu kōngtiáo, hěn shūfu.		
Mǎlì:	Wǒ xǐhuan zuò dìtiě.		
……			
Liú lǎoshī:	Nǐmen è bu è? Zhōngwǔ zài wǒ jiā chī jiǎozi, zěnmeyàng?		
Dàwèi:	Tài hǎo le, wǒ zuì xǐhuan chī de jiù shì jiǎozi.		
Liú lǎoshī:	Nǐmen huì bāo ma?		
Mǎlì:	Bú tài huì, wǒmen shìshi ba!		

New Words and Expressions

1	做客	zuò kè		to be a guest
2	请进	qǐng jìn		Come in please.
3	真	zhēn	adv.	really
4	干净	gānjìng	adj.	clean
5	坐	zuò	v.	to sit
6	哎呀	āiyā	interj.	*interjection word*
7	客气	kèqi	adj.	courteous, polite
8	一点儿	yìdiǎnr	q.	a little

9	心意	xīnyì	n.	regard, appreciation
10	收下	shōuxia		to accept, to take
11	茶	chá	n.	tea
12	果汁	guǒzhī	n.	fruit juice
13	随便	suí biàn		anything is OK, having no preference
14	行	xíng	v.	OK.
15	路上	lùshang	n.	on the road, on the way
16	顺利	shùnlì	adj.	smooth, uneventful
17	挤	jǐ	adj.	crowded
18	打车	dǎ chē		to take a taxi
19	地铁	dìtiě	n.	subway
20	站	zhàn	n.	station
21	远	yuǎn	adj.	far, distant
22	空调	kōngtiáo	n.	air-condition
23	饿	è	adj.	hungry
24	吃	chī	v.	to eat
25	会	huì	aux.	can, to know how to
26	试	shì	v.	to try

Notes

1. 一点儿心意，请收下：给人送礼物时常说的客气话。
It's a little token of my affection, please accept it: It is a polite form of expression when you give a gift to others.

2. 什么都行：当主人问客人想吃或喝什么时，客人比较客气的回答。
Anything is OK: You can use this expression to show your politeness when the host asks you what you want to eat or drink.

语言点

Language Points

1 （是）A 还是 B　　A or B

- 你们一般坐公共汽车还是打车？

▲ 用于问句，表示选择。例如：
It is used to elicit a choice between the given options. For example:
① 你是美国人还是加拿大人？
② 你（是）喝茶还是喝咖啡？
③ （是）你去还是我去？

2 就是　　Exactly

- 我最喜欢吃的就是饺子。

▲ 用来表示强调。例如：
It is used for emphasis. For example:
① 他就是刘老师。
② 这儿就是图书馆。

3 会（1）　　Can / To know how to... (1)

- 你们会包吗？

▲ 用在动词前，表示能力。例如：
Placed in front of verbs, 会 indicates capability in the sense of an acquired skill. For example:
① 我会包饺子。
② 我会说英语，他不会说英语。
③ 你会骑自行车吗？

Exercises in Class

一 语音练习　Pronunciation exercises

朗读　Read aloud

	g	k	h	j	q	x
üe				jue	que	xue
uei	gui	kui	hui			
üan				juan	quan	xuan
uan	guan	kuan	huan			
ün				jun	qun	xun
uen	gun	kun	hun			

qiúxié（球鞋）　　　yóuwán（游玩）　　　wéntán（文坛）　　　báiyún（白云）
wéichéng（围城）　　tóngxué（同学）　　　zúqiú（足球）　　　liúxíng（流行）
huánjìngxué（环境学）　　qúnyīnghuì（群英会）　　cǎigòutuán（采购团）
quántiānhòu（全天候）　　guìjīnshǔ（贵金属）　　xúnyángjiàn（巡洋舰）
húlún-tūnzǎo（囫囵吞枣）　　Lúgōu xiǎo yuè（卢沟晓月）

听写　Write the initials or finals that you heard

1. ＿＿un＿＿ui　　＿＿ui＿＿ian　　＿＿eng＿＿iang　　＿＿ian＿＿ue　　＿＿i＿＿iu
2. w＿＿x＿＿　　y＿＿w＿＿　　h＿＿q＿＿　　ch＿＿j＿＿　　y＿＿l＿＿

二 替换练习　Substitution exercises

1. 你是喝茶还是喝咖啡？

　　中国人　　日本人
　　学日语　　学英语
　　送花儿　　送巧克力
　　打车　　　坐地铁
　　今天去　　明天去

做客（一） 17

2. <u>我最喜欢吃的</u>就是<u>饺子</u>。

我最喜欢喝的	咖啡
我最喜欢看的	中国电影
他	汉语最好的学生
刘老师	我们班的老师
那个楼	我们的宿舍楼

三　选词填空　Choose the appropriate word to fill in the blank

> 干净　顺利　舒服　高兴　随便　挤　饿　远

1. 他来学校的车上有点儿_____。
2. 他们的宿舍很_____，看起来挺_____的。
3. 我有点儿_____，吃什么都可以，你_____。
4. 今天我们没有作业，明天也没有听写，同学们都很_____。
5. 今天回宿舍的路上车很多，不太_____。
6. 他家不太_____，坐地铁十分钟就到。

> 有点儿　一点儿　不太　最　太　真

1. 今天天气_____热，二十二度。
2. 今天天气_____热，所以我在房间不出去。
3. 北京的夏天是六月、七月和八月，七月_____热。
4. 今天_____热了！
5. 今天_____热啊！请给我_____水。

四　辨析并选词填空

Distinguish between the two given words, then choose the appropriate one to fill in the blank

> 一点儿　有点儿

1. 我没吃晚饭，_____饿。
2. 咖啡里请加（jiā, to add）_____糖（táng, sugar）。
3. 我是学生，没有很多钱，只有_____钱。
4. 听说北京的冬天_____冷，我要买毛衣。
5. 这件衣服的颜色_____深。

五 用指定的词语完成对话　Complete the dialogues with the given words

1. A：你喜欢的颜色_____？　（是……还是……）
   B：我喜欢蓝色。
2. A：购物中心的东西贵不贵？
   B：_____。　（有点儿）
3. A：张红会说英语吗？
   B：_____。　（会）
4. A：谁是刘老师？
   B：_____。　（就是）
5. A：_____。　（一点儿）
   B：谢谢，你太客气了。

六 模仿书写下列汉字　Write the following Chinese characters

做客（二） Zuò kè èr

大　卫：老师，今天的饺子真好吃！

玛　丽：是啊，味道挺不错的。老师，中国人都喜欢吃饺子吗？

刘老师：大部分北方人都喜欢吃饺子。以前，过生日啦，过节啦，来客人啦，常常包饺子，现在很多人喜欢去饭馆儿。

大　卫：南方人不吃饺子吗？

刘老师：不常吃。南方人喜欢吃米饭，不太喜欢吃面食。

玛　丽：是这样啊！对北方人来说，饺子是很重要的一种食品吧？

刘老师：是啊！不过，包饺子比较麻烦，特别是人少的时候。

玛　丽：对，做馅儿就得花很多时间呢。

大　卫：超市不是有速冻饺子吗？如果想吃的话，就去买一袋。

刘老师：你真会偷懒。不过，大家一起包饺子，热闹，也挺有意思的。

玛　丽：速冻饺子的味道怎么样？好吃吗？

大　卫：也很好吃。

Dàwèi: Lǎoshī, jīntiān de jiǎozi zhēn hǎochī!

Mǎlì: Shì a, wèidao tǐng búcuò de. Lǎoshī, Zhōngguó rén dōu xǐhuan chī jiǎozi ma?

Liú lǎoshī: Dà bùfen běifāng rén dōu xǐhuan chī jiǎozi. Yǐqián, guò shēngrì la, guò jié la, lái kèren la, chángcháng bāo jiǎozi, xiànzài hěn duō rén xǐhuan qù fànguǎnr.

Dàwèi: Nánfāng rén bù chī jiǎozi ma?

Liú lǎoshī: Bù cháng chī. Nánfāng rén xǐhuan chī mǐfàn, bú tài xǐhuan chī miànshí.

Mǎlì: Shì zhèyàng a! Duì běifāng rén lái shuō, jiǎozi shì hěn zhòngyào de yì zhǒng shípǐn ba?

Liú lǎoshī: Shì a! Búguò, bāo jiǎozi bǐjiào máfan, tèbié shì rén shǎo de shíhou.

Mǎlì: Duì, zuò xiànr jiù děi huā hěn duō shíjiān ne.

Dàwèi: Chāoshì bú shì yǒu sùdòng jiǎozi ma? Rúguǒ xiǎng chī dehuà, jiù qù mǎi yí dài.

Liú lǎoshī: Nǐ zhēn huì tōu lǎn. Búguò, dàjiā yìqǐ bāo jiǎozi, rènao, yě tǐng yǒu yìsi de.

Mǎlì: Sùdòng jiǎozi de wèidao zěnmeyàng? Hǎochī ma?

Dàwèi: Yě hěn hǎochī.

New Words and Expressions

1	好吃	hǎochī	adj.	delicious, tasty
2	味道	wèidao	n.	taste, flavor
3	北方	běifāng	n.	the northern part of China
4	过	guò	v.	to spend (time), to celebrate
5	节	jié	n.	festival, holiday
6	客人	kèren	n.	guest
7	饭馆儿	fànguǎnr	n.	restaurant
8	南方	nánfāng	n.	the southern part of China
9	米饭	mǐfàn	n.	cooked rice
10	面食	miànshí	n.	wheat-based foods
11	对……来说	duì……lái shuō		for (sb.)
12	重要	zhòngyào	adj.	important
13	种	zhǒng	mw.	type, kind
14	食品	shípǐn	n.	food

做客（二） 18

15	麻烦	máfan	adj.	troublesome
16	少	shǎo	adj.	few
17	馅儿	xiànr	n.	filling
18	得	děi	aux.	must, have to
19	花	huā	v.	to spend
20	超市	chāoshì	n.	supermarket
21	速冻	sùdòng	v.	quick-frozen
22	如果	rúguǒ	conj.	if
23	的话	dehuà	part.	used at the end of a conditional clause
24	想	xiǎng	aux.	to want to
25	袋	dài	mw.	pack, bag
26	偷懒	tōu lǎn		to be lazy
27	大家	dàjiā	pron.	everyone
28	热闹	rènao	adj.	abuzz, bustling with activity
29	有意思	yǒu yìsi		interesting

注释 / Note

对……来说：引出对象。例如：

For/ to/ regarding: It is used to elicit the object. For example:

① 对学生来说，最重要的就是学习。
② 对日本人来说，汉字（Hànzì, Chinese character）比较容易。

语言点 / Language Points

1 列举 Enumeration/ Listing

● 以前，过生日啦，过节啦，来客人啦，常常包饺子。

▲ 常用格式是"A 啦，B 啦，C 啦……"。例如：
The usual pattern is: A 啦，B 啦，C 啦…… For example:

① 我们大学有很多国家的留学生，美国啦，日本啦，英国啦……
② 大卫每次到商店都买很多东西，衣服啦，食品啦，啤酒啦……他都要买。
③ 那儿有很多饮料（yǐnliào，drink），咖啡啦，果汁啦，茶啦……随便喝。

2 得（děi） Must / Have to

● 做馅儿就**得**花很多时间呢。

▲ "得"用在动词前，表示不得已。例如：
Used before verbs，得 indicates that there is no other alternative. For example:
① 包饺子比较麻烦，得花很多时间。
② 明天早上八点有课，我得七点起床。
③ 今天很冷，零下五度。不过，我得去学校上课。

3 反问句（1） Rhetorical questions（1）：不是……吗

● 超市**不是**有速冻饺子**吗**？

▲ 用"不是……吗"反问，强调肯定。例如：
不是……吗 is often used to form a rhetorical question to stress the meaning of certainty. For example:
① A：我不会说英语。
　 B：你不是美国人吗？
② A：我不认识他。
　 B：你们不是朋友吗？
③ A：我喝茶。
　 B：你不是喜欢喝咖啡吗？

4 如果……（的话），就…… If

● **如果**想吃**的话**，**就**去买一袋。

▲ "如果"表示假设，用在前一分句中；"就"用在后一分句中，说明假设产生的结果。例如：
如果 indicating supposition is used in the first clause，就 is used in the second clause to indicate the result produced from the supposition. For example:
① 如果坐地铁的话，比较快，也比较便宜。
② 如果下午没课（的话），我们就去逛商店。
③ A：我们周末去玩儿，你去吗？
　 B：如果没别的安排（的话），我就去。

18 做客（二）

Exercises in Class

一 语音练习　Pronunciation exercises

朗读　Read aloud

1. 轻声练习　The neutral tone

jiějie（姐姐）　　fángzi（房子）　　chuānghu（窗户）　　ěrduo（耳朵）
dòufu（豆腐）　　kèqi（客气）　　　mántou（馒头）　　　wǒmen（我们）

2. 儿化练习　The retroflex final

yuèyár（月牙儿）　gàn huór（干活儿）　mùgùnr（木棍儿）　huāpíngr（花瓶儿）

3. 声调组合　The combination of tones

yóu yǒng（游泳）　báijiǔ（白酒）　　cídiǎn（词典）　　ménkǒu（门口）
yángliǔ（杨柳）　　huángjiǔ（黄酒）　chángjiǔ（长久）　liángyǒu（良友）

听写　Write the initials or finals that you heard

1. ___i___ian-___ā___āng　　___an___i-___an___ong　　___en___ing-___uo___i
2. b___j___-l___x___　　　　x___sh___-p___g___　　　　q___g___ch___h___

二 替换练习　Substitution exercises

1. 作业很多，你得做作业。

天气很冷	买毛衣
要换钱	去银行
从这儿到学校	坐地铁
明天朋友生日	送礼物

2. 如果想吃（的话），你就去买一袋。

有意思	我　看
质量好	我　买
天气好	他　去玩儿
明天不忙	咱们去买东西

三 选词填空 Choose the appropriate word to fill in the blank

> 好吃　　重要　　偷懒　　热闹　　麻烦　　有意思

1. 过节的时候，大家一起唱歌、跳舞，很_____。
2. 学习汉语最_____的是多听多说，你要好好儿学习，不要_____。
3. 这个电影特别_____，同学们都很喜欢。
4. 饺子很_____，不过包饺子有点儿_____。

> 面食　米饭　饺子　味道　食品　大家　客人　超市

1. 北方人和南方人喜欢吃的东西有点儿不同。北方人喜欢吃_____，比如_____；南方人喜欢吃_____，还有很多米（mǐ, rice）做的_____，_____都很好。
2. 今天家里要来_____，我去_____买点儿东西，准备准备。_____都想吃什么呀？

四 用"A 啦，B 啦，C 啦……"看图说话
Look at the pictures and make sentences with A 啦，B 啦，C 啦……

1.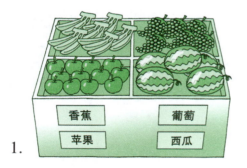

2.

3.

做客（二）

五 用"不是……吗"改写句子　Change the sentences into questions with 不是……吗

1. 她是玛丽的同屋。
2. 大卫有汉语词典。
3. 他下午去图书馆借书。
4. 玛丽的妹妹会跳舞。
5. 我们坐地铁去朋友家。

六 模仿书写下列汉字　Write the following Chinese characters

| 老 | 师 | 吃 | 南 | 方 |
| 饭 | 很 | 买 | 真 | 会 |

19 现在习惯了
Xiànzài xíguàn le

大　卫：老师好！

刘老师：早上好，大卫。你这么早就来了？

大　卫：是。

刘老师：大卫，你来北京多长时间了？

大　卫：差不多半年了。

刘老师：习惯北京的生活了吧？

大　卫：刚来的时候不习惯，现在已经习惯了。

刘老师：早上八点上课也习惯了吗？

大　卫：不好意思，这还没习惯。在美国，我一般早上八点才起床。

刘老师：是吗？现在晚上几点睡觉？

大　卫：一般十二点睡，有时候夜里两点才睡。不过，早上八点有课的话，就早一点儿睡。

刘老师：早睡早起比较好啊！我是学生的时候，也喜欢睡懒觉。工作以后，这个毛病就改了。

大　卫：是吗？那时候您多大年纪？

刘老师：大概二十五岁吧。

Dàwèi:	Lǎoshī hǎo!
Liú lǎoshī:	Zǎoshang hǎo, Dàwèi. Nǐ zhème zǎo jiù lái le?
Dàwèi:	Shì.

19 现在习惯了

Liú lǎoshī: Dàwèi, nǐ lái Běijīng duō cháng shíjiān le?
Dàwèi: Chàbuduō bàn nián le.
Liú lǎoshī: Xíguàn Běijīng de shēnghuó le ba?
Dàwèi: Gāng lái de shíhou bù xíguàn, xiànzài yǐjīng xíguàn le.
Liú lǎoshī: Zǎoshang bā diǎn shàng kè yě xíguàn le ma?
Dàwèi: Bù hǎoyìsi, zhè hái méi xíguàn. Zài Měiguó, wǒ yìbān zǎoshang bā diǎn cái qǐ chuáng.
Liú lǎoshī: Shì ma? Xiànzài wǎnshang jǐ diǎn shuì jiào?
Dàwèi: Yìbān shí'èr diǎn shuì, yǒu shíhou yèli liǎng diǎn cái shuì. Búguò, zǎoshang bā diǎn yǒu kè dehuà, jiù zǎo yìdiǎnr shuì.
Liú lǎoshī: Zǎo shuì zǎo qǐ bǐjiào hǎo a! Wǒ shì xuésheng de shíhou, yě xǐhuan shuì lǎnjiào. Gōngzuò yǐhòu, zhège máobing jiù gǎi le.
Dàwèi: Shì ma? Nà shíhou nín duō dà niánjì?
Liú lǎoshī: Dàgài èrshíwǔ suì ba.

词语表 — New Words and Expressions

#				
1	多	duō	pron.	how
2	长	cháng	adj.	long
3	年	nián	n.	year
4	习惯	xíguàn	v.	to be used to, to become accustomed to
5	生活	shēnghuó	n.	life
6	刚	gāng	adv.	just
7	已经	yǐjīng	adv.	already
8	不好意思	bù hǎoyìsi		sorry, to be a bit embarrassed
9	才	cái	adv.	not until, as late as
10	起床	qǐ chuáng		to get up
	床	chuáng	n.	bed
11	睡	shuì	v.	to sleep, to go to sleep
12	夜里	yèli	n.	nighttime
13	早睡早起	zǎo shuì zǎo qǐ		early to bed and early to rise
14	工作	gōngzuò	v.	to work
15	毛病	máobing	n.	bad habit, flaw

16	改	gǎi	v.	to change
17	大	dà	adj.	old (for people)
18	年纪	niánjì	n.	age
19	大概	dàgài	adv.	about, approximately
20	岁	suì	mw.	years old

注释 / Note

早一点儿睡:"adj. + 一点儿"可以表示程度(如早、晚、快、慢)轻微变化。例如:
Go to bed a little earlier: The pattern "adj. + 一点儿" expresses that the action is (or should be) done to a slightly greater degree (e.g., earlier, later, faster, or slower) than usual or expected. For example:

① 明天早上有课,早一点儿起床。
② 水太多了,少一点儿吧!

语言点 / Language Points

1　了(1):V(+NP)+了

● 现在已经习惯了。/ 你这么早就来(教室)了。

▲ "了"用在句子末尾,表示出现新的情况,或事件已经发生。否定式:S + 没 + V(+NP)。例如:
了 is used at the end of a sentence, indicating a new situation or an event that has occured. The negative form:S + 没 + V(+NP). For example:

① 我以前不习惯北京的生活,现在习惯了。　→我没习惯北京的生活。
② 这个毛病他已经改了。　→这个毛病他没改。
③ 快看,下雪了。　→现在(还)没下雪。
④ 昨天下雨了。　→昨天没下雨。
⑤ 他去商店买东西了。　→他没去商店买东西。
⑥ 他们上个周末去老师家做客了。　→他们上个周末没去老师家做客。

现在习惯了 **19**

2 "就"和"才"　就 and 才

● 你这么早<u>就</u>来了？/ 有时候夜里两点<u>才</u>睡。

（1）"就"强调动作行为发生得早或快。例如：

就 emphasizes that an action happens either very early or quickly. For example:

① 他上个星期就回国了。
② 玛丽早上六点就起床了。
③ 妹妹三岁就开始学习跳舞了。

（2）"才"强调动作行为发生得晚或慢。例如：

才 emphasizes that an action happens late or slowly. For example:

④ 他早上六点就起床了，我九点才起床。
⑤ 玛丽七点半就去教室了，大卫八点半才去。
⑥ 爷爷六十岁才开始学习英语。

3 还　Still

● 不好意思，这<u>还</u>没习惯。

（1）表示状态没有改变。例如：

还 indicates that a situation has not changed, i.e. "still" (example ①) or "not yet" (example ②, example ③). For example:

① 已经夜里十二点了，他还在学习。
② 来北京已经半年了，他还没习惯早上八点上课。
③ 已经三十岁了，他还没有女朋友。

（2）表示添加。例如：

还 comes before a verb, indicating "in addition...". For example:

④ 我有中国朋友、美国朋友，还有日本朋友。
⑤ 我喜欢喝茶，喝咖啡，还喜欢喝啤酒。
⑥ 这个周末我要做作业、洗衣服，还要去超市买东西。

4 年龄表达法　How to express age

● 那时候您<u>多大年纪</u>？

（1）问十岁以下孩子的年龄时，用"几"。例如：

几 is used to ask the age of a child's younger than 10 or so. For example:

① A：你今年几岁？
　B：我六岁。

（2）问一般人时，用"多大"。例如：
多大 can be used generally to ask someone's age. For example:
② A：你今年多大？
　B：我二十二（岁）。

（3）问年长的人时，一般常用"您"和"多大年纪"。例如：
For older people, the more polite 您 and 多大年纪 is used generally to inquire about age. For example:
③ A：您多大年纪？
　B：六十八。

Exercises in Class

 语音练习　Pronunciation exercises

 朗读　Read aloud

1. 变调　The change of tones

gǔlǎo（古老）　　yǒuhǎo（友好）　　fěnbǐ（粉笔）　　shuǎnglǎng（爽朗）
zhǐlǎohǔ（纸老虎）　　xiǎozǔzhǎng（小组长）　　zǒngtǒngfǔ（总统府）
wěn zhǔn hěn（稳准狠）　　shuǐshǒuzhǎng（水手长）　　mǐlǎoshǔ（米老鼠）

2. 声调组合　The combination of tones

xuéxiào（学校）　　guójì（国际）　　língxià（零下）　　yánsè（颜色）
xíguàn（习惯）　　róngyì（容易）　　jiémù（节目）　　pái duì（排队）

听写　Write the initials or finals that you heard

1. __ong__ong-__u __o　　__un __uan __ua __ai　　__ian__ua-__uan__ui
2. l___ l___ ch___ d___　　w___ r___-k___ x___　　j___ y___-sh___ x___

19 现在习惯了

二 模仿例句造句 Make sentences according to the given example

例：我吃晚饭。 → 我吃晚饭了。 → 我已经吃晚饭了。 → 我还没吃晚饭。

1. 我们喝啤酒。 →　　　　　　→　　　　　　→
2. 他们包饺子。 → 　　　　　　→　　　　　　→
3. 她去图书馆。 → 　　　　　　→　　　　　　→
4. 张红看电影。 → 　　　　　　→　　　　　　→
5. 我们去买礼物。→ 　　　　　　→　　　　　　→

三 选词填空 Choose the appropriate word to fill in the blank

起床　　工作　　习惯　　改　　睡　　早睡早起

1. 北京的冬天太冷了，我有点儿不_____。
2. 在美国的时候，我常常_____懒觉，来中国以后就_____了。
3. 很多中国人每天早上很早就_____了。
4. 你打算_____到多大年纪？六十岁吗？
5. 我爷爷每天_____，身体非常好。

大概　　已经　　刚　　就　　才　　还

1. _____来中国的时候，我不会说汉语，现在会说一点儿了。
2. 已经八点了，大卫_____没来教室。
3. 爷爷早上五点_____起床了，弟弟八点_____起床。
4. 玛丽不在宿舍，她_____去上课了。
5. 我现在_____会骑自行车了，咱们骑车去吧。

四 把括号中的词语放在句中合适的位置

Place the given word where it belongs to the sentence

1. A 有时间的话，B 我 C 去看电影 D。　　　　　（就）
2. A 晚上九点 B 他 C 吃晚饭 D。　　　　　　　　（才）
3. A 已经 B 夜里一点了，C 他 D 没睡觉。　　　　（还）
4. 我 A 是 B 学生的时候，C 喜欢 D 睡懒觉。　　　（也）
5. A 上星期 B 下雪了，C 今天 D 下雪了。　　　　（又）

五 用指定的词语完成对话 Complete the dialogues with the given words

1. A：你一般什么时候睡觉？

   B：_____。（才）

   A：玛丽呢？

   B：_____。（就）

2. A：你今天上午去干什么了？

   B：_____。（……了）

3. A：大卫有中国朋友了吗？安娜呢？

   B：_____。（……了）

4. A：_____？（几）

   B：我五岁。

5. A：_____。（多）

   B：六十八啦。

6. A：你还没起床吗？

   B：_____。（不好意思）

六 模仿书写下列汉字 Write the following Chinese characters

| 长 | 半 | 年 | 习 | 才 |
| 起 | 里 | 工 | 后 | 岁 |

20 看病人
Kàn bìngrén

大 卫：玛丽，怎么样？现在好一点儿了吗？

玛 丽：好一点儿了。谢谢你来看我。

大 卫：别客气。不上课，也没有作业，挺舒服的吧？

玛 丽：不舒服。因为一个人吃，一个人睡，一个人玩儿，挺无聊的。

大 卫：你在医院都干什么呢？

玛 丽：看看书，听听音乐，打电话跟朋友聊聊天儿，睡睡觉，做做梦……

大 卫：你太幸福了！我每天在学校背生词啦，听写啦，做作业啦，考试啦……累死了。

玛 丽：那咱们换换，怎么样？你来医院住，我去上课。

大 卫：好啊，不过你得问问医生行不行。如果医生同意的话，咱们就换。对了，你中午想吃什么？米饭、炒菜、面条儿，还是饺子？

玛 丽：麦当劳！我想吃鸡肉汉堡。

大 卫：你不是病人吗？身体不好，还得吃药……吃面条儿吧！

Dàwèi： Mǎlì, zěnmeyàng? Xiànzài hǎo yìdiǎnr le ma?

Mǎlì： Hǎo yìdiǎnr le. Xièxie nǐ lái kàn wǒ.

Dàwèi： Bié kèqi. Bú shàng kè, yě méiyǒu zuòyè, tǐng shūfu de ba?

Mǎlì： Bù shūfu. Yīnwèi yí ge rén chī, yí ge rén shuì, yí ge rén wánr, tǐng wúliáo de.

Dàwèi： Nǐ zài yīyuàn dōu gàn shénme ne?

Mǎlì： Kànkan shū, tīngting yīnyuè, dǎ diànhuà gēn péngyou liáoliao tiānr, shuìshui jiào, zuòzuo mèng……

Dàwèi： Nǐ tài xìngfú le! Wǒ měi tiān zài xuéxiào bèi shēngcí la, tīngxiě la, zuò zuòyè la, kǎo shì la……lèisǐ le.

Mǎlì： Nà zánmen huànhuan, zěnmeyàng? Nǐ lái yīyuàn zhù, wǒ qù shàng kè.

Dàwèi： Hǎo a, búguò nǐ děi wènwen yīshēng xíng bu xíng. Rúguǒ yīshēng tóngyì dehuà, zánmen jiù huàn. Duìle, nǐ zhōngwǔ xiǎng chī shénme? Mǐfàn、chǎo cài、miàntiáor, háishi jiǎozi?

Mǎlì： Màidāngláo! Wǒ xiǎng chī jīròu hànbǎo.

Dàwèi： Nǐ bú shì bìngrén ma? Shēntǐ bù hǎo, hái děi chī yào……Chī miàntiáor ba!

New Words and Expressions

1	看	kàn	v.	to see, to visit
2	别客气	bié kèqi		Don't be so polite. That's OK.
	别	bié	adv.	Don't…
3	因为	yīnwèi	conj.	because
4	无聊	wúliáo	adj.	uninteresting, boring
5	医院	yīyuàn	n.	hospital
6	聊天儿	liáo tiānr		to chat
7	做梦	zuò mèng		to dream, to have a dream
8	幸福	xìngfú	adj.	happy
9	背	bèi	v.	to recite, to memorize
10	生词	shēngcí	n.	new word
11	考试	kǎo shì		to take a test
12	累	lèi	adj.	tired
13	死	sǐ	v./adj.	to die; to death

看病人 20

14	住	zhù	v.	to reside, to live (*somewhere*)
15	问	wèn	v.	to ask
16	医生	yīshēng	n.	doctor
17	同意	tóngyì	v.	to agree
18	对了	duìle	v.	Oh yeah..., by the way
19	炒	chǎo	v.	to stir-fry
20	菜	cài	n.	vegetable, prepared dish
21	面条儿	miàntiáor	n.	noodle
22	鸡肉	jīròu	n.	chicken
23	汉堡	hànbǎo	n.	hamburger, hamburg
24	病人	bìngrén	n.	patient, ill person
25	身体	shēntǐ	n.	body, health
26	药	yào	n.	medicine, medication

Proper Nouns

| 麦当劳 | Màidāngláo | McDonald's |

Notes

1. 好一点儿了："adj. + 一点儿了"表示轻微的变化。例如：
It has become a little bit better (than the other situation). For example:
① 我现在舒服一点儿了。
② 他的房间干净一点儿了。

2. 累死了："adj. + 死了"表示程度很高。例如：
It's extremely exhausting："adj. + 死了" indicates a high degree. For example:
① 人太多，挤死了。
② 今天零下十度，冷死了。

Elementary 1/Textbook 137

3. **因为**："因为"用在因果复句里表示原因，可以单用，也可以和"所以"一起使用。例如：

因为 is used to express cause in causal complex sentences, either alone or together with 所以. For example:

① 因为明天上午有课，所以我要早一点儿起床。

② A：你好像很喜欢吃面食。
　 B：对，因为我是北方人。

Language Points

单元语言点小结　Summary of Language Points

语言点	例句	课号
1. 太……了	明天又是周末，太高兴了！	16
2. 动词重叠	周末可以好好儿玩儿玩儿，你不喜欢吗？	16
3. 地点状语	在宿舍里看看电视，上上网，洗洗衣服，做做作业，睡睡懒觉……	16
4.（是）A 还是 B	你们一般坐公共汽车还是打车？	17
5. 就是	我最喜欢吃的就是饺子。	17
6. 会（1）	你们会包吗？	17
7. 列举：A 啦，B 啦，C 啦……	以前，过生日啦，过节啦，来客人啦，常常包饺子。	18
8. 得（děi）	做馅儿就得花很多时间呢。	18
9. 反问句（1）：不是……吗	超市不是有速冻饺子吗？	18
10. 如果……（的话），就……	如果想吃的话，就去买一袋。	18
11. 了（1）：V（+NP）+了	现在已经习惯了。/ 你这么早就来（教室）了。	19
12. "就"和"才"	你这么早就来了？/ 有时候夜里两点才睡。	19
13. 还	不好意思，这还没习惯。	19
14. 年龄表达法	那时候您多大年纪？	19

Exercises in Class

一　语音练习　Pronunciation exercises

an—ang：　ānxiáng（安详）　　bàngwǎn（傍晚）　　chǎnliàng（产量）
　　　　　　fánmáng（繁忙）　　jiāngshān（江山）　　tǎndàng（坦荡）

看病人 20

en—eng： běnnéng（本能） chéngběn（成本） chéngfèn（成分）
děngfēn（等分） zhēnzhèng（真正） zhēnchéng（真诚）

in—ing： xīnqíng（心情） jìnxíng（进行） jīnxīng（金星）
pǐnxìng（品性） qīngpín（清贫） yīnyǐng（阴影）

uan—üan： huányuán（还原） zhuǎn yuàn（转院） wánquán（完全）
xuánzhuǎn（旋转） yuánhuán（圆环） juān kuǎn（捐款）

un—ün： wēnxùn（温驯） chūnyùn（春运） xúnwèn（询问）
zūnxún（遵循） qúnhūn（群婚） túnjūn（屯军）

绕口令 Tongue twister

Sì shì sì, shí shì shí, 　　　　四是四，十是十，
Shísì shì shísì, sìshí shì sìshí. 　十四是十四，四十是四十。
Shéi shuō sìshí shì shísì, 　　　谁说四十是十四，
Jiù fá shéi sìshí. 　　　　　　就罚谁四十。
Shéi shuō shísì shì sìshí, 　　　谁说十四是四十，
Jiù fá shéi shísì. 　　　　　　就罚谁十四。

二 选词填空 Choose the appropriate word to fill in the blank

幸福　　无聊　　累　　舒服　　做梦

1. 我觉得最_____的就是睡懒觉。
2. 每个人睡觉的时候都会_____。
3. 我周末和朋友去游泳了，_____死了。
4. 他觉得这个电影没有意思，有点儿_____。
5. 今天身体有点儿不_____，没上课。

问　　看　　换　　背　　住　　炒

1. 你等我一下儿，我去_____一下儿衣服。
2. 玛丽现在_____在医院，我们下午去_____她吧。
3. 天气有点儿冷，我想吃点儿_____菜。

Elementary 1/Textbook　139

4. 我不知道，你_____别的同学吧。

5. 你自己去吧，明天有听写，我得_____生词。

三 用指定的词语改写句子　Rewrite the sentences with the given words

1. 一瓶水二十块，很贵。（太……了）

2. 你喝什么？茶、咖啡、果汁？（是……还是……）

3. 周末我有很多安排，看电影，听音乐会，去朋友家。（A 啦，B 啦，C 啦……）

4. 明天是她妈妈的生日，她得回家。（不是……吗）

5. 明天天气好，我们去购物中心买东西吧。（如果……的话，就……）

四 用所给的词语完成句子　Complete the sentences with the given words

1. 我觉得最幸福的事儿_____。（就是）

2. _____，我想早一点儿睡觉。（因为）

3. 昨天晚上，大卫和朋友去酒吧了，_____。（才）

4. 我们的校园里有图书馆，_____。（还）

5. 我觉得身体不舒服，_____。（得）

五 模仿书写下列汉字　Write the following Chinese characters

因　医　院　累　住

菜　鸡　肉　身　体

我喝了半斤白酒
Wǒ hēle bàn jīn báijiǔ

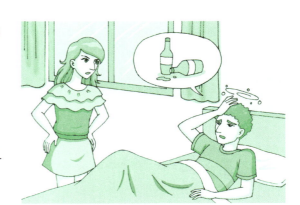

玛 丽：大卫，你怎么还在睡觉？老师问，你怎么没去上课。

大 卫：真不好意思。老师生气了吗？

玛 丽：好像没有生气。你的脸色不太好，昨天晚上又熬夜了吗？

大 卫：没有。不过，我喝了半斤白酒，头很疼。

玛 丽：半斤？你疯了？

大 卫：没疯，不过，醉了，也吐了。

玛 丽：你怎么喝那么多酒呢？

大 卫：昨天我去一个中国朋友家吃饭，他们太热情了，一直不停地给我倒酒。

玛 丽：有的中国人请客的时候喜欢劝酒，你不知道吗？

大 卫：现在我知道了。哎呀，我很渴，你帮我倒杯水，好吗？

玛 丽：好的。你好像还很困，继续睡吧！

Mǎlì: Dàwèi, nǐ zěnme hái zài shuì jiào? Lǎoshī wèn, nǐ zěnme méi qù shàng kè.
Dàwèi: Zhēn bù hǎoyìsi. Lǎoshī shēng qì le ma?
Mǎlì: Hǎoxiàng méiyǒu shēng qì. Nǐ de liǎnsè bú tài hǎo, zuótiān wǎnshang yòu áo yè le ma?
Dàwèi: Méiyǒu. Búguò, wǒ hēle bàn jīn báijiǔ, tóu hěn téng.

Mǎlì: Bàn jīn? Nǐ fēng le?

Dàwèi: Méi fēng, búguò, zuì le, yě tù le.

Mǎlì: Nǐ zěnme hē nàme duō jiǔ ne?

Dàwèi: Zuótiān wǒ qù yí ge Zhōngguó péngyou jiā chī fàn, tāmen tài rèqíng le, yìzhí bù tíng de gěi wǒ dào jiǔ.

Mǎlì: Yǒude Zhōngguó rén qǐng kè de shíhou xǐhuan quàn jiǔ, nǐ bù zhīdào ma?

Dàwèi: Xiànzài wǒ zhīdào le. Āiyā, wǒ hěn kě, nǐ bāng wǒ dào bēi shuǐ, hǎo ma?

Mǎlì: Hǎo de. Nǐ hǎoxiàng hái hěn kùn, jìxù shuì ba!

New Words and Expressions

1	生气	shēng qì		to be angry, to be mad
2	好像	hǎoxiàng	v.	it seems
3	脸色	liǎnsè	n.	look, (facial) color
4	熬夜	áo yè		to stay up late or all night
5	斤	jīn	mw.	half a kilogram
6	白酒	báijiǔ	n.	a type of Chinese distilled alcohol
7	头	tóu	n.	head
8	疼	téng	adj.	hurt, ache
9	疯	fēng	v.	to be crazy
10	醉	zuì	v.	to be drunk
11	吐	tù	v.	to vomit, to throw up
12	饭	fàn	n.	food, cooked rice
13	热情	rèqíng	adj.	hospitable, enthusiastic
14	不停	bù tíng		continuously, without stopping
15	地	de	part.	*structural particle*
16	倒	dào	v.	to pour
17	酒	jiǔ	n.	alcohol, liquor, wine

18	有的	yǒude	pron.	some
19	请客	qǐng kè		to host (*usually a meal*), to entertain guests
20	劝酒	quàn jiǔ		to urge sb. to drink more
21	渴	kě	adj.	thirsty
22	帮	bāng	v.	to help
23	杯	bēi	n.	glass, cup
24	困	kùn	adj.	sleepy
25	继续	jìxù	v.	to continue

Note

你怎么还在睡觉："怎么"表示寻问原因。例如：

How come you're still sleeping：怎么 can be used as a question word meaning "How come...". For example:

① 你怎么没做作业？
② 你怎么买白色的毛衣啊？

Language Points

1 又 Again

● 昨天晚上又熬夜了吗？

▲ "又"表示重复，一般用于已发生的事情。例如：

又 indicates repetition, usually of events that have already previously occurred, including the repetition. For example:

① 大卫今天上午又睡懒觉了。
② （她昨天去图书馆了，）今天又去图书馆了。
③ 中村今天又做蛋糕了。

❷ 了（2）：V + 了 + 数量词 + NP

● 我喝了半斤白酒。

▲ V + 了 + 数量词 + NP："了"用在句中动词后，表示动作完成或实现。例如：
Used after a verb situated in the middle of a sentence, 了 indicates that an action has been completed or realized. For example:
① 妹妹买了一件衣服。
② 他们吃了一斤饺子。
③ 我喝了两杯咖啡。

❸ 好像　To seem / As if

● 你好像还很困，继续睡吧！

▲ "好像"用于不太肯定的判断。例如：
好像 is used for tentative judgements, what seems to be so. For example:
① 老师好像没有生气。
② 你好像很困，昨天熬夜了吗？
③ 你好像有点儿不舒服，是吗？

Exercises in Class

一　语音练习　Pronunciation exercises

 绕口令　Tongue twister

Jìnjiāng Chuánchǎng zào hǎo chuán,
Shěnzhuāng Zhuānchǎng shāo hǎo zhuān.
Hǎo zhuān zhuāng zài hǎo chuán shang,
Hǎo chuán yángfān yùn hǎo zhuān.

晋江船厂造好船，
沈庄砖厂烧好砖。
好砖装在好船上，
好船扬帆运好砖。

 听后选择　Choose the syllables that you heard

1. zhuānchǎng—chuánchǎng
2. hǎo chuán—hǎo zhuān
3. zào chuán—shāo zhuān
4. chuán shang—chuáng shang

二 替换练习　Substitution exercises

1. 我喝了半斤白酒。
   - 看　两本书
   - 买　一件衣服
   - 吃　二十个饺子
   - 认识　三个中国朋友
   - 丢　两辆自行车

2. 你帮我倒杯水，好吗？
   - 买本书
   - 洗件衣服
   - 买瓶啤酒
   - 打辆车
   - 炒个菜

三 选词填空　Choose the appropriate word to fill in the blank

　　　　疯　醉　吐　渴　困

1. 花八百块买一辆旧自行车，你_____了吗？
2. 我_____死了，给我点儿水好吗？
3. 朋友们劝我喝了很多酒，最后我们都_____了。
4. 昨天我熬夜了，今天上课的时候很_____。
5. 她病了，吃的东西都_____了。

　　　热情　生气　不停　继续　头疼

1. 我上课的时候睡觉，老师_____了。
2. 休息十分钟以后，我们_____上课。
3. 你不要_____地喝酒，好吗？
4. 大卫昨天喝了半瓶白酒，今天还有点儿_____。
5. 我去中国朋友家做客，他们太_____了，做了很多菜。

四 模仿书写下列汉字　Write the following Chinese characters

| 睡 | 觉 | 生 | 气 | 了 |
| 晚 | 喝 | 请 | 渴 | 帮 |

22 他感冒了
Tā gǎnmào le

玛　丽：老师，大卫今天又不能来上课了。

刘老师：是吗？他病了吗？

玛　丽：对，他感冒了。头疼，发烧，还有点儿咳嗽。

刘老师：怎么感冒了？

玛　丽：前天他去看了一场足球比赛，回来的时候下雨了，他没带伞，所以感冒了。

刘老师：去医院看病了吗？

玛　丽：去了。医生说是感冒，给他开了一点儿药，又打了一针。医生还说最好休息一天。这是他的请假条。

刘老师：好的，我知道了。谢谢！

请假条

老师：

　　您好！真对不起，今天我感冒了，头疼、发烧、咳嗽，身体很不舒服，不能去上课了。请一天假，希望您批准。

大　卫

2023 年 4 月 18 日

22 他感冒了

Mǎlì: Lǎoshī, Dàwèi jīntiān yòu bù néng lái shàng kè le.
Liú lǎoshī: Shì ma? Tā bìng le ma?
Mǎlì: Duì, tā gǎnmào le. Tóu téng, fā shāo, hái yǒudiǎnr késou.
Liú lǎoshī: Zěnme gǎnmào le?
Mǎlì: Qiántiān tā qù kànle yì chǎng zúqiú bǐsài, huílai de shíhou xià yǔ le, tā méi dài sǎn, suǒyǐ gǎnmào le.
Liú lǎoshī: Qù yīyuàn kàn bìng le ma?
Mǎlì: Qù le. Yīshēng shuō shì gǎnmào, gěi tā kāile yìdiǎnr yào, yòu dǎle yì zhēn. Yīshēng hái shuō zuìhǎo xiūxi yì tiān. Zhè shì tā de qǐngjiàtiáo.
Liú lǎoshī: Hǎo de, wǒ zhīdao le. Xièxie!

Qǐngjiàtiáo

Lǎoshī:

  Nín hǎo! Zhēn duìbuqǐ, jīntiān wǒ gǎnmào le, tóu téng、fā shāo、késou, shēntǐ hěn bù shūfu, bù néng qù shàng kè le. Qǐng yì tiān jià, xīwàng nín pīzhǔn.

Dàwèi
Èr líng èr sān nián sì yuè shíbā rì

词语表 — New Words and Expressions

1	能	néng	aux.	can, be able to
2	病	bìng	v.	to be ill
3	感冒	gǎnmào	v.	to catch a cold, to have a cold or flu
4	头疼	tóu téng		headache
5	发烧	fā shāo		to have a fever
6	咳嗽	késou	v.	to cough
7	前天	qiántiān	n.	the day before yesterday
8	场	chǎng	mw.	*measure word* (*for a game or match*)
9	足球	zúqiú	n.	soccer, football
10	比赛	bǐsài	n.	match, game
11	回来	huílai		to come back

12	带	dài	v.	to bring
13	伞	sǎn	n.	umbrella
14	看病	kàn bìng		to see a doctor
15	开	kāi	v.	to write out
16	打针	dǎ zhēn		to get an injection
17	最好	zuìhǎo	adv.	had better, had best
18	休息	xiūxi	v.	to rest
19	请假条	qǐngjiàtiáo	n.	written request for leave
20	请假	qǐng jià		to ask for a leave
21	希望	xīwàng	v.	to hope, to wish
22	批准	pīzhǔn	v.	to approve, to grant (a request)
23	月	yuè	n.	month
24	日	rì	n.	day, date

Language Points

1 能 Can/Be able to

● 大卫今天又不能来上课了。

▲ 表示有能力或可能做某事。例如：
能 indicates that one is capable of doing something or having the possibility to do something. For example:
① 我学汉语了，所以我能唱中文歌。
② 你有时间吗？能和我一起去吗？
③ 他感冒了，不能来上课了。

2 了（3）：不 + VP + 了

● 大卫今天不能来上课了。

▲ 不 + VP + 了：表示情况出现了变化。例如：
"不 + VP + 了" indicates that the situation has changed. For example:
① 他不咳嗽了。
② 今天有点儿累，我不打算做饭了，吃面包吧。
③ 玛丽不想请假，她头不疼了。

他感冒了 22

3 最好　Had better

● 医生还说最好休息一天。

▲ 用在动词前，表示建议。例如：
Used in front of verbs，最好 implies a suggestion or advice. For example:

① 你感冒了，最好休息三天。
② 明天有考试，你最好准备准备。
③ 八点上课，你最好七点就起床。

4 日期表达法　How to express dates

● 2023 年 4 月 18 日

（1）汉语的日期表达顺序为：年 + 月 + 日。例如：
The sequence for expressing dates in Chinese goes as follows：year + month + date. For example:

① 1919 年 5 月 4 日
② 2008 年 8 月 8 日
③ 2022 年 12 月 24 日

（2）在口语里，常用"号"，不用"日"。例如：
In spoken form，号 is often used instead of 日. For example:

④ 9 月 10 号
⑤ 10 月 1 号
⑥ 12 月 31 号

课堂练习　Exercises in Class

一 语音练习　Pronunciation exercises

✒ 绕口令　Tongue twister

Lièrén Róng Lǎoliù,	猎人容老六，
Gǎnjí qù mài ròu.	赶集去卖肉。
Lángròu wú rén wèn,	狼肉无人问，
Lùròu méi màigòu.	鹿肉没卖够。
Lǎo Róng shǒu yì yáng,	老容手一扬，
Bàn jià mài lángròu.	半价卖狼肉。

二 替换练习 Substitution exercises

我有点儿不舒服，不能去上课了。

下雪了	出去玩儿
早上八点有课	睡懒觉
我没有钱	买东西
他感冒了	去游泳

三 用时间词填表 Fill in the table with time words

前天		
昨天		
今天	9月2日	星期三
明天		
后天		

四 选词填空 Choose the appropriate word to fill in the blank

足球　下雨　休息　前天　回来

1. 我最喜欢看_____比赛。
2. 学习四个小时了，_____一下儿吧。
3. 我_____病了没上课，今天上课的时候，老师问的问题我都不会。
4. 你工作太忙了，什么时候_____？
5. _____了，你还出去吗？

感冒　能　医生　最好　药　请假条

我_____了，去看_____。医生给我开了_____，说我_____休息一天，所以我今天不_____去上课了。你把我的_____给老师，好吗？

五 辨析并选词填空

Distinguish between the two given words, then choose the appropriate one to fill in the blank

能　会

1. 如果有钱的话，就_____买东西。

2. 你不_____说汉语的话，就说英语吧。

3. 玛丽病了，不_____来上课。

4. 你_____告诉我你的名字吗?

5. 我不_____包饺子。

六 模仿书写下列汉字　Write the following Chinese characters

你学了多长时间汉语

Nǐ xuéle duō cháng shíjiān Hànyǔ

玛 丽：对不起，我迟到了。

张 红：没关系。路上堵车了吗？

玛 丽：没有。我的自行车坏了，轮胎破了。

张 红：是吗？真倒霉。换轮胎换了多长时间？

玛 丽：大概换了半个小时。平时一个钟头就能到，可是今天我花了一个半小时。你等了多长时间？

张 红：大概二十分钟吧。

玛 丽：着急了吧？真对不起。

张 红：没事儿。

Mǎlì: Duìbuqǐ, wǒ chídào le.
Zhāng Hóng: Méi guānxi. Lùshang dǔ chē le ma?
Mǎlì: Méiyǒu. Wǒ de zìxíngchē huài le, lúntāi pò le.
Zhāng Hóng: Shì ma? Zhēn dǎoméi. Huàn lúntāi huànle duō cháng shíjiān?
Mǎlì: Dàgài huànle bàn ge xiǎoshí. Píngshí yí ge zhōngtóu jiù néng dào, kěshì jīntiān wǒ huāle yí ge bàn xiǎoshí. Nǐ děngle duō cháng shíjiān?
Zhāng Hóng: Dàgài èrshí fēnzhōng ba.
Mǎlì: Zháojí le ba? Zhēn duìbuqǐ.
Zhāng Hóng: Méi shìr.

玛 丽：你用英语写的作文真不错。

张 红：谢谢！不过，我的口语还不行。

玛 丽：我看挺好的。你学了多长时间英语？

张 红：我从初中开始学习，已经学了十年了。

玛 丽：十年？那么长时间？

张 红：是啊！我的语法还可以，简单的翻译也没问题，可是不太会说。你学了多长时间汉语？

玛 丽：马上就半年了。

张 红：下学期你还在北京学习吗？

玛 丽：当然啦，我打算在中国学习两年呢。

Mǎlì:	Nǐ yòng Yīngyǔ xiě de zuòwén zhēn búcuò.
Zhāng Hóng:	Xièxie! Búguò, wǒ de kǒuyǔ hái bù xíng.
Mǎlì:	Wǒ kàn tǐng hǎo de. Nǐ xuéle duō cháng shíjiān Yīngyǔ?
Zhāng Hóng:	Wǒ cóng chūzhōng kāishǐ xuéxí, yǐjīng xuéle shí nián le.
Mǎlì:	Shí nián? Nàme cháng shíjiān?
Zhāng Hóng:	Shì a! Wǒ de yǔfǎ hái kěyǐ, jiǎndān de fānyì yě méi wèntí, kěshì bú tài huì shuō. Nǐ xuéle duō cháng shíjiān Hànyǔ?
Mǎlì:	Mǎshàng jiù bàn nián le.
Zhāng Hóng:	Xià xuéqī nǐ hái zài Běijīng xuéxí ma?
Mǎlì:	Dāngrán la, wǒ dǎsuàn zài Zhōngguó xuéxí liǎng nián ne.

词语表 — New Words and Expressions

1	迟到	chídào	v.	to be late
2	堵车	dǔ chē		traffic jam
	堵	dǔ	v.	to stop up, to block
3	坏	huài	v.	to break down, to be broken or ruined
4	轮胎	lúntāi	n.	tire
5	破	pò	v.	to break open, to tear
6	倒霉	dǎoméi	adj.	having bad luck
7	小时	xiǎoshí	n.	hour
8	平时	píngshí	n.	in normal times
9	钟头	zhōngtóu	n.	hour
10	着急	zháojí	adj.	anxious
11	用	yòng	v.	to use
12	写	xiě	v.	to write
13	作文	zuòwén	n.	essay
14	口语	kǒuyǔ	n.	spoken or oral language
15	看	kàn	v.	to see from one's point of view
16	学	xué	v.	to learn, to study
17	初中	chūzhōng	n.	junior high school
18	那么	nàme	pron.	that (as in "to that dgree...")
19	语法	yǔfǎ	n.	grammar
20	简单	jiǎndān	adj.	simple
21	翻译	fānyì	v.	to translate
22	马上	mǎshàng	adv.	immediately, at once
23	下	xià	n.	next
24	学期	xuéqī	n.	semester

语言点　　　　　　　　　　　　　　　　Language Points

1 了（4）：V + 了 + 时间词（+ NP）

- 换轮胎换了多长时间？

▲ V + 了 + 时间词（+ NP）：表示已完成动作持续的时间，提问时用"多长时间"。例如：
It is used to indicate how long an action lasted and 多长时间 is used to make a question. For example:

① 弟弟已经看了四十分钟电视。
② 他们喝了一个小时（酒）。
③ A：你学了多长时间英语？
　　B：我学了差不多十年英语。

2 了（5）：adj. + 了

- 我的自行车坏了，轮胎破了。

▲ adj. + 了：表示情况发生了变化。例如：
It is used to indicate the situation has changed. For example:

① 夏天到了，天气热了。
② 学习了两个小时，我累了。
③ 住了一个月医院，妈妈的病好了。

3 "就"的小结　Summary of 就

- 平时一个钟头就能到。

（1）时间 + 就 + V：强调动作完成得早或所用时间很短。例如：
就 emphasizes that an event has either occurred early or completed within a short time. For example:

① 玛丽早上六点就起床了。
② 学骑车很容易，一天就会了。
③ 等我一下儿，我马上就来。

（2）表示强调。例如：
就 is used for emphasis. For example:

④ 质量不错，也不贵，就买它吧。
⑤ 那座白楼就是图书馆。

（3）表示前后事情紧接着。例如：

Two actions or events take place in sequence and the first one follows the second one immediately. For example:

⑥ 我去找他，他不在家，我就回来了。

⑦ 工作以后这个毛病就改了。

（4）用在固定格式中，如"如果……，就……"。例如：

就 is placed before the predicate of the second clause in some structures like 如果……就……. For example:

⑧ 如果有时间的话，我就去看电影。

⑨ 如果有问题的话，我就问老师。

课堂练习　Exercises in Class

一　语音练习　Pronunciation exercises

绕口令　Tongue twister

Hú shīfu, kè shíhǔ.　　　　　　胡师傅，刻石虎。
Tā de fūren zuò xīfú.　　　　　他的夫人做西服。
Shíhǔ xiāolù hǎo,　　　　　　　石虎销路好，
Xīfú nán shòuchū,　　　　　　　西服难售出，
Hú shīfu de fūren fúle Hú shīfu.　胡师傅的夫人服了胡师傅。

二　替换练习　Substitution exercises

1. 我学了十年英语。

看	十分钟电视
睡	半个小时觉
唱	一个小时歌
做	一个晚上作业
洗	一天衣服

2. 喝了一杯咖啡，我不困了。

吃	一碗饺子	不饿
走	一个小时	渴
吃	三天药	好
写	两个小时作业	累

三　选词填空　Choose the appropriate word to fill in the blank

用　破　堵　写　学　坏　迟到　翻译　着急　倒霉

1. 你的毛衣_____了，再买一件吧。

2. 我的汉语还不太好，还不能_____汉语写作文。

3. 爸爸不会汉语，我给他_____。

4. A：你最想_____什么？

　　B：我最想学_____汉字。

5. A：你怎么_____了？又睡懒觉了吧？

　　B：不是，我的自行车_____了，来学校的路上又_____车了。

　　A：挺_____的。

　　B：是啊，你_____了吧？

　　A：还好。

四 就画线部分提问

Rewrite the sentences as questions by changing the underlined words into question words

1. 我看了<u>一个小时</u>书。

2. 玛丽听了<u>半个小时</u>音乐。

3. 玛丽跳了<u>二十分钟</u>舞。

4. 大卫喝了<u>两个小时</u>酒。

5. 中村学了<u>两年</u>中国文学。

五 模仿书写下列汉字　Write the following Chinese characters

路　坏　可　着　事
谢　口　看　说　马

24 你吃了早饭来找我

李 军：喂，张红，是我。

张 红：李军，你吃饭了吗？

李 军：还没呢。刚打球回来，我想去食堂吃几两饺子，你去吗？

张 红：不去了。今天是小美二十三岁生日，我们宿舍聚会。

李 军：是吗？那祝她生日快乐。

张 红：今天我们做了很多好吃的。我已经吃了一碗面条儿，还喝了一杯葡萄酒，现在吹蜡烛呢。你也来吧！

李 军：你们女生一起玩儿，我去干什么？晚上你们还有别的安排吗？

张 红：我们打算一起去唱卡拉OK。

李 军：好好儿玩儿，但是早一点儿回来，别太晚了。

张 红：放心吧！对了，明天又是周末了，我们去哪儿玩儿？

李 军：听说美术馆的展览很不错，去看展览怎么样？

张 红：好啊，没意见。你吃了早饭来找我，好吗？

李 军：好，明天八点半在你们宿舍门口见面，行吗？

张 红：行。那今晚你干什么？

李 军：小明的电脑坏了，我去看一下儿。明天见！

张 红：明天见！

Lǐ Jūn:	Wèi, Zhāng Hóng, shì wǒ.
Zhāng Hóng:	Lǐ Jūn, nǐ chī fàn le ma?
Lǐ Jūn:	Hái méi ne. Gāng dǎ qiú huílai, wǒ xiǎng qù shítáng chī jǐ liǎng jiǎozi, nǐ qù ma?
Zhāng Hóng:	Bú qù le. Jīntiān shì Xiǎoměi èrshísān suì shēngrì, wǒmen sùshè jùhuì.
Lǐ Jūn:	Shì ma? Nà zhù tā shēngrì kuàilè.
Zhāng Hóng:	Jīntiān wǒmen zuòle hěn duō hǎochī de. Wǒ yǐjīng chīle yì wǎn miàntiáor, hái hēle yì bēi pútaojiǔ, xiànzài chuī làzhú ne. Nǐ yě lái ba!
Lǐ Jūn:	Nǐmen nǚshēng yìqǐ wánr, wǒ qù gàn shénme? Wǎnshang nǐmen hái yǒu bié de ānpái ma?
Zhāng Hóng:	Wǒmen dǎsuàn yìqǐ qù chàng Kǎlā OK.
Lǐ Jūn:	Hǎohāor wánr, dànshì zǎo yìdiǎnr huílai, bié tài wǎn le.
Zhāng Hóng:	Fàng xīn ba! Duìle, míngtiān yòu shì zhōumò le, wǒmen qù nǎr wánr?
Lǐ Jūn:	Tīngshuō měishùguǎn de zhǎnlǎn hěn búcuò, qù kàn zhǎnlǎn zěnmeyàng?
Zhāng Hóng:	Hǎo a, méi yìjiàn. Nǐ chīle zǎofàn lái zhǎo wǒ, hǎo ma?
Lǐ Jūn:	Hǎo, míngtiān bā diǎn bàn zài nǐmen sùshè ménkǒu jiàn miàn, xíng ma?
Zhāng Hóng:	Xíng. Nà jīn wǎn nǐ gàn shénme?
Lǐ Jūn:	Xiǎomíng de diànnǎo huài le, wǒ qù kàn yíxiàr. Míngtiān jiàn!
Zhāng Hóng:	Míngtiān jiàn!

New Words and Expressions

1	打	dǎ	v.	to play
2	球	qiú	n.	ball
3	食堂	shítáng	n.	dinning hall, cafeteria
4	两	liǎng	mw.	*unit of weight*
5	聚会	jùhuì	v.	to have a get-together or party
6	祝	zhù	v.	to wish
7	快乐	kuàilè	adj.	happy
8	碗	wǎn	n.	bowl
9	葡萄酒	pútaojiǔ	n.	wine
10	吹	chuī	v.	to blow

11	蜡烛	làzhú	n.	candle
12	女生	nǚshēng	n.	female student
13	卡拉OK	kǎlā OK		karaoke
14	但是	dànshì	conj.	but
15	晚	wǎn	adj.	late
16	放心	fàng xīn		to set one's mind at ease
17	美术馆	měishùguǎn	n.	art museum, art gallery
18	展览	zhǎnlǎn	v.	to exhibit
19	没意见	méi yìjiàn		to agree, to have no objection or opinion otherwise
	意见	yìjiàn	n.	opinion
20	早饭	zǎofàn	n.	breakfast
21	找	zhǎo	v.	to look for
22	门口	ménkǒu	n.	entrance, gate, doorway
23	见面	jiàn miàn		to meet
24	电脑	diànnǎo	n.	computer

专有名词 Proper Nouns

| 小美 | Xiǎoměi | name of a person (female) |

Language Points

1 祈使句 Imperative sentences

● 你也来吧!

（1）主语是第二人称或第一人称复数，可用来表达命令、请求、建议等。例如：
The subject of an imperative sentence is either "you" or "we". Imperative sentences can be used to give a command, to make a request, or to offer a suggestion, etc.. For example:

① 你放心吧!

② 我们一起去吧！

③ 你们好好儿玩儿！

（2）否定式常用"不要"或"别"，并省略主语。例如：

The negative command form uses 不要 or 别, and the subject is often implied rather than spoken. For example:

④ 早睡早起身体好，不要睡懒觉！

⑤ 明天早点儿起床，别迟到！

⑥ 你已经喝了两瓶了，别喝了！

② 反问句（2） Rhetorical questions（2）：……干什么

● 你们女生一起玩儿，我去干什么？

▲ "我去干什么"就是"我不去"。反问句中的"V + 什么"强调否定的语气。例如：

The rhetorical question "Why would I go" is equal to "I don't want to go". "V + 什么" serves to emphasize the tone of negation. For example:

① 你又看不懂，你看什么？

② 你不会打球，你去干什么？

③ 这是我的一点儿心意，谢什么？

③ 了（6）：$V_1 + 了 + NP + V_2（+ NP）$

● 你吃了早饭来找我，好吗？

▲ "了"用在句中第一个动词后，表示某一动作在另一动作发生之前完成。句式：$V_1 + 了 + NP + V_2（+ NP）$。例如：

了, used after the first verb situated in the middle of a sentence with the pattern: $V_1 + 了 + NP + V_2(+ NP)$, indicates a sequence, where the second event occurred, or will occur, only once the first one is completed. For example:

① 我喝了咖啡去上课。

② 我换了钱去买礼物。

③ 李军吃了晚饭去听讲座。

④ 时间状语、地点状语的语序

The relative sequence of Time Adverbial and Location Adverbial

● （我们）明天八点半在你们宿舍门口见面。

▲ S + 时间 + 在 + 地方 + V / 时间 + S + 在 + 地方 + V

① 我晚上七点在电影院门口等你。
② 今天下课以后我在图书馆学习。
③ 他每天早上在学校食堂吃早饭。

Exercises in Class

一 语音练习　Pronunciation exercises

朗读下列音节　Read the following syllables

zhǎnlǎn（展览）　yǔsǎn（雨伞）　dǎ jiǎ（打假）　zǒuhǎo（走好）
kěnqiú（恳求）　gǒnggù（巩固）　fěnhóng（粉红）　ěxin（恶心）

绕口令　Tongue twister

Xiǎo tù pǎo de màn,　　　　　小兔跑得慢，
Dà tù pǎo de kuài.　　　　　　大兔跑得快。
Xiǎo tù bǐ dà tù pǎo de màn,　小兔比大兔跑得慢，
Dà tù bǐ xiǎo tù pǎo de kuài.　大兔比小兔跑得快。

二 替换练习　Substitution exercises

1. 你吃了早饭来找我。

　　做　作业出去玩儿
　　吃　药去睡觉
　　买　礼物去朋友家
　　借　书回宿舍

2. 你不会汉语，你看什么？

　　包饺子　包
　　唱歌　　唱
　　跳舞　　跳
　　游泳　　游

三 选词填空　Choose the appropriate word to fill in the blank

找　祝　吹　打　上网　放心　见面　聚会　聊天儿

1. 小美，_____你生日快乐！_____蜡烛吧。
2. 路上车很多，孩子一个人去学校，妈妈有点儿不_____。

3. 你帮我_____一个中国朋友，好吗？
4. 明天晚上七点，我们在酒吧门口_____，好吗？
5. 我们宿舍能_____，我可以跟美国的朋友聊天儿。
6. 上个周末，我和朋友们_____了，大家一起唱歌、跳舞，很高兴。
7. 他常常和中国朋友用汉语_____。
8. 下午你有空儿吗？咱们一起去_____球吧。

四 用"不要"或"别"改写句子　Rewrite the sentences with 不要 or 别

1. 你去吧。
2. 现在可以休息。
3. 星期天我打算睡懒觉。
4. 我吃冰激凌。
5. 我要喝白酒。

五 模仿书写下列汉字　Write the following Chinese characters

打　小　玩　但　放
早　找　见　面　行

25 你该多锻炼锻炼了
Nǐ gāi duō duànliàn duànliàn le

玛　丽：晚安，中村。

中　村：你这么早就睡觉？不看电视剧了吗？

玛　丽：不看了。明天早上有太极拳课，我得早一点儿起床。

中　村：你也参加太极拳班了？太好了，我也报名了。

玛　丽：你也喜欢打太极拳吗？

中　村：喜欢。我刚来中国的时候，学了半年太极拳，可是现在动作差不多都忘了，所以我要重新学。

玛　丽：那明天我们一起开始吧！明天早上你能叫我吗？

中　村：我有闹钟，没问题。

玛　丽：你也别看书了，早一点儿睡吧！

Mǎlì:　　　Wǎn'ān, Zhōngcūn.
Zhōngcūn:　Nǐ zhème zǎo jiù shuì jiào? Bú kàn diànshìjù le ma?
Mǎlì:　　　Bú kàn le. Míngtiān zǎoshang yǒu tàijíquán kè, wǒ děi zǎo yìdiǎnr qǐ chuáng.
Zhōngcūn:　Nǐ yě cānjiā tàijíquán bān le? Tài hǎo le, wǒ yě bào míng le.
Mǎlì:　　　Nǐ yě xǐhuan dǎ tàijíquán ma?

Zhōngcūn:	Xǐhuan. Wǒ gāng lái Zhōngguó de shíhou, xuéle bàn nián tàijíquán, kěshì xiànzài dòngzuò chàbùduō dōu wàng le, suǒyǐ wǒ yào chóngxīn xué.
Mǎlì:	Nà míngtiān wǒmen yìqǐ kāishǐ ba! Míngtiān zǎoshang nǐ néng jiào wǒ ma?
Zhōngcūn:	Wǒ yǒu nàozhōng, méi wèntí.
Mǎlì:	Nǐ yě bié kàn shū le, zǎo yìdiǎnr shuì ba!

中　村：早上的空气真新鲜。

玛　丽：是啊！我还要去湖边跑步，那儿有很多树，还有小鸟飞……你去吗？

中　村：不去了。打了一个小时太极拳，有点儿累，没劲儿了。

玛　丽：你出了很多汗。看起来，你该多锻炼锻炼了。

中　村：是啊！你的身体真棒，不累吗？

玛　丽：不累，我每天都跑步。

中　村：是吗？我怎么不知道？

玛　丽：我跑步的时候，你还在睡觉呢。

中　村：真不好意思。你每天跑多长时间？

玛　丽：大概跑半个小时。

中　村：以后我吃了晚饭也去散散步。

Zhōngcūn:	Zǎoshang de kōngqì zhēn xīnxiān.
Mǎlì:	Shì a! Wǒ hái yào qù hú biān pǎo bù, nàr yǒu hěn duō shù, hái yǒu xiǎoniǎo fēi…… Nǐ qù ma?
Zhōngcūn:	Bú qù le. Dǎle yí ge xiǎoshí tàijíquán, yǒudiǎnr lèi, méi jìnr le.

Mǎlì:	Nǐ chūle hěn duō hàn. Kàn qilai, nǐ gāi duō duànliàn duànliàn le.		
Zhōngcūn:	Shì a! Nǐ de shēntǐ zhēn bàng, bú lèi ma?		
Mǎlì:	Bú lèi, wǒ měi tiān dōu pǎo bù.		
Zhōngcūn:	Shì ma? Wǒ zěnme bù zhīdào?		
Mǎlì:	Wǒ pǎo bù de shíhou, nǐ hái zài shuì jiào ne.		
Zhōngcūn:	Zhēn bù hǎoyìsi. Nǐ měi tiān pǎo duō cháng shíjiān?		
Mǎlì:	Dàgài pǎo bàn ge xiǎoshí.		
Zhōngcūn:	Yǐhòu wǒ chīle wǎnfàn yě qù sànsan bù.		

New Words and Expressions

1	该	gāi	aux.	should
2	晚安	wǎn'ān	v.	Good night.
3	电视剧	diànshìjù	n.	TV drama, soap opera
4	太极拳	tàijíquán	n.	*Taiji*, a kind of traditional Chinese shadow boxing
5	参加	cānjiā	v.	to attend
6	班	bān	n.	class, team, section
7	报名	bào míng		to register, to sign up
8	动作	dòngzuò	n.	action, motion
9	忘	wàng	v.	to forget
10	重新	chóngxīn	adv.	over again, anew
11	闹钟	nàozhōng	n.	alarm clock
12	空气	kōngqì	n.	air
13	新鲜	xīnxiān	adj.	fresh
14	湖	hú	n.	lake
15	跑步	pǎo bù		to run, to jog
16	树	shù	n.	tree
17	鸟	niǎo	v.	bird
18	飞	fēi	v.	to fly

19	劲儿	jìnr	n.	strength
20	出	chū	v.	to come out
21	汗	hàn	n.	sweat
22	锻炼	duànliàn	v.	to exercise
23	棒	bàng	adj.	very good, excellent
24	跑	pǎo	v.	to run
25	散步	sàn bù		to take a walk

语言点 / Language Points

1 助动词小结 Summary of auxiliary verbs

（1）会：表示有某种技能。例如：

Know how to: Indicates the possession of a skill, usually learned or acquired. For example:

① 我会打太极拳。
② 大卫会说汉语。

（2）可以：用于许可。例如：

May: Used for (asking or giving) permission. For example:

③ 如果不会说汉语的话，你可以说英语。
④ 做作业以后，你可以看电视。

（3）能：表示有能力或可能。例如：

Can/Be able to: Indicates the ability to do something, or that it is possible to do something. For example:

⑤ 玛丽能用汉语聊天儿。
⑥ 大卫病了，不能上课。

（4）要：表示主观意愿。例如：

Want to: Indicates the subjective desire to do something. For example:

⑦ 我要去跑步，你去吗？
⑧ 你要买什么？

（5）得：表示客观上必须做某事。例如：

Have to: Indicates, from an objective point of view, that one must or has to do something. For example:

⑨ 明天早上有太极拳课,我得早一点儿起床。
⑩ 时间太晚了,我得走了。

❷ 了(7):该 + VP + 了

● 你该多锻炼锻炼了。

▲ "该 + VP + 了"表示到了该做某件事的时间。例如:
"该 + VP + 了" indicates that it's time to do something. For example:
① 太晚了,我该回家了。
② 已经12点了,我们该下课了。
③ 已经十一月了,该下雪了。

❸ 了(8):别 + VP + 了

● 你也别看书了。

▲ "别 + VP + 了"表示阻止正在进行的动作。例如:
"别 + VP + 了" indicates to prevent the action which is in progress. For example:
你别看手机了,睡觉吧。

❹ 了(9):没 + NP + 了

● 我没劲儿了。

▲ "没 + NP + 了"表示变化。例如:
"没 + NP + 了" indicates that the situation has changed. For example:
① 我没钱了,不能买新毛衣了。
② 我们没时间了,快一点儿吧。
③ 现在他没工作了。

❺ 单元语言点小结　Summary of Language Points

语言点	例句	课号
1. 又	昨天晚上又熬夜了吗?	21
2. 了(2):V + 了 + 数量词 + NP	我喝了半斤白酒。	21
3. 好像	你好像还很困,继续睡吧!	21
4. 能	大卫今天又不能来上课了。	22

5. 了（3）：不 + VP + 了	大卫今天不能来上课了。	22
6. 最好	医生还说最好休息一天。	22
7. 日期表达法	2023年4月18日	22
8. 了（4）：V + 了 + 时间词（+ NP）	换轮胎换了多长时间？	23
9. 了（5）：adj. + 了	我的自行车坏了，轮胎破了。	23
10. "就"的小结	平时一个钟头就能到。	23
11. 祈使句	你也来吧！	24
12. 反问句（2）：……干什么	你们女生一起玩儿，我去干什么？	24
13. 了（6）：V₁ + 了 + NP + V₂（+ NP）	你吃了早饭来找我，好吗？	24
14. 时间状语、地点状语的语序	（我们）明天八点半在你们宿舍门口见面。	24
15. 助动词小结	我会打太极拳。	25
16. 了（7）：该 + VP + 了	你该多锻炼锻炼了。	25
17. 了（8）：别 + VP + 了	你也别看书了。	25
18. 了（9）：没 + NP + 了	我没劲儿了。	25

课堂练习　Exercises in Class

一　语音练习　Pronunciation exercises

　朗读下列音节　Read the following syllables

yǒudiǎnr（有点儿）　méi jìnr（没劲儿）　liáo tiānr（聊天儿）　ménliǎnr（门脸儿）
pínggàir（瓶盖儿）　xiǎoháir（小孩儿）　xiānhuār（鲜花儿）　miàntiáor（面条儿）

　绕口令　Tongue twister

Yǒu ge xiǎoháir,　　　　　　　有个小孩儿，
Ài hē qìshuǐr.　　　　　　　　爱喝汽水儿。
Yǒu ge lǎotóur,　　　　　　　 有个老头儿，
Ài shōu shuǐpíngr.　　　　　　爱收水瓶儿。
Xiǎoháir hēwán qìshuǐr,　　　 小孩儿喝完汽水儿，
Lǎotóur lái shōu shuǐpíngr.　 老头儿来收水瓶儿。
Liǎng rén yìqǐ chàng gēr,　　 两人一起唱歌儿，
Gāogāoxìngxìng wánrhuìr.　　　高高兴兴玩儿会儿。

二 选词填空　Choose the appropriate word to fill in the blank

> 电视剧　动作　闹钟　重新　新鲜　棒　树　鸟

1. 我最喜欢看_____了，差不多每天晚上都看。
2. 我的_____坏了，所以今天上课我迟到了。
3. 这个公园有_____有花儿，还有小_____，很漂亮，空气也非常_____。
4. 我初中的时候学了一年太极拳，不过_____差不多都忘了，现在得_____学。
5. 玛丽唱歌挺_____的，跳舞也很好。

> 报名　跑步　锻炼　出汗　忘

1. 对不起，我_____了你的名字。
2. 看你的身体挺棒的，你常常_____吗？
3. 早晨空气很新鲜，我常常在湖边_____。
4. 我_____参加了一个太极拳班。
5. 今天天气真热，我回宿舍的时候_____了。

三 辨析并选词填空

Distinguish between the given words, then choose the appropriate one to fill in the blank

> 可以　会　要　得　能

1. 你们都_____打太极拳吗？
2. 学了半年汉语，他_____说汉语了吗？
3. 下课的时候，你们_____说英语，但是最好说汉语。
4. 周末我_____去老师家，你去吗？
5. 明天考试，今天我不_____去玩儿，我_____在房间学习。

四 用指定的词语改写句子　Rewrite the sentences with the given words

1. 我不认识他们，我不去。（……干什么）

2. 他脸色不好，看起来生气了。（好像）

3. 他昨天上课迟到了，今天上课迟到了。（又）

4. 有空儿的时候，我们去图书馆看书。（如果……的话，就……）

5. 如果你有事儿不能上课，写请假条比较好。（最好）

五 用所给的词语完成句子　Complete the sentences with the given words

1. 老师不说话了，_____。（好像）
2. 我太累了，_____，休息一下儿。（别＋VP＋了）
3. 大卫感冒了，_____。（能）
4. 如果周末有时间的话，_____。（就）
5. _____，我们去超市吧。（没＋O＋了）
6. 你学习了这么长时间，_____。（该……了）

六 模仿书写下列汉字　Write the following Chinese characters

视　得　动　忘　要
跑　树　飞　该　真

26 快考试了
Kuài kǎo shì le

大　卫：今天你去哪儿了？我打你的手机，可是你没接。

玛　丽：不好意思，手机没电了。我去图书馆了，在那儿看了一个上午书。

大　卫：你真用功！

玛　丽：快考试了，我基础不好，只好更努力了。有事儿吗？

大　卫：快要放假了，我们打算假期去旅行，你想和我们一起去吗？

玛　丽：你们打算去哪儿？

大　卫：还没决定，可能去东北。

玛　丽：大概什么时候出发？

大　卫：可能下个周末。

玛　丽：好，我考虑考虑。

Dàwèi：Jīntiān nǐ qù nǎr le? Wǒ dǎ nǐ de shǒujī, kěshì nǐ méi jiē.

Mǎlì：Bù hǎoyìsi, shǒujī méi diàn le. Wǒ qù túshūguǎn le, zài nàr kànle yí ge shàngwǔ shū.

Dàwèi：Nǐ zhēn yònggōng!

Mǎlì：Kuài kǎo shì le, wǒ jīchǔ bù hǎo, zhǐhǎo gèng nǔlì le. Yǒu shìr ma?

Dàwèi：Kuàiyào fàng jià le, wǒmen dǎsuàn jiàqī qù lǚxíng, nǐ xiǎng hé wǒmen yìqǐ qù ma?

Mǎlì：Nǐmen dǎsuàn qù nǎr?

Dàwèi: Hái méi juédìng, kěnéng qù Dōngběi.
Mǎlì: Dàgài shénme shíhou chūfā?
Dàwèi: Kěnéng xià ge zhōumò.
Mǎlì: Hǎo, wǒ kǎolǜ kǎolǜ.

玛 丽：中村，你在干什么呢？

中 村：给朋友写明信片呢。圣诞节快到了，新年也要来了，得给朋友们寄贺卡了。

圣诞节快到了，新年也要来了。

玛 丽：写了那么多啊！

中 村：没办法，亲戚朋友多，我整整写了一个小时呢。肚子饿了，我要去吃饭了。

玛 丽：现在食堂人很多，你一会儿再去吧。

中 村：是吗？你怎么知道？

玛 丽：我刚才去食堂吃饺子，差不多排了十分钟的队。

中 村：那好，我一会儿再去。

Mǎlì: Zhōngcūn, nǐ zài gàn shénme ne?
Zhōngcūn: Gěi péngyou xiě míngxìnpiàn ne. Shèngdàn Jié kuài dào le, xīnnián yě yào lái le, děi gěi péngyoumen jì hèkǎ le.
Mǎlì: Xiěle nàme duō a!
Zhōngcūn: Méi bànfǎ, qīnqi péngyou duō, wǒ zhěngzhěng xiěle yí ge xiǎoshí ne. Dùzi è le, wǒ yào qù chī fàn le.
Mǎlì: Xiànzài shítáng rén hěn duō, nǐ yíhuìr zài qù ba.
Zhōngcūn: Shì ma? Nǐ zěnme zhīdào?
Mǎlì: Wǒ gāngcái qù shítáng chī jiǎozi, chàbuduō páile shí fēnzhōng de duì.
Zhōngcūn: Nà hǎo, wǒ yíhuìr zài qù.

New Words and Expressions

1	接	jiē	v.	to answer the phone, to receive
2	电	diàn	n.	electricity
3	用功	yònggōng	adj.	diligent, hard-working in one's studies
4	快	kuài	adv.	to be going to (happen) soon
5	基础	jīchǔ	n.	base, foundation
6	只好	zhǐhǎo	adv.	to have no choice but to
7	更	gèng	adv.	even more, more
8	努力	nǔlì	adj.	hardworking, putting in a lot of effort
9	快要	kuàiyào	adv.	is going to (happen) soon
10	放假	fàng jià		to go on break, to start the vacation period
11	假期	jiàqī	n.	holiday, vacation period
12	旅行	lǚxíng	v.	to travel
13	决定	juédìng	v.	to decide
14	可能	kěnéng	aux.	might, maybe, perhaps
15	出发	chūfā	v.	to start out
16	考虑	kǎolǜ	v.	to think over, to consider
17	明信片	míngxìnpiàn	n.	postcard
18	新年	xīnnián	n.	new year
19	寄	jì	v.	to mail, to send
20	贺卡	hèkǎ	n.	greeting card
21	办法	bànfǎ	n.	way, means, approach
22	亲戚	qīnqi	n.	family relation, relative
23	整整	zhěngzhěng	adv.	the whole, the entire (day, morning, etc.)
24	再	zài	adv.	then
25	刚才	gāngcái	n.	just now, a moment ago
26	排队	pái duì		to stand in line

26 快考试了

专有名词 Proper Nouns

1. 东北　　Dōngběi　　　　　　　　Northeast of China
2. 圣诞节　Shèngdàn Jié　　　　　　Christmas

语言点 Language Points

1 快 / 要 / 快要……了　Be about to

● 快考试了。/ 新年也要来了。/ 快要放假了。

▲ 这三个格式都用来表示事件或动作即将发生。例如：
These three patterns all indicate that an incident or action is about to take place, or will happen soon. For example:

① 快考试了，我得努力学习了。
② 新年要到了，我要给朋友寄贺卡了。
③ 快要放假了，我们打算去旅行。

2 只好　Have no choice but to

● 我基础不好，只好更努力了。

▲ 表示没有别的办法。例如：
只好 indicates that there's no other alternative. For example:

① 下雨了，不能出去玩儿，我只好在房间里看电视。
② 没有饺子了，我只好吃面条儿。
③ 我感冒了，头疼，发烧，只好请假了。

3 可能　Might / Maybe / Perhaps

● 还没决定，可能去东北。

▲ 表示可能性。例如：
可能 implies possibility. For example:

① 我们可能下个周末出发。
② 他可能病了，所以没来上课。
③ 周末可能下雨，我们别出去了吧。

Elementary 1 / Textbook　175

4　再　Then

● 现在食堂人很多，你一会儿再去吧。

▲ "时间 + 再 + V"表示一个动作发生在另一个动作之后。例如：
"时间 + 再 + V" indicates that an action will only be done at a later time. For example:

① 我现在还不去，半个小时以后再去。
② 现在别吃，大家都来了再一起吃。
③ 现在不能睡觉，做完作业再睡。

课堂练习　Exercises in Class

一　语音练习　Pronunciation exercises

朗读下列古诗　Read the following poems

（一）

Chūn mián bù jué xiǎo,　　　春眠不觉晓，
Chùchù wén tí niǎo.　　　　处处闻啼鸟。
Yè lái fēngyǔ shēng,　　　　夜来风雨声，
Huā luò zhī duōshǎo.　　　　花落知多少。

（二）

Chuáng qián míng yuè guāng,　床前明月光，
Yí shì dì shàng shuāng.　　　疑是地上霜。
Jǔ tóu wàng míng yuè,　　　　举头望明月，
Dī tóu sī gùxiāng.　　　　　低头思故乡。

二　替换练习　Substitution exercises

快要放假了，我们打算假期去旅行。

考试	在宿舍学习
到冬天	去商店买衣服
到周末	去跳舞
吃饭	去食堂吃面条儿

三 选词填空 Choose the appropriate word to fill in the blank

用功　　旅行　　考虑　　排队　　刚才　　更

1. _____说话的那个人是谁？
2. 我正在_____这个问题。
3. 夏天去东北_____的人很多，冬天的时候人_____多。
4. 请_____上公共汽车。
5. 玛丽是一个很_____的学生，她每天都去图书馆学习。

四 用"只好"改写句子 Rewrite the sentences with 只好

1. 没有公共汽车，也没有出租汽车，我走路（zǒu lù, to go on foot）回学校。

2. 没有时间了，我不吃早饭了。

3. 没有衣服了，我去商店买新的。

4. 太困了，我喝了一杯咖啡。

5. 要考试了，我要背很多生词。

五 模仿书写下列汉字 Write the following Chinese characters

书　考　试　更　放
想　写　快　来　再

27 爸爸妈妈让我回家

Bàba māma ràng wǒ huí jiā

李 军：快放假了，你有什么计划？

大 卫：我打算去旅行。来中国快半年了，我一直待在北京，想去别的地方看看。

李 军：你打算去哪儿旅行？

大 卫：还没决定。我的朋友想去哈尔滨。

李 军：哈尔滨？那个地方冬天非常冷。

大 卫：不过听说哈尔滨冬天的风景美极了，我想去看看。你假期怎么过？

李 军：我打算在学校复习功课。

大 卫：复习功课？你那么用功啊？

李 军：快要毕业了，我想考研究生，所以得抓紧时间复习复习。

大 卫：是吗？你打算考哪个方面的研究生？

李 军：我对中国古代历史很感兴趣，想考张大朋教授的。

大 卫：真棒！你一定能考上。那你春节不回家了？

李 军：大概要回家几天，爸爸妈妈也让我回家。我正在考虑这个问题呢。

大 卫：回家看看也是应该的，你爸妈一定很想念你。

李 军：是啊，我得安排时间回家一趟。

27 爸爸妈妈让我回家

Lǐ Jūn: Kuài fàng jià le, nǐ yǒu shénme jìhuà?

Dàwèi: Wǒ dǎsuàn qù lǚxíng. Lái Zhōngguó kuài bàn nián le, wǒ yìzhí dāi zài Běijīng, xiǎng qù bié de dìfang kànkan.

Lǐ Jūn: Nǐ dǎsuàn qù nǎr lǚxíng?

Dàwèi: Hái méi juédìng. Wǒ de péngyou xiǎng qù Hā'ěrbīn.

Lǐ Jūn: Hā'ěrbīn? Nàge dìfang dōngtiān fēicháng lěng.

Dàwèi: Búguò tīngshuō Hā'ěrbīn dōngtiān de fēngjǐng měijí le, wǒ xiǎng qù kànkan. Nǐ jiàqī zěnme guò?

Lǐ Jūn: Wǒ dǎsuàn zài xuéxiào fùxí gōngkè.

Dàwèi: Fùxí gōngkè? Nǐ nàme yònggōng a?

Lǐ Jūn: Kuàiyào bì yè le, wǒ xiǎng kǎo yánjiūshēng, suǒyǐ děi zhuājǐn shíjiān fùxí fùxí.

Dàwèi: Shì ma? Nǐ dǎsuàn kǎo nǎge fāngmiàn de yánjiūshēng?

Lǐ Jūn: Wǒ duì Zhōngguó gǔdài lìshǐ hěn gǎn xìngqù, xiǎng kǎo Zhāng Dàpéng jiàoshòu de.

Dàwèi: Zhēn bàng! Nǐ yídìng néng kǎoshang. Nà nǐ Chūnjié bù huí jiā le?

Lǐ Jūn: Dàgài yào huí jiā jǐ tiān, bàba māma yě ràng wǒ huí jiā. Wǒ zhèngzài kǎolǜ zhège wèntí ne.

Dàwèi: Huí jiā kànkan yě shì yīnggāi de, nǐ bà mā yídìng hěn xiǎngniàn nǐ.

Lǐ Jūn: Shì a, wǒ děi ānpái shíjiān huí jiā yí tàng.

词语表 — New Words and Expressions

1	计划	jìhuà	n.	plan, project
2	待	dāi	v.	to stay
3	地方	dìfang	n.	place
4	风景	fēngjǐng	n.	scenery
5	美	měi	adj.	beautiful
6	极了	jí le		extremely (used after adjective indicating to a high degree)
7	复习	fùxí	v.	to review
8	功课	gōngkè	n.	assignment, homework
9	毕业	bì yè		to graduate

10	抓紧	zhuājǐn	v.	to grab hold of, to take advantage of (*time*)
11	方面	fāngmiàn	n.	aspect
12	古代	gǔdài	n.	ancient
13	历史	lìshǐ	n.	history
14	感兴趣	gǎn xìngqù		to be interested in
15	教授	jiàoshòu	n.	professor
16	一定	yídìng	adv.	definitely, certainly
17	考上	kǎoshang		to pass an exam
	考	kǎo	v.	to take an exam, to test
18	让	ràng	v.	to cause, to make, to ask (or allow) someone to do something
19	问题	wèntí	n.	problem, question
20	应该	yīnggāi	aux.	should
21	想念	xiǎngniàn	v.	to miss
22	趟	tàng	mw.	measure word (*for trips*)

专有名词 Proper Nouns

1	哈尔滨	Hā'ěrbīn	name of a place
2	张大朋	Zhāng Dàpéng	name of a person (*male*)
3	春节	Chūnjié	Spring Festival

语言点 Language Points

1 极了 Extremely

● 听说哈尔滨冬天的风景美极了。

▲ "adj. + 极了" 表示程度很高。例如：

"adj. + 极了" indicates that the specified adjective is to an extreme degree. For example:

① 那个地方冬天冷极了。
② 那里的风景漂亮极了。
③ 他的汉语好极了。

❷ 想 / 要 To want to

● 我想考研究生，所以得抓紧时间复习复习。

▲ "想"和"要"都表示主观意愿："想"常常表示停留于心愿而行动上不一定做；"要"则表示决心行动，一般不用否定式。例如：

Both 想 and 要 indicate subjective desire to do something：想 often indicates a desire to do something that remains only a wish without necessarily ever doing it. On the other hand，要 indicates determined action，the actual intent to do something. Furthermore，its negative form 不要 is generally not used. For example:

① 我想 / 要学英语，也想 / 要学日语。
② 我想 / 要买一件衣服，你和我一起去吗？
③ 放假了，可是我不想去旅行，我要复习功课。
④ 我不想考研究生，可是我爸爸让我考。（× 不要）
⑤ 我一定要考研究生。（× 想）

❸ 动量词 Measure words for actions

● 我得安排时间回家一趟。

▲ 动量词，如"趟""次""遍"，用在动词后面，表示动作的次数。例如：

The measure words for actions，such as 趟，次，遍 are used after a verb. They indicate the number of times an action occurs or has occurred. For example:

① 我想去一趟。
② 我们包了两次（cì, time）饺子。
③ 这个字他写了三遍（biàn, time）。

Exercises in Class

一 语音练习　Pronunciation exercises

✏️ 朗读下列古诗　Read the following poems

（一）

Bái rì yī shān jìn,　　　　　　白日依山尽，
Huáng Hé rù hǎi liú.　　　　　黄河入海流。
Yù qióng qiān lǐ mù,　　　　　欲穷千里目，
Gèng shàng yì céng lóu.　　　更上一层楼。

（二）

Lí lí yuán shàng cǎo,　　　　　离离原上草，
Yí suì yì kū róng.　　　　　　　一岁一枯荣。
Yěhuǒ shāo bu jìn,　　　　　　野火烧不尽，
Chūnfēng chuī yòu shēng.　　春风吹又生。

二 替换练习　Substitution exercises

爸爸妈妈让我**回家**。

老师	背生词
妈妈	去买速冻饺子
玛丽	帮她做作业
大卫	去唱歌
医生	打针

三 选词填空　Choose the appropriate word to fill in the blank

> 让　　一定　　应该　　能　　得

1. 我们是学生，_____努力学习。
2. 时间太晚了，我_____睡觉了。
3. 你这么用功，_____能考上。

4. 你身体不舒服，_____参加比赛吗？
5. 老师_____你去一趟教学楼。

四 辨析并选词填空
Distinguish between the two given words, then choose the appropriate one to fill in the blank

想　要

1. 老师，我_____去您家玩儿，可以吗？
2. 妈妈，我_____回家吃饭，您给我做一点儿好吃的。
3. 你别走，我有事儿_____告诉你。
4. 我不_____上课了，我们去玩儿玩儿吧。
5. 我_____去哈尔滨，可是有时间的时候我没有钱，有了钱我又没有时间。
6. 我_____学习英语，我一定_____去美国。

五 用"极了"改写句子　Rewrite the sentences with 极了

1. 大卫喝醉酒了，头很疼。
2. 她的房间很大。
3. 哈尔滨的冬天很冷。
4. 那个地方很远。
5. 玛丽的汉语很好。

六 模仿书写下列汉字　Write the following Chinese characters

有　听　说　过　吗
回　让　正　应　安

28 考得怎么样

Kǎo de zěnmeyàng

玛　丽：张红，你们什么时候开始考试？

张　红：已经开始了，上个星期考了两门，这个星期还有一门就完了。

玛　丽：你们只考三门课，那么少？

张　红：我们有些课不考试，只写报告。你们什么时候考试？

玛　丽：明天开始。现在我每天复习，看书看得头疼，都快累死了。

张　红：是啊，我也是。今天晚上去放松一下儿，怎么样？

玛　丽：好吧！一个朋友告诉我，太紧张的话，学习效果也不好。

张　红：对呀！会学习，也要会休息，对吧？

Mǎlì: Zhāng Hóng, nǐmen shénme shíhou kāishǐ kǎo shì?
Zhāng Hóng: Yǐjīng kāishǐ le, shàng ge xīngqī kǎole liǎng mén, zhège xīngqī hái yǒu yì mén jiù wán le.
Mǎlì: Nǐmen zhǐ kǎo sān mén kè, nàme shǎo?
Zhāng Hóng: Wǒmen yǒuxiē kè bù kǎo shì, zhǐ xiě bàogào. Nǐmen shénme shíhou kǎo shì?
Mǎlì: Míngtiān kāishǐ. Xiànzài wǒ měi tiān fùxí, kàn shū kàn de tóu téng, dōu kuài lèisǐ le.
Zhāng Hóng: Shì a, wǒ yě shì. Jīntiān wǎnshang qù fàngsōng yíxiàr, zěnmeyàng?
Mǎlì: Hǎo ba! Yí ge péngyou gàosu wǒ, tài jǐnzhāng dehuà, xuéxí xiàoguǒ yě bù hǎo.
Zhāng Hóng: Duì ya! Huì xuéxí, yě yào huì xiūxi, duì ba?

28 考得怎么样

张　红：玛丽，考试考得怎么样？

玛　丽：考得不太好，有两个生词忘了怎么写，一道题没答对，还有一道题没有做。

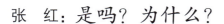

张　红：是吗？为什么？

玛　丽：时间不够了。

张　红：哪道题你没做？

玛　丽：阅读。汉字太难了！我看汉字看得很慢，写汉字也写得很慢。

张　红：对欧美人来说，汉字确实有点儿难。

玛　丽：你有什么记汉字的好方法吗？

张　红：我有一本给留学生编的汉字故事书，你想看吗？

玛　丽：好啊，借给我看看吧，也许有帮助。

张　红：别担心，你一定能解决这个问题。

Zhāng Hóng:	Mǎlì, kǎo shì kǎo de zěnmeyàng?
Mǎlì:	Kǎo de bú tài hǎo, yǒu liǎng ge shēngcí wàngle zěnme xiě, yí dào tí méi dáduì, hái yǒu yí dào tí méiyǒu zuò.
Zhāng Hóng:	Shì ma? Wèi shénme?
Mǎlì:	Shíjiān bú gòu le.
Zhāng Hóng:	Nǎ dào tí nǐ méi zuò?
Mǎlì:	Yuèdú. Hànzì tài nán le! Wǒ kàn Hànzì kàn de hěn màn, xiě Hànzì yě xiě de hěn màn.
Zhāng Hóng:	Duì Ōu-Měi rén lái shuō, Hànzì quèshí yǒudiǎnr nán.
Mǎlì:	Nǐ yǒu shénme jì Hànzì de hǎo fāngfǎ ma?
Zhāng Hóng:	Wǒ yǒu yì běn gěi liúxuéshēng biān de Hànzì gùshi shū, nǐ xiǎng kàn ma?
Mǎlì:	Hǎo a, jiè gěi wǒ kànkan ba, yěxǔ yǒu bāngzhù.
Zhāng Hóng:	Bié dān xīn, nǐ yídìng néng jiějué zhège wèntí.

New Words and Expressions

1	星期	xīngqī	n.	week
2	门	mén	mw.	*measure word (for courses)*
3	完	wán	v.	to finish, to be done
4	有些	yǒuxiē	pron.	(there are) some
5	报告	bàogào	n.	report
6	得	de	part.	*structural particle*
7	放松	fàngsōng	v.	to relax
8	告诉	gàosu	v.	to tell
9	紧张	jǐnzhāng	adj.	tense, nervous, stressed
10	效果	xiàoguǒ	n.	effect
11	呀	ya	part.	*used at the end of a sentence as a modal particle*
12	道	dào	mw.	*measure word (for test items)*
13	题	tí	n.	question, test item
14	答	dá	v.	to answer
15	为什么	wèi shénme		why
16	够	gòu	v.	to be enough
17	阅读	yuèdú	v.	to read
18	汉字	Hànzì	n.	Chinese character
19	难	nán	adj.	difficult
20	慢	màn	adj.	slow
21	确实	quèshí	adv.	indeed, really, truly
22	记	jì	v.	to remember
23	方法	fāngfǎ	n.	way, method
24	编	biān	v.	to edit, to compile
25	故事	gùshi	n.	story
26	借	jiè	v.	to borrow
27	也许	yěxǔ	adv.	maybe, perhaps
28	帮助	bāngzhù	v.	to help

28 考得怎么样

| 29 | 担心 | dān xīn | | to worry |
| 30 | 解决 | jiějué | v. | to solve, to resolve (a problem) |

专有名词 Proper Nouns

| 欧美 | Ōu-Měi | | European and American |

语言点 Language Points

1 还/再……就……了

● 这个星期还有一门就完了。

▲ "还/再……就……了"表示即将发生变化。例如：
"还/再……就 + VP + 了" indicates an immediate change. For example:
① 北京大学就在前边，还有五分钟就到了。
② 还差两分钟就到八点了。
③ 我再吃一个就饱了。
④ 他再写一个贺卡就写完了。

2 带"得"的状态补语　The complement of state with 得

● 考试考得怎么样？/ 我看汉字看得很慢，写汉字也写得很慢。

▲ 用在动词后，表示动作的状态或对动作进行评价。如果宾语和补语同时出现，就得重复动词。例如：

The complement of state is used after a verb to indicate the state of an action or evaluate an action. If an object and the complement appear together in one sentence, the verb must be repeated. For example:

S	V	O	V	得	Comp
我	看	汉字	看	得	很慢。
他	洗	衣服	洗	得	不干净。
他	唱	歌	唱	得	挺好。
她	说	汉语	说	得	不太快。

● 我看书看**得**头疼。

▲ 动词后如果带宾语，再有状态补语时，必须在宾语之后、"得"和状态补语前重复动词。例如：

If a complement of state follows a verb-object construction, the same verb should be repeated after the object and followed by "得" and the complement of state. For example:

① 我看书看得头疼。
② 她写字写得手疼。
③ 他喝酒喝得肚子不舒服。

Exercises in Class

一 语音练习　Pronunciation exercises

绕口令　Tongue twister

Xiǎo Xú hé Xiǎojú,　　　　　　　　小徐和小菊，
Qú biān xià xiàngqí.　　　　　　　　渠边下象棋。
Tiàodào qú li qù mō yú,　　　　　　跳到渠里去摸鱼，
Mō tiáo jìyú hǒng Xiǎojú.　　　　　 摸条鲫鱼哄小菊。
Xiǎojú gùyì qì Xiǎo Xú,　　　　　　小菊故意气小徐，
Wǒ yào jìxù xià xiàngqí.　　　　　　我要继续下象棋。

二 替换练习　Substitution exercises

1. 他**看**汉字**看**得很**慢**。

吃饭	吃	多
写字	写	好
骑车	骑	快
睡觉	睡	早
唱歌	唱	好

2. **写字**写得**手疼**。

爬山	爬	累极了
喝酒	喝	想吐
睡觉	睡	头疼
看书	看	眼睛（yǎnjing, eye）不舒服

28 考得怎么样

三 量词填空 Fill in the blanks with the appropriate measure words

1. 一（　）课　　　　2. 一（　）题　　　　3. 一（　）汉字
4. 一（　）故事书　　5. 一（　）方法

四 写出下列词语的反义词 Write the antonyms for the following words

1. 难—（　　）　2. 大—（　　）　3. 多—（　　）　4. 快—（　　）
5. 好—（　　）　6. 早—（　　）　7. 对—（　　）　8. 紧张—（　　）

五 选词填空 Choose the appropriate word to fill in the blank

　　　　放松　　紧张　　难　　慢　　确实　　够

1. 快要考试了，同学们都有些_____，老师让我们_____点儿。
2. 我写字比较慢，时间有点儿不_____。
3. 你走得太_____了，要迟到了。
4. 这道题太_____了，我不会做。
5. 你的问题_____很难，老师也不知道。

　　　　编　　答　　记　　借　　解决　　帮助　　告诉

1. 昨天我在图书馆_____了一本书，这本书是刘明老师_____的。
2. 这道题太难了，我不会_____，你能_____我吗？
3. 中村_____了玛丽一个_____汉字的好方法。
4. 你说的这个问题一定能_____。

六 用"对……来说"回答问题 Answer the questions with 对……来说

问题	人物	
	玛丽	中村
1. 打一小时太极拳累不累？		
2. 写汉字难不难？		
3. 做饭累不累？		
4. 八点起床早吗？		

七 模仿书写下列汉字　Write the following Chinese characters

写　现　告　诉　答

难　记　借　助　能

29 Wǒmen yǐjīng mǎihǎo piào le
我们已经买好票了

李 军：大卫，今天全部考完了吧？

大 卫：考了三天，终于考完了。

李 军：考得怎么样？

大 卫：别提了，考得糟糕极了，特别是声调和汉字，错得比较多。

李 军：你太谦虚了吧？平时我看你说得挺不错的。

大 卫：你不是拿我开玩笑吧？

李 军：不会。你什么时候去旅行？

大 卫：星期日出发。

李 军：决定去哪儿了吗？

大 卫：决定了，去哈尔滨。

李 军：你们怎么去？坐高铁去吗？

大 卫：对，我们已经买好票了，不过只买到三张二等座的票，另外一张是一等座的票。

李 军：对了，这个星期六我们系里有一个联欢晚会，你能来吗？

大 卫：我们星期日下午出发，应该没问题。去参加中国学生的晚会，要准备什么东西？

李　军：不用准备。不过，也许会让你表演一个节目。

大　卫：这个……

Lǐ Jūn: Dàwèi, jīntiān quánbù kǎowán le ba?

Dàwèi: Kǎole sān tiān, zhōngyú kǎowán le.

Lǐ Jūn: Kǎo de zěnmeyàng?

Dàwèi: Biétí le, kǎo de zāogāo jí le, tèbié shì shēngdiào hé Hànzì, cuò de bǐjiào duō.

Lǐ Jūn: Nǐ tài qiānxū le ba? Píngshí wǒ kàn nǐ shuō de tǐng búcuò de.

Dàwèi: Nǐ bú shì ná wǒ kāi wánxiào ba?

Lǐ Jūn: Bú huì. Nǐ shénme shíhou qù lǚxíng?

Dàwèi: Xīngqīrì chūfā.

Lǐ Jūn: Juédìng qù nǎr le ma?

Dàwèi: Juédìng le, qù Hā'ěrbīn.

Lǐ Jūn: Nǐmen zěnme qù? Zuò gāotiě qù ma?

Dàwèi: Duì, wǒmen yǐjīng mǎihǎo piào le, búguò zhǐ mǎidào sān zhāng èrděngzuò de piào, lìngwài yì zhāng shì yīděngzuò de piào.

Lǐ Jūn: Duì le, zhège xīngqīliù wǒmen xì li yǒu yí ge liánhuān wǎnhuì, nǐ néng lái ma?

Dàwèi: Wǒmen xīngqīrì xiàwǔ chūfā, yīnggāi méi wèntí. Qù cānjiā Zhōngguó xuésheng de wǎnhuì, yào zhǔnbèi shénme dōngxi?

Lǐ Jūn: Búyòng zhǔnbèi. Búguò, yěxǔ huì ràng nǐ biǎoyǎn yí ge jiémù.

Dàwèi: Zhège……

New Words and Expressions

1	全部	quánbù	n.	all, completely
2	终于	zhōngyú	adv.	finally, at long last
3	别提	biétí	v.	no need to mention
	提	tí	v.	to bring up (*a topic*)
4	糟糕	zāogāo	adj.	in a mess, in a sorry state
5	声调	shēngdiào	n.	tone

6	错	cuò	adj.	wrong, incorrect
7	谦虚	qiānxū	adj.	modest
8	拿	ná	v.	to take
9	开玩笑	kāi wánxiào		to make fun of
	玩笑	wánxiào	n.	joke
10	高铁	gāotiě	n.	high-speed rail
11	票	piào	n.	ticket
12	张	zhāng	mw.	*measure word (for tickets and other objects that are flat in shape)*
13	二等座	èrděngzuò	n.	second-class seat
14	另外	lìngwài	pron./adv.	the other; additionally
15	一等座	yīděngzuò	n.	first-class seat
16	联欢	liánhuān	v.	to get-together *(for a party or celebration)*
17	晚会	wǎnhuì	n.	evening party
18	表演	biǎoyǎn	v.	to perform, to act
19	节目	jiémù	n.	program
20	这个	zhège	pron.	well…, uh… *(indicates hesitation)*

Language Points

1 结果补语（1）　Summary of common result complements（1）

● 今天全部考完了吧?

"V + 完"表示动作结束，否定式是：没 + V + 完。

"V + 完" usually indicates the completion of the action. Its negative form is: 没 + V + 完 .

肯定式	否定式
我们已经考完了。	他们还没考完。
我做完作业了。	没做完作业，他不能去睡觉。
我吃完饭就去上课。	我还没吃完，可是没时间了，我不吃了。
玛丽喝完咖啡了。	玛丽没喝完咖啡就走了。

- 我们已经买好票了。

  "V +好"表示动作行为结束或达到完善的地步，否定式是：没 + V + 好。

  "V +好" indicates the completion or accomplishment of an action, its negative form is: 没 + V + 好.

肯定式	否定式
大家准备好了吗？我们开始听写。	老师等一下儿，我还没准备好。
谢谢，我吃好了。	吃得太快了，我没吃好。
你的作业做好了吧？给老师吧。	今天的作业还没做好。
我复习好了，没问题。	明天就考试了，我还没复习好。

- （我）只买到三张二等座的票。

  "V + 到"表示动作行为有结果，否定式是：没 + V + 到。

  "V + 到" indicates that the action has a result, its negative form is: 没 + V + 到.

肯定式	否定式
我收到了一封信。	我没收到你的信，你寄了吗？
我买到了一本好书。	那本书卖完了，我没买到。
有人在叫你，听到了吗？	我没听到，他说什么了？
我在楼下看到了一条狗。	是吗？我刚回来没看到。

2 会（2） Will / To be likely to

- 也许会让你表演一个节目。

▲ 用于对将发生事情的推测。例如：

会 is used for speculation of events that will or are likely to occur. For example:

① 我有一本给留学生编的汉字故事书，借给你看看吧，也许会有帮助。
② 明天会下雪吗？
③ 这么晚了，他可能不会来了。

29 我们已经买好票了

Exercises in Class

一 语音练习　Pronunciation exercises

🖋 朗读下列古诗　Read the following poems

（一）

Xiàng wǎn yì bú shì,　　　　　向晚意不适，
Qū chē dēng gǔ yuán.　　　　 驱车登古原。
Xīyáng wúxiàn hǎo,　　　　　 夕阳无限好，
Zhǐshì jìn huánghūn.　　　　　只是近黄昏。

（二）

Jiāngnán hǎo,　　　　　　　　　　江南好，
Fēngjǐng jiù céng ān.　　　　　　　风景旧曾谙。
Rì chū jiāng huā hóng shèng huǒ,　日出江花红胜火，
Chūn lái jiāngshuǐ lǜ rú lán,　　　　春来江水绿如蓝，
Néng bú yì Jiāngnán?　　　　　　 能不忆江南？

二 替换练习　Substitution exercises

1. 我们已经买好票了。

准备	节目
买	礼物
做	晚饭
写	信（xìn, letter）

2. 今天都考完了。

作业	写
面包	吃
衣服	洗
书	看

3. 我只买到三张二等座的票。

找	本书
看	辆自行车
收	张贺卡

Elementary 1 / Textbook　195

三 选词填空 Choose the appropriate word to fill in the blank

> 糟糕　谦虚　另外　终于　补　开玩笑

1. 他是一个很_____的人。
2. _____，我忘了今天有考试。
3. 他买了一件衣服，_____还买了一束花儿。
4. 昨天我病了，没来上课，我得_____课。
5. 他是很有意思的人，常常和同学们_____。
6. 看了两个星期，_____看完了这本书。

四 辨析并选词填空

Distinguish between the given words, then choose the appropriate one to fill in the blank

> 会　可以　应该　可能　能

1. 不回家的话，你_____给妈妈打个电话。
2. 他_____病了，所以没有来上课。
3. 有八百块钱的话，你_____干什么？
4. 周末有时间的话，你_____来我家玩儿。
5. 今天_____下雪，你多穿一点儿衣服吧。
6. 别担心，我认识那个地方，_____自己去。

五 回答下列问题 Answer the following questions

1. 你吃完饭了吗？
2. 你做完作业了吗？
3. 你什么时候考完试？
4. 你写好明信片了吗？
5. 你买好礼物了吗？
6. 你买到词典了吗？
7. 你找到他的家了吗？
8. 你看到朋友的贺卡了吗？

六 模仿书写下列汉字　Write the following Chinese characters

完　和　错　笑　高
票　张　买　可　以

我要参加联欢会
Wǒ yào cānjiā liánhuānhuì

玛 丽：大卫，快要出发了，你准备好行李了吗？穿的衣服带够了吗？

大 卫：我昨天收拾了半天，早就准备好了。

玛 丽：那你整天在房间里干什么？

大 卫：下周我要参加一个中国学生的联欢会，正在准备节目呢。

玛 丽：你唱歌唱得那么好，还需要准备吗？

大 卫：我不想唱英文歌，我打算唱一首中文歌。

玛 丽：好极了。你打算唱流行歌曲吗？

大 卫：不，我想唱一首民歌。

玛 丽：民歌？民歌很好听啊。

大 卫：我的发音不太好，他们能听懂吗？

玛 丽：如果是有名的民歌，他们一定很熟悉歌词，没问题吧。

大 卫：可是，我的发音太不标准的话，那多没面子啊！

玛 丽：你可以上网下载啊，有空儿的时候多听听，也许会有帮助。

大 卫：谢谢！对了，你和我一起参加联欢会怎么样？

玛 丽：不了，下次吧！

大 卫：你是怕表演节目吧？

玛 丽：有点儿。

Mǎlì: Dàwèi, kuàiyào chūfā le, nǐ zhǔnbèi hǎo xíngli le ma? Chuān de yīfu dàigòu le ma?

Dàwèi: Wǒ zuótiān shōushile bàntiān, zǎo jiù zhǔnbèi hǎo le.

Mǎlì: Nà nǐ zhěng tiān zài fángjiān li gàn shénme?

Dàwèi: Xià zhōu wǒ yào cānjiā yí ge Zhōngguó xuésheng de liánhuānhuì, zhèngzài zhǔnbèi jiémù ne.

Mǎlì: Nǐ chàng gē chàng de nàme hǎo, hái xūyào zhǔnbèi ma?

Dàwèi: Wǒ bù xiǎng chàng Yīngwén gē, wǒ dǎsuàn chàng yì shǒu Zhōngwén gē.

Mǎlì: Hǎojí le. Nǐ dǎsuàn chàng liúxíng gēqǔ ma?

Dàwèi: Bù, wǒ xiǎng chàng yì shǒu míngē.

Mǎlì: Míngē? Míngē hěn hǎotīng a.

Dàwèi: Wǒ de fāyīn bú tài hǎo, tāmen néng tīngdǒng ma?

Mǎlì: Rúguǒ shì yǒumíng de míngē, tāmen yídìng hěn shúxi gēcí, méi wèntí ba.

Dàwèi: Kěshì, wǒ de fāyīn tài bù biāozhǔn dehuà, nà duō méi miànzi a!

Mǎlì: Nǐ kěyǐ shàng wǎng xiàzài a, yǒu kòngr de shíhou duō tīngting, yěxǔ huì yǒu bāngzhù.

Dàwèi: Xièxie! Duìle, nǐ hé wǒ yìqǐ cānjiā liánhuānhuì zěnmeyàng?

Mǎlì: Bù le, xià cì ba!

Dàwèi: Nǐ shì pà biǎoyǎn jiémù ba?

Mǎlì: Yǒudiǎnr.

New Words and Expressions

1	行李	xíngli	n.	luggage
2	穿	chuān	v.	to wear, to put on
3	收拾	shōushi	v.	to pack, to organize, to put in order
4	半天	bàntiān	q.	half a day
5	整天	zhěng tiān		the whole day
6	联欢会	liánhuānhuì	n.	get-together, party
7	需要	xūyào	v.	to need
8	英文	Yīngwén	n.	English language
9	首	shǒu	mw.	*measure word (for songs)*

10	流行	liúxíng	adj.	popular
11	歌曲	gēqǔ	n.	song
12	民歌	míngē	n.	folk song
13	好听	hǎotīng	adj.	pleasant to listen to, nice-sounding
14	发音	fāyīn	n.	pronunciation
15	懂	dǒng	v.	to understand
16	熟悉	shúxi	adj.	familiar (with)
17	歌词	gēcí	n.	lyric
18	标准	biāozhǔn	adj.	standard
19	面子	miànzi	n.	face, dignity
20	下载	xiàzài	v.	to download
21	次	cì	mw.	time, *measure word* (*for actions*)
22	怕	pà	v.	to be afraid (of)

Notes

1. 那多没面子啊："多……啊"用于感叹。例如：

   It's too humiliating: "多……啊" is used for exclamation. For example:

   ① 我的发音太不标准的话，那多没面子啊！
   ② 看，那儿的风景多漂亮啊！
   ③ 快考试了，学生们多紧张啊！

2. (我)正在准备节目呢："正在 + VP (呢)"表示在某个时间点上恰巧有某个动作正在进行。例如：

   I'm just getting ready for the show: "正在 + VP + (呢)" indicates the action is going on at some point. For example:

   ① 他来的时候，我正在听音乐呢！
   ② 我看到他的时候，他正在跳舞呢！
   ③ 我们正在包饺子，你也来吧！

Language Points

单元语言点小结　Summary of Language Points

语言点	例句	课号
1. 快 / 要 / 快要……了	快考试了。/ 新年也要来了。/ 快要放假了。	26
2. 只好	我基础不好，只好更努力了。	26
3. 可能	还没决定，可能去东北。	26
4. 再	现在食堂人很多，你一会儿再去吧。	26
5. 极了	听说哈尔滨冬天的风景美极了。	27
6. 想 / 要	我想考研究生，所以得抓紧时间复习复习。	27
7. 动量词	我得安排时间回家一趟。	27
8. 还 / 再……就……了	这个星期还有一门就完了。	28
9. 带"得"的状态补语	考试考得怎么样？/ 我看汉字看得很慢，写汉字也写得很慢。	28
10. 结果补语（1）	今天全部考完了吧？/ 我们已经买好票了。/（我）只买到三张二等座的票。	29
11. 会（2）	也许会让你表演一个节目。	29

Exercises in Class

一　语音练习　Pronunciation exercises

 朗读并学唱下面这首歌　Read the lyrics and learn to sing the following song

朋　友

Zhèxiē nián, yí ge rén,　　　这些年，一个人，
Fēng yě guò, yǔ yě zǒu.　　　风也过，雨也走。
Yǒuguo lèi, yǒuguo cuò,　　　有过泪，有过错，
Hái jìde jiānchí shénme.　　　还记得坚持什么。
Zhēn àiguo, cái huì dǒng,　　　真爱过，才会懂，

Huì jìmò, huì huíshǒu,　　　　　会寂寞，会回首，
Zhōng yǒu mèng, zhōng yǒu nǐ,　　终有梦，终有你，
Zài xīnzhōng.　　　　　　　　　　在心中。
Péngyou yìshēng yìqǐ zǒu,　　　　朋友一生一起走，
Nàxiē rìzi bú zài yǒu.　　　　　　那些日子不再有。
Yí jù huà, yíbèizi,　　　　　　　一句话，一辈子，
Yìshēng qíng, yì bēi jiǔ.　　　　一生情，一杯酒。
Péngyou bùcéng gūdān guo.　　　　朋友不曾孤单过，
Yì shēng péngyou nǐ huì dǒng.　　一声朋友你会懂。
Hái yǒu shāng, hái yǒu tòng,　　还有伤，还有痛，
Hái yào zǒu, hái yǒu wǒ.　　　　还要走，还有我。

二 选词填空　Choose the appropriate word to fill in the blank

收拾　　熟悉　　标准　　好听　　有名　　穿

1. 这首歌曲叫什么名字？真_____。
2. 你的发音很_____，在哪儿学的？
3. 这首民歌很_____，大家都知道。
4. 有些夏天的衣服不_____了，我要_____一下儿。
5. 来中国半年了，我已经_____了校园。

三 仿写句子　Make sentences according to the examples

例：这本杂志有意思极了，我整整看了两个小时，看得眼睛疼。

考试难极了，我整整做了两个小时，做得头疼。

1. 快要考试了，我们都应该努力复习功课。

2. 速冻饺子吃完了，妈妈让我去买。

3. 我喝酒喝得太多了，难受（nánshòu, to feel unwell）得想吐。

4. 明天他会来吗？

5. 都十二点了，我得睡觉了。

四 用指定的词语或格式回答问题　Answer the questions with the given patterns or words

1. 你上午干什么了？（V +了+ 一趟 + O）

2. 你为什么买这么多东西？（快要 / 要……了）

3. 你觉得他的英文怎么样？（……极了）

4. 你今天怎么迟到了？（只好）

5. 你写完信了吗？（还 / 再……就……了）

6. 他唱中文歌唱得怎么样？（V +得……）

五 模仿书写下列汉字　Write the following Chinese characters

准　备　穿　唱　歌
懂　空　行　次　怕

课文译文　Translation of the Texts

Lesson 1　Hello

David:	Hello!
Li Jun:	Hello!
David:	Are you the teacher?
Li Jun:	No, I'm not the teacher. I'm a student. She's the teacher.
David:	Thank you.
Li Jun:	You're welcome.

David:	How do you do, Teacher!
Teacher Wang:	Hello! Are you a foreign student?
David:	Yes, I'm a foreign student.
Teacher Wang:	What's your name?
David:	My name's David.

Lesson 2　What Nationality Are You

Teacher Liu:	Hello, students!
Students:	Hello, Teacher!
Teacher Liu:	Allow me to (briefly) introduce myself. My surname is Liu, and my full name is Liu Ming. I am your teacher. What is your name?
David:	My name is David.
Teacher Liu:	What is your nationality?
David:	I'm American.

David:	Let me introduce you. Her name is Mary and this is Li Jun.
Mary:	It's a pleasure to meet you.
Li Jun:	I'm happy to meet you as well. Are you also American?
Mary:	No, I'm not American. I'm Canadian, and you?
Li Jun:	I'm Chinese.

Lesson 3   Is That Your Book

David：	Mary，whose book is that? Is it your book?
Mary：	No，it's my roommate's book.
David：	Is it a Chinese textbook?
Mary：	No，it's a *Chinese-Japanese Dictionary*.
David：	What (kind of) dictionary?
Mary：	A *Chinese-Japanese Dictionary* is a Chinese dictionary with Japanese translations.

Mary：	What magazine is this?
Zhongcun：	It's a music magazine.
Mary：	Is it a Japanese magazine?
Zhongcun：	No，it's a Chinese magazine.
Mary：	Is this your magazine?
Zhongcun：	No，it's my friend's magazine.

Lesson 4   Where Is the Library

Mary：	Excuse me，classmate. May I ask，where is the library?
Student A：	Sorry. I'm not a student of this school. I don't know.
Mary：	That's OK.

Mary：	Excuse me，classmate. Is this the administration building?
Student B：	No，it's not. This is a teaching building. The administration building is over there，to the north of the domitory building.
Mary：	Is it the building on the left?
Student B：	No，it's the building on the right.
Mary：	Thank you.
Student B：	You're welcome.

Lesson 5   I'm a foreign student at Peking University

Mary：	Hello! What's your name?
Zhang Hong：	My name's Zhang Hong，and you?
Mary：	My name's Mary. I'm a foreign student at Peking University. My major is International Relations. How about you?

Zhang Hong:	I'm a graduate student in Department of Chinese Language and Literature of Tsinghua University and my major is Modern Literature.
Mary:	Where is Tsinghua University?
Zhang Hong:	It's to the east of Peking University. When you have time, you're welcome to come and visit!

David:	Excuse me, can you please tell me where the restroom is?
Student:	It's over there, next to the classroom.
David:	The west-side classroom?
Student:	Correct.

Lesson 6   What Time Is It

Mary:	Zhongcun, what time in the morning do universities in Japan usually start class?
Zhongcun:	Most of them start class at nine;（but）at our school it's eight-fifty.
Mary:	What time do you get out of class?
Zhongcun:	Ten-thirty.
Mary:	At Peking University, we start class at eight in the morning, it's too early!

Mary:	David, what time does the lecture start?
David:	Seven o'clock.
Mary:	What time is it now?
David:	A quarter to six.
Mary:	Thanks. See you soon.

Lesson 7   Do You Have Classes Tomorrow

Mary:	Zhongcun, do you have classes tomorrow?
Zhongcun:	I have classes in the morning, but have no class in the afternoon.
Mary:	You have a bicycle, right?
Zhongcun:	Yes, why, what's up?
Mary:	I am going to see a friend tomorrow afternoon, but I don't have a bicycle...
Zhongcun:	OK, no problem. I have the key to the bike. The key is on the table, and my bike is in the bicycle shed downstairs.
Mary:	Is it the bicycle shed behind the dorm building?
Zhongcun:	That's right. The Number 1 bicycle shed.

David:	Mary, do you have time tonight?

Mary:	Yeah. What's up?
David:	The movie theater on campus is showing a movie. Would you like to go?
Mary:	What movie?
David:	I don't know the name, but I heard it's very famous.
Mary:	Of course I'll go.

Lesson 8   What Is Your Phone Number

Zhang Hong:	Mary, are you free this weekend?
Mary:	Yes. What's going on?
Zhang Hong:	Why don't you come visit my school?
Mary:	OK, but how do I get there?
Zhang Hong:	Public Bus Routes 21 and 106 both stop there. Riding a bike is fast, too; it only takes fifteen minutes.
Mary:	Where is your dorm?
Zhang Hong:	It's on the southeast side of campus, East Building No.5.
Mary:	What's your room number?
Zhang Hong:	Number 502. My dorm (room) is East Building No.5, room number 502.
Mary:	What's your phone number?
Zhang Hong:	18563861023. Do you have a cell phone?
Mary:	No, I don't have a Chinese cell phone, but my friend does.
Zhang Hong:	What's the number?
Mary:	13695670132.
Zhang Hong:	OK, Please call me if you need help. I'll be waiting for you.

Lesson 9   How Much for One Bottle

David:	Excuse me, Miss, I'd like to buy (some) beer.
Salesperson:	How many bottles do you want?
David:	How much is it for one bottle?
Salesperson:	Three-fifty.
David:	I'll buy two bottles, and I'd also like to buy two bottles of water, a carton of milk and a piece of bread.
Salesperson:	Seven *kuai* for two bottles of beer and two-forty for two bottles of water. Twelve for a carton of milk and five for a bread. That comes to a total of twenty-six-forty.
David:	Here's the money.
Mary:	Excuse me, Miss, but do you have any English-Chinese dictionary?

Salesperson:	Yes, we do. See, all these here are. Which one would you like?
Mary:	I want this small dictionary. How much is it for one?
Salesperson:	Twenty-two *kuai*.
Mary:	Sorry, I don't have any small bills.
Salesperson:	It's quite all right.

Lesson 10   How Many People Are There in Your Family

Mary:	Is this your photo?
Zhang Hong:	Yes, it's a picture of my family.
Mary:	How many people are there in your family?
Zhang Hong:	There are five people in my family: my (paternal) grandfather, my (paternal) grandmother, my father, my mother and I.
Mary:	You don't have any elder brothers or sisters?
Zhang Hong:	No, I don't. My family has just one child, but many families generally have two children. Mary, how many people are there in your family?
Mary:	My family consists of my father, my mother, an elder brother, a younger brother, a younger sister, and two dogs.
Zhang Hong:	A total of six people?
Mary:	No, eight.
Zhang Hong:	Your father, your mother, your elder and younger brothers, your younger sister, and you. That makes six, doesn't it?
Mary:	No...there's also two dogs.
Zhang Hong:	Oh, so that's it...

Lesson 11   Winter in Beijing Is Relatively Cold

Mary:	What's the weather like today?
Zhongcun:	Not too good. It's windy and it's supposed to rain in the afternoon.
Mary:	Is it cold?
Zhongcun:	Not cold, it's twenty degrees.
Mary:	What about tomorrow?
Zhongcun:	Tomorrow's going to be sunny.
David:	Teacher, what's the fall weather like in Beijing?
Teacher Liu:	It's neither hot nor cold. It's very comfortable. It's the best season.
David:	What about winter? I heard that the winter in Beijing is very cold. Is that true?
Teacher Liu:	Yes, the winter in Beijing is relatively cold, the coldest reaching around fifteen

David：	degrees below zero. Does it snow often?
Teacher Liu：	No，it doesn't snow often. David，what season do you like best?
David：	I like summer. My hobby is swimming. And you，teacher?
Teacher Liu：	I like spring.

Lesson 12 What Are You Doing

David：	Hello?
Mary：	Hey，David. It's me，Mary.
David：	Oh，Mary！ Hi！
Mary：	David，what are you doing（now）?
David：	I'm doing my homework.
Mary：	Really？ Do you have a lot of homework every day?
David：	Not really. Today's Wednesday，so I had four classes from eight in the morning till twelve noon. Plus I've got a dictation quiz tomorrow，so（that's why）I have a lot of homework. What about you？ What are you doing?
Mary：	I'm drinking coffee at a bar.
David：	Which bar?
Mary：	The one across from the school bookstore.
David：	Are you by yourself?
Mary：	No，there's also my roommate and her friends. They're singing songs（now）.
David：	You guys don't have class tomorrow?
Mary：	Yeah，we do. We'll head back to the dorm by 10：00.

Lesson 13 I'm Going to the Library to Return a Book

David：	Hi，Li Jun，where are you going?
Li Jun：	I'm going to the library to return a book. How about you?
David：	First I'm going to the bank to exchange some money，and then I'm going to the store to buy some things.
Li Jun：	I'm going to the bank，too. Let's go together.
David：	You're not going to the library?
Li Jun：	That's okay，the library doesn't close.
Mary：	Zhongcun，tomorrow's Sunday. What are you planning to do?
Zhongcun：	I'm planning on going to the store to do some shopping.
Mary：	The store on campus?

Zhongcun:	No, I'm going to go to a Shopping Mall.
Mary:	Are things expensive there?
Zhongcun:	So-so. They have a lot of stuff, and the quality's pretty good.
Mary:	I was just thinking about going shopping for (some) clothes. Would it be okay if I go with you?
Zhongcun:	Sure.
Mary:	What time shall we go?
Zhongcun:	The Shopping Mall opens at nine a.m.; let's go at ten.

Lesson 14   I Prefer Light Colored Ones

Mary:	Zhongcun, look, what do you think of that white sweater?
Zhongcun:	It's nice, but white (ones) get dirty easily. How about that blue one?
Mary:	The blue one's a bit dark. I prefer light colored ones.
Zhongcun:	What about that yellow one?
Mary:	Not bad, it's quite pretty. I'll take it.

David:	Mary, look, this is my bike that I bought yesterday, what do you think?
Mary:	Yeah, it's quite nice-looking. It's not a new one, right?
David:	That's right, I bought a used one. Used ones are cheaper and harder to lose (get stolen).
Mary:	Did they have other colors?
David:	Yes, there were black ones, blue ones, as well as gray and yellow (ones). Which color do you like?
Mary:	I like green (ones).

Lesson 15   Tomorrow Is My Friend's Birthday

Mary:	Zhongcun, you have been busy since right after dinner up until now. What have you been busy with?
Zhongcun:	I'm preparing a present.
Mary:	Preparing a present?
Zhongcun:	That's right. Tomorrow is my friend's birthday and I'm making a birthday cake for her. Does that sound good to you?
Mary:	You're making it yourself?
Zhongcun:	That's right, making it myself makes it more special.

Li Jun:	David, tell me, what would make a good birthday present?

David：	Whom do you plan on giving it to？ A guy or a girl？
Li Jun：	A girl.
David：	Then there are lots of things you could give，such as chocolate.
Li Jun：	Chocolate is kind of sweet，she doesn't like sweets.
David：	What about clothes？
Li Jun：	I don't know her size，and I don't know what colors she likes.
David：	Then why don't you give her a bouquet of flowers？ Every girl likes flowers.
Li Jun：	That's a pretty good idea.

Lesson 16　What Do You Do on the Weekends

David：	Tomorrow's the weekend again，I'm so happy.
Classmate：	It seems like you really like weekends.
David：	Of course I like them. On the weekend you can totally enjoy yourself. Don't you like them？
Classmate：	No，I don't. Every weekend I feel it's pretty boring.
David：	What do you（usually）do on the weekend？
Classmate：	I watch TV in the dorm，surf the Internet，do some laundry，do some homework，sleep in...
David：	You don't go out to have fun with your friends？
Classmate：	Sometimes I go out shopping with friends. Sometimes I study a bit at the library. So what do you（usually）do during the weekend？
David：	I have different arrangements every weekend. Last weekend I went to a friend's house to make dumplings，and the weekend before that，I went dancing，and before that，I went mountain climbing...
Classmate：	What are you going to do this weekend？
David：	I am going to attend a concert. How about if we go together？
Classmate：	Sure，that sounds great！

Lesson 17　Being a Guest（1）

Teacher Liu：	Please，come in.
David：	Teacher，your home is so clean！
Teacher Liu：	Is it？ Thanks. Come，sit here！
David：	This is a gift for you.
Teacher Liu：	Wow！ You guys are too polite.
David：	It's just a small token（of our regard）. Please take it.
Teacher Liu：	Thank you. What will you have to drink — tea or fruit juice？

David:	Whichever, anything's fine.
Mary:	I'll have tea.
Teacher Liu:	Was it a smooth trip (getting here)?
Mary:	Not too smooth. It was kind of crowded on the bus, and a bit far from the subway station.
Teacher Liu:	Do you guys usually take the bus or go by taxi?
David:	I like taking the (public) bus. The buses are air-conditioned, and they are very comfortable.
Mary:	I like taking the subway.
……	
Teacher Liu:	Are you hungry? How about if we have dumplings at home for lunch?
David:	That would be great. Dumplings happen to be my favorite food.
Teacher Liu:	Do you (guys) know how to wrap dumplings?
Mary:	Not too well. Let's give it a try!

Lesson 18 Being a Guest (2)

David:	Teacher, today's dumplings were truly delicious.
Mary:	I agree. They tasted great. Do all Chinese people like to eat dumplings, Teacher?
Teacher Liu:	Most Northerners are fond of eating dumplings. In the past, they often make dumplings when celebrating birthdays, during holidays, or when having guests over. Now, many people like to go to restaurants.
David:	So Southerners don't eat dumplings?
Teacher Liu:	Not often. Southerners prefer to eat rice, and are not too fond of eating wheat-based foods.
Mary:	I see! Then for Northerners, dumplings must be a very important (type of) food, right?
Teacher Liu:	Yes, however making dumplings is relatively troublesome, especially when there are just a few people.
Mary:	Yeah, just to prepare the filling you have to spend a lot of time.
David:	But doesn't the supermarket have frozen dumplings? If you want to eat (dumplings), all you have to do is go buy a bag.
Teacher Liu:	You really know how to take the lazy way out! Still, when everyone is making dumplings together, it's very lively, and can be quite interesting.
Mary:	How do the frozen dumplings taste? Are they any good?
David:	They're good, too.

Lesson 19   I've Gotten Used to It Now

David: Good morning, teacher.
Teacher Liu: Good morning, David. It's so early to come.
David: Yes.
Teacher Liu: David, how long has it been since you came to Beijing?
David: It's been almost half a year.
Teacher Liu: So you've become used to life in Beijing?
David: When I first came, I wasn't used to it, but now I (already) am.
Teacher Liu: Are you also used to having class at eight in the morning?
David: Sorry, but I'm still not used to that. Back in the U.S., I usually don't get up until eight o'clock.
Teacher Liu: Really? What time in the evening do you go to bed now?
David: I usually go to bed at twelve, and sometimes not until two a.m.. However, if I have class at eight the next morning, then I sleep a little earlier.
Teacher Liu: Early to bed and early to rise is better. When I was a student, I also liked to sleep late. After I started working, I changed this bad habit.
David: Really? How old were you then?
Teacher Liu: Around twenty-five or so.

Lesson 20   Visiting a Patient

David: Mary, how are you? Are you feeling a little better now?
Mary: A bit better. Thank you for coming to see me.
David: Don't be so proper. With no classes and no homework, it must be pretty nice, right?
Mary: Not at all. Because I eat by myself, sleep by myself, and play around by myself; it's rather boring.
David: What do you do all day in the hospital?
Mary: I read a little, listen to music, talk to my friends on the phone, sleep, dream...
David: You (must be) so happy. Every day at school, I have to memorize new vocabulary, take dictation, do homework, take tests... it's exhausting.
Mary: Well, then why don't we switch? You come stay in the hospital, and I'll go to class.
David: OK, but you have to ask the doctor first if it's okay or not. If the doctor agrees, then we'll switch. Oh yeah, what would you like to eat for lunch — rice with stir-fried vegetables, noodles, or dumplings?
Mary: McDonald's! I want to have chicken hamburger.

| David: | But aren't you a patient? You're not in good health, and have to take medicine. Let's go with noodles, OK? |

Lesson 21   I Drank Half a *Jin* of *Baijiu*

Mary:	David, how come you're still sleeping? The teacher asked why you didn't go to class.
David:	I feel so bad.... Was the teacher mad?
Mary:	She didn't seem to be. You don't look too good. Did you pull an all-nighter last night?
David:	No, but I drank half a *jin* of *Baijiu*, and my head really hurts...
Mary:	Half a *jin*? Are you crazy?
David:	I'm not crazy, but I did get drunk. I threw up, too.
Mary:	So how come you drank that much?
David:	Yesterday I went to a Chinese friend's home for dinner. They were so enthusiastic, and kept on pouring me more liquor.
Mary:	Some Chinese people, when entertaining guests, enjoy urging them to drink. You didn't know about that?
David:	Now I do. Wow, I am really thirsty. Would you mind pouring me a glass of water?
Mary:	OK. It seems like you're still pretty sleepy. Why don't you continue sleeping (some more)?

Lesson 22   He's Got a Cold

Mary:	Teacher, David can't make it to class again today.
Teacher Liu:	Oh? Is he sick?
Mary:	Yes, he has a cold. He's got a headache, fever, and a bit of a cough.
Teacher Liu:	How did he catch a cold?
Mary:	The day before yesterday, he went to watch a soccer match. On the way back it was raining and he hadn't brought an umbrella, so he caught a cold.
Teacher Liu:	Has he been to the hospital to see a doctor?
Mary:	Yes, he has. The doctor said it was a cold and gave him a prescription, and a shot as well. The doctor also said it would be best if he rested for a day. Here is his written request to be excused from class.
Teacher Liu:	OK, got it. Thanks.

课文译文

Request for Leave

Teacher：

　　Hi! I'm really sorry but I've come down with a cold. I've got a headache, fever, cough and just don't feel well at all, (so) I can't make it to class. I'd like to request one day of leave; I am hoping you will grant it.

David
2023/4/18

Lesson 23　How Long Have You Been Studying Chinese

Mary：	Sorry, I'm late.
Zhang Hong：	That's OK. Was there a traffic jam on the way (here)?
Mary：	No. The bicycle I took broke down; it blew a tire.
Zhang Hong：	Really? What bad luck. How long did it take to change the tire?
Mary：	It took about half an hour. Usually it takes only an hour to get here, but today it took an hour and a half. How long have you been waiting?
Zhang Hong：	About twenty minutes or so.
Marry：	You must have been getting anxious, huh? I'm so sorry.
Zhang Hong：	It's OK.
Mary：	The essay you wrote in English is really very good.
Zhang Hong：	Thanks, but my spoken (English) is still lacking.
Mary：	I think it's pretty good. How long have you been studying English?
Zhang Hong：	I started studying (it) in junior high school, (so) I've been learning (it) for ten years already.
Mary：	Ten years? It's been that long?
Zhang Hong：	That's right! My grammar is okay, and simple translation is no problem, but I can't really speak it (too well). How long have you been studying Chinese?
Mary：	I've been learning it for half a year.
Zhang Hong：	Next semester are you still going to be studying in Beijing?
Mary：	Of course! I'm planning to study in China for two years!

Lesson 24　Come Meet Me After You've Eaten Breakfast

Li Jun：	Hey, Zhang Hong, it's me.
Zhang Hong：	Li Jun, have you eaten (yet)?
Li Jun：	Not yet. I just came back from playing basketball. I want to go to the dining hall to eat some dumplings. Are you coming?

Elementary 1/Textbook　215

Zhang Hong:	No. Today is Xiaomei's twenty-third birthday. Our dorm is having a party.
Li Jun:	Really? Then wish her Happy Birthday (for me).
Zhang Hong:	Today we made a lot of good things to eat. I've already had a bowl of noodles and drank a glass of wine. Now, she is blowing out candles. Why don't you come join us?
Li Jun:	You girls are having fun together. Why would I go? Do you (all) have other plans for this evening as well?
Zhang Hong:	We're planning to go sing Karaoke together.
Li Jun:	Go have a great time and come back a bit earlier, not too late.
Zhang Hong:	Don't worry. That's right, tomorrow's the start of another weekend. Where are we going to go (to have fun)?
Li Jun:	I heard that the exhibition at the arts museum is pretty good. How about if we go see it?
Zhang Hong:	OK, I don't have any objections (to that). Come meet me after you've eaten breakfast, OK?
Li Jun:	All right. We'll meet tomorrow at 8:30 at the entrance to your dorm okay? .
Zhang Hong:	All right. So what are you going to do tonight?
Li Jun:	Xiaoming's computer didn't work, I'll have a look. See you tomorrow!
Zhang Hong:	See you tomorrow!

Lesson 25 You Should Exercise More

Mary:	Good night, Zhongcun.
Zhongcun:	You're going to bed this early? Aren't you going to watch the TV drama?
Mary:	No, I'm not going to watch it. I've got *Taiji* class tomorrow morning and have to get up a bit earlier.
Zhongcun:	You're attending the *Taiji* class, too? That's great, I signed up for it, too.
Mary:	You like *Taiji* too?
Zhongcun:	Yeah, I do. When I first came to China, I learned *Taiji* for half a year, but now I've forgotten it all, so I have to learn it over again.
Mary:	Then we can both start together tomorrow! Could you wake me up in the morning?
Zhongcun:	Sure, I have an alarm clock.
Mary:	You (should) stop reading, too, and sleep a little earlier.
Zhongcun:	The morning air is so fresh!
Mary:	It sure is! I still want to go jogging by the lake. There are a lot of trees and birds flying by the lake. Do you want to come?

Zhongcun:	No, I'm not going. After an hour of *Taiji*, I'm a little tired; I don't have any strength left.
Mary:	You were sweating a lot. By the look of it, you should exercise more.
Zhongcun:	You're right. You're in great shape. You're not tired at all?
Mary:	Nope. (That's probably because) I go jogging every day.
Zhongcun:	Really? How come I didn't know that?
Mary:	When I go jogging, you're still asleep.
Zhongcun:	How embarrassing! How long do you jog for each day?
Mary:	About half an hour.
Zhongcun:	From now on, every day after I eat dinner I'm going to take a walk...

Lesson 26   We're Having Exams Soon

David:	Where did you go today? I called your cell phone but you didn't answer.
Mary:	Sorry, my cell phone is out of charge. I went to the library. I read all morning long.
David:	You're quite the diligent one.
Mary:	We're having exams soon, and since my basics aren't that great, the only thing I can do is to study harder. Was there something (you were calling me about)?
David:	We're going on break soon, and we're planning to go traveling (during the vacation period). Would you like to come with us?
Mary:	Where do you guys plan to go?
David:	We haven't decided yet, perhaps the Northeast of China.
Mary:	Around when will you be leaving (for the trip)?
David:	Maybe next weekend.
Mary:	OK, I'll think about it.

Mary:	Zhongcun, what are you doing (now)?
Zhongcun:	I'm writing postcards to my friends. Christmas is almost here, and New Year's coming too, so I have to send out greeting cards to my friends.
Mary:	You've written that many!
Zhongcun:	I can't help it. I've got (too) many relatives and friends. I've been writing for a whole hour! I am hungry, I'm going to have a meal.
Mary:	There are a lot of people in the dinning hall right now. You should go after a little while.
Zhongcun:	Really? How do you know?
Mary:	I just now went to the dinning hall to eat dumplings, and I waited in line for almost ten minutes.
Zhongcun:	Okay then, I'll go a little later.

Lesson 27 My Parents Are Asking Me to Go Home

Li Jun: It's almost time for vacation. What plans do you have?
David: I plan to go traveling. It will soon be half a year since I came to China, and I've stayed in Beijing the whole time. (So) I'd like to go see some other places.
Li Jun: Where do you plan on traveling to?
David: I haven't decided yet. My friend wants to go to Harbin.
Li Jun: Harbin? It's extremely cold there in the winter.
David: But I've heard that the winter scenery in Harbin is extremely beautiful, so I'd like to go see (for myself). How are you going to spend the vacation?
Li Jun: I plan to review (my) schoolwork (here) on campus.
David: Review schoolwork? You're that industrious?
Li Jun: I'm going to graduate soon, and I want to take an entrance test for graduate school. So I have to make the best use of the time and do some review work.
David: Really? Which area of graduate studies are you planning to take an exam for?
Li Jun: I'm very interested in ancient Chinese history, so I'm thinking of taking the test for Professor Zhang Dapeng's (program).
David: That's excellent! I'm sure you can pass. So you're not going home for Chinese New Year?
Li Jun: I'm probably going to have to go back for a few days, (since) my parents are asking me to come home. But I'm still in the process of thinking it over.
David: Going back to see your parents is something you should do, too. They must really miss you.
Li Jun: That's true, I should set aside some time to make a trip back.

Lesson 28 How Did You Do on the Exam

Mary: Zhang Hong, when do you (guys) start exams?
Zhang Hong: We've already started. I took two exams last week. I have one more this week, and then I'll be done.
Mary: You (guys) only take exams for three courses, that few?
Zhang Hong: We have some classes without exams (where) we just write reports. When do you all have exams?
Mary: We start tomorrow. I'm reviewing every day now. I've been reading so much that my head hurts and I'm about to die of exhaustion.
Zhang Hong: Yeah, me too. Let's do something relaxing tonight, what do you say?
Mary: Okay. A friend told me, too much tension doesn't make for effective studying anyway.

Zhang Hong: That's true. You should know how to study (but) you also need to know how to rest, right?

Zhang Hong: Mary, how did you do on the exam?
Mary: Not too well. There were two words I forgot how to write, one of the questions was wrong, and I also skipped a question.
Zhang Hong: Really? Why?
Mary: There wasn't enough time.
Zhang Hong: Which question didn't you do?
Mary: The reading comprehension. The Chinese characters were too difficult! I read Chinese (characters) very slowly, and I write slowly as well.
Zhang Hong: To Europeans and Americans, Chinese characters really are rather difficult.
Mary: Do you have any good methods for memorizing Chinese characters?
Zhang Hong: I have a book of Chinese character stories that was written for foreign students. Would you like to take a look at it?
Mary: Okay, lend it to me and I'll take a look; maybe it'll be helpful.
Zhang Hong: Don't worry. I'm sure you can solve this problem.

Lesson 29 We've Already Bought the Tickets

Li Jun: David, you're totally finished with your exams today, right?
David: I had three days of exams, and I'm finally all done.
Li Jun: How did you do?
David: Don't bring it up, I really messed up, especially the tones and characters, where I made quite a few mistakes.
Li Jun: Are you just being modest? Usually it seems to me that you speak quite well.
David: Do you make fun of me?
Li Jun: I don't. When are you going traveling?
David: We leave Sunday.
Li Jun: Have you decided where to go?
David: Yeah, we're going to Harbin.
Li Jun: How are you guys going, by train?
David: Yes, we've already bought the tickets, but we were only able to get three second-class seat tickets. The other ticket we got was for a first-class seat.
Li Jun: Oh yeah, this Saturday there's an evening social at my department. Can you come?
David: We're departing Sunday afternoon, so it shouldn't be a problem. What do I need to prepare to participate in a Chinese students' party?

Li Jun: You don't need to prepare anything. However, they might ask you to perform something.
David: Uh...

Lesson 30 I'm Going to Attend a Party

Mary: David, we'll be leaving soon for our trip. Have you finished preparing your luggage?
David: I spent half the day packing yesterday,（so）I've been ready for quite some time now.
Mary: Then what were you doing all day in your room?
David: Today I'm going to be attending a Chinese students' party, and I'm in the middle of practicing the act that I'm going to perform.
Mary: You（already）sing so well; you still need to prepare?
David: I didn't want to sing an English song, so I'm planning to sing a Chinese one.
Mary: That's awesome! Are you planning to sing a pop song?
David: No, I want to sing a folk song.
Mary: A folk song? Folk songs are nice.
David: My pronunciation isn't too good. Will they be able to understand me?
Mary: If it's a well-known folk song, I'm sure they'll be familiar with the lyrics, so no problem, right?
David: But if my pronunciation is too inaccurate, that would be too humiliating.
Mary: You can download it online and listen to it whenever you have time. Perhaps it'll be of some help.
David: Thanks. Oh, yeah, how about if you come along with me（to the party）?
Mary: So I don't think I'll go, maybe next time.
David: Are you（just）afraid of（having to）perform something?
Mary: A little...

词语索引 Index of Words

	A		
1	啊	à	12
2	啊	a	8
3	哎呀	āiyā	17
4	爱好	àihào	11
5	安排	ānpái	16
6	熬夜	áo yè	21
	B		
7	八	bā	6
8	爸爸	bàba	10
9	吧	ba	7
10	白	bái	14
11	白酒	báijiǔ	21
12	班	bān	25
13	办法	bànfǎ	26
14	办公楼	bàngōnglóu	4
15	半	bàn	6
16	半天	bàntiān	30
17	帮	bāng	21
18	帮助	bāngzhù	28
19	棒	bàng	25
20	包	bāo	16
21	报告	bàogào	28
22	报名	bào míng	25
23	杯	bēi	21
24	北边	běibian	4
25	北方	běifāng	18
26	背	bèi	20
27	本	běn	9
28	比较	bǐjiào	11
29	比如	bǐrú	15
30	比赛	bǐsài	22
31	毕业	bì yè	27
32	编	biān	28
33	标准	biāozhǔn	30
34	表演	biǎoyǎn	29
35	别	bié	20
36	别的	bié de	14
37	别客气	bié kèqi	20
38	别提	biétí	29
39	病	bìng	22
40	病人	bìngrén	20
41	不	bù	1
42	不错	búcuò	13
43	不过	búguò	8
44	不好意思	bù hǎoyìsi	19
45	不客气	bú kèqi	1
46	不太	bú tài	11
47	不停	bù tíng	21
48	不同	bù tóng	16
49	不用	búyòng	4
50	不用谢	búyòng xiè	4
51	部分	bùfen	6
	C		
52	才	cái	19
53	菜	cài	20
54	参加	cānjiā	25
55	茶	chá	17

56	差	chà	6	90	大概	dàgài	19
57	差不多	chàbuduō	11	91	大家	dàjiā	18
58	长	cháng	19	92	大学	dàxué	6
59	常	cháng	11	93	待	dāi	27
60	常常	chángcháng	11	94	带	dài	22
61	场	chǎng	22	95	袋	dài	18
62	唱	chàng	12	96	担心	dān xīn	28
63	超市	chāoshì	18	97	但是	dànshì	24
64	炒	chǎo	20	98	蛋糕	dàngāo	15
65	车	chē	7	99	当然	dāngrán	7
66	车棚	chēpéng	7	100	倒霉	dǎoméi	23
67	吃	chī	17	101	到	dào	8
68	迟到	chídào	23	102	倒	dào	21
69	重新	chóngxīn	25	103	道	dào	28
70	出	chū	25	104	地	de	21
71	出发	chūfā	26	105	的	de	2
72	出去	chūqu	16	106	的话	dehuà	18
73	初中	chūzhōng	23	107	得	de	28
74	穿	chuān	30	108	得	děi	18
75	床	chuáng	19	109	等	děng	8
76	吹	chuī	24	110	地方	dìfang	27
77	春天	chūntiān	11	111	地铁	dìtiě	17
78	词典	cídiǎn	3	112	弟弟	dìdi	10
79	次	cì	30	113	第	dì	7
80	从……到……	cóng……dào……	12	114	第一	dì-yī	7
81	错	cuò	28	115	点	diǎn	6
	D			116	电	diàn	26
82	答	dá	8	117	电话	diànhuà	8
83	打	dǎ	8	118	电脑	diànnǎo	24
84	打	dǎ	24	119	电视	diànshì	16
85	打车	dǎ chē	17	120	电视剧	diànshìjù	25
86	打算	dǎsuàn	13	121	电影	diànyǐng	7
87	打针	dǎ zhēn	22	122	电影院	diànyǐngyuàn	7
88	大	dà	19	123	丢	diū	14
89	大部分	dà bùfen	6	124	东	dōng	8

125	东边	dōngbian	5	158	飞	fēi	25
126	东南	dōngnán	8	159	非常	fēicháng	13
127	东西	dōngxi	13	160	分	fēn	6
128	冬天	dōngtiān	11	161	分钟	fēnzhōng	8
129	懂	dǒng	30	162	风	fēng	11
130	动作	dòngzuò	25	163	风景	fēngjǐng	27
131	都	dōu	8	164	疯	fēng	21
132	堵	dǔ	23	165	复习	fùxí	27
133	堵车	dǔ chē	23			**G**	
134	度	dù	11	166	该	gāi	25
135	锻炼	duànliàn	25	167	改	gǎi	19
136	对	duì	5	168	干净	gānjìng	17
137	对不起	duìbuqǐ	4	169	感冒	gǎnmào	22
138	对……来说	duì……lái shuō	18	170	感兴趣	gǎn xìngqù	27
139	对了	duìle	20	171	干	gàn	12
140	对面	duìmiàn	12	172	刚	gāng	19
141	多	duō	10	173	刚才	gāngcái	26
142	多	duō	19	174	高铁	gāotiě	29
143	多少	duōshao	8	175	高兴	gāoxìng	2
		E		176	告诉	gàosu	28
144	饿	è	17	177	哥哥	gēge	10
145	二	èr	8	178	歌	gē	12
146	二等座	èrděngzuò	29	179	歌词	gēcí	30
		F		180	歌曲	gēqǔ	30
147	发烧	fā shāo	22	181	个	gè	4
148	发音	fāyīn	30	182	给	gěi	9
149	翻译	fānyì	23	183	工作	gōngzuò	19
150	饭	fàn	21	184	跟	gēn	16
151	饭馆儿	fànguǎnr	18	185	更	gèng	26
152	方法	fāngfǎ	28	186	公共汽车	gōnggòng qìchē	8
153	方面	fāngmiàn	27	187	功课	gōngkè	27
154	房间	fángjiān	8	188	狗	gǒu	10
155	放假	fàng jià	26	189	购物	gòu wù	13
156	放松	fàngsōng	28	190	购物中心	gòuwù zhōngxīn	13
157	放心	fàng xīn	24	191	够	gòu	28

192	古代	gǔdài	27		226	后边	hòubian	7
193	故事	gùshi	28		227	湖	hú	25
194	关	guān	13		228	花	huā	15
195	关门	guān mén	13		229	花	huā	18
196	关系	guānxi	5		230	坏	huài	23
197	逛	guàng	16		231	欢迎	huānyíng	5
198	贵	guì	13		232	还	huán	13
199	国	guó	2		233	换	huàn	13
200	国际	guójì	5		234	黄	huáng	14
201	果汁	guǒzhī	17		235	灰	huī	14
202	过	guò	18		236	回	huí	12

H

					237	回来	huílai	22
203	还	hái	10		238	会	huì	17
204	还可以	hái kěyǐ	13					

J

205	还是	háishi	15		239	鸡肉	jīròu	20
206	孩子	háizi	10		240	基础	jīchǔ	26
207	汉堡	hànbǎo	20		241	极了	jí le	27
208	汉语	Hànyǔ	3		242	几	jǐ	6
209	汉字	Hànzì	28		243	挤	jǐ	17
210	汗	hàn	25		244	计划	jìhuà	27
211	好	hǎo	1		245	记	jì	28
212	好吃	hǎochī	18		246	季节	jìjié	11
213	好好儿	hǎohāor	16		247	继续	jìxù	21
214	好看	hǎokàn	14		248	寄	jì	26
215	好听	hǎotīng	30		249	家	jiā	10
216	好像	hǎoxiàng	21		250	家庭	jiātíng	10
217	号	hào	8		251	假期	jiàqī	26
218	号码	hàomǎ	8		252	简单	jiǎndān	23
219	号码	hàomǎ	15		253	见	jiàn	6
220	喝	hē	12		254	见面	jiàn miàn	24
221	和	hé	8		255	件	jiàn	14
222	盒	hé	9		256	讲座	jiǎngzuò	6
223	贺卡	hèkǎ	26		257	饺子	jiǎozi	16
224	黑	hēi	14		258	叫	jiào	1
225	很	hěn	2		259	教室	jiàoshì	5

260	教授	jiàoshòu	27	294	看起来	kàn qilai	16
261	教学	jiàoxué	4	295	考	kǎo	27
262	接	jiē	26	296	考虑	kǎolǜ	26
263	节	jié	12	297	考上	kǎoshang	27
264	节	jié	18	298	考试	kǎo shì	20
265	节目	jiémù	29	299	咳嗽	késou	22
266	姐姐	jiějie	10	300	可	kě	15
267	解决	jiějué	28	301	可能	kěnéng	26
268	介绍	jièshào	2	302	可是	kěshì	7
269	借	jiè	28	303	可以	kěyǐ	16
270	斤	jīn	21	304	渴	kě	21
271	今天	jīntiān	7	305	刻	kè	6
272	紧张	jǐnzhāng	28	306	客气	kèqi	17
273	劲儿	jìnr	25	307	客人	kèren	18
274	九	jiǔ	6	308	课	kè	7
275	酒	jiǔ	21	309	课本	kèběn	3
276	酒吧	jiǔbā	12	310	空气	kōngqì	25
277	旧	jiù	14	311	空调	kōngtiáo	17
278	就	jiù	8	312	空儿	kòngr	5
279	就是	jiù shì	3	313	口	kǒu	10
280	聚会	jùhuì	24	314	口语	kǒuyǔ	23
281	决定	juédìng	26	315	块	kuài	9
282	觉得	juéde	16	316	快	kuài	8
	K			317	快	kuài	26
283	咖啡	kāfēi	12	318	快乐	kuàilè	24
284	卡拉OK	kǎlā OK	24	319	快要	kuàiyào	26
285	开	kāi	13	320	困	kùn	21
286	开	kāi	22		**L**		
287	开门	kāi mén	13	321	啦	la	16
288	开始	kāishǐ	6	322	蜡烛	làzhú	24
289	开玩笑	kāi wánxiào	29	323	来	lái	2
290	看	kàn	9	324	蓝	lán	14
291	看	kàn	20	325	老师	lǎoshī	1
292	看	kàn	23	326	了	le	16
293	看病	kàn bìng	22	327	累	lèi	20

328	冷	lěng	11	362	没关系	méi guānxi	4
329	礼物	lǐwù	15	363	没问题	méi wèntí	7
330	历史	lìshǐ	27	364	没意见	méi yìjiàn	24
331	里	li	7	365	没意思	méi yìsi	16
332	联欢	liánhuān	29	366	每	měi	12
333	联欢会	liánhuānhuì	30	367	美	měi	27
334	脸色	liǎnsè	21	368	美术馆	měishùguǎn	24
335	两	liǎng	9	369	妹妹	mèimei	10
336	两	liǎng	24	370	门	mén	28
337	辆	liàng	14	371	门口	ménkǒu	24
338	聊天儿	liáo tiānr	20	372	们	men	2
339	零钱	língqián	9	373	米饭	mǐfàn	18
340	零下	língxià	11	374	面包	miànbāo	9
341	另外	lìngwài	29	375	面食	miànshí	18
342	留学生	liúxuéshēng	1	376	面条儿	miàntiáor	20
343	流行	liúxíng	30	377	面子	miànzi	30
344	六	liù	6	378	民歌	míngē	30
345	楼	lóu	4	379	名字	míngzi	1
346	路	lù	8	380	明天	míngtiān	7
347	路上	lùshang	17	381	明信片	míngxìnpiàn	26
348	旅行	lǚxíng	26			**N**	
349	绿	lǜ	14	382	拿	ná	29
350	轮胎	lúntāi	23	383	哪	nǎ	2
		M		384	哪儿	nǎr	4
351	妈妈	māma	10	385	那	nà	3
352	麻烦	máfan	18	386	那么	nàme	15
353	吗	ma	1	387	那么	nàme	23
354	马上	mǎshàng	23	388	那儿	nàr	4
355	买	mǎi	9	389	奶奶	nǎinai	10
356	慢	màn	28	390	男	nán	15
357	忙	máng	15	391	南方	nánfāng	18
358	毛	máo	9	392	难	nán	28
359	毛病	máobing	19	393	闹钟	nàozhōng	25
360	毛衣	máoyī	14	394	呢	ne	2
361	没（有）	méi（yǒu）	7	395	能	néng	22

396	你	nǐ	1
397	你好	nǐ hǎo	1
398	年	nián	19
399	年纪	niánjì	19
400	鸟	niǎo	25
401	您	nín	1
402	牛奶	niúnǎi	9
403	努力	nǔlì	26
404	女	nǚ	15
405	女生	nǚshēng	24

P

406	爬	pá	16
407	怕	pà	30
408	排队	pái duì	26
409	旁边	pángbiān	5
410	跑	pǎo	25
411	跑步	pǎo bù	25
412	朋友	péngyou	3
413	批准	pīzhǔn	22
414	啤酒	píjiǔ	9
415	便宜	piányi	14
416	票	piào	29
417	漂亮	piàoliang	14
418	平时	píngshí	23
419	瓶	píng	9
420	破	pò	23
421	葡萄酒	pútaojiǔ	24

Q

422	七	qī	6
423	骑	qí	8
424	起床	qǐ chuáng	19
425	谦虚	qiānxū	29
426	前天	qiántiān	22
427	钱	qián	9
428	浅	qiǎn	14
429	巧克力	qiǎokèlì	15
430	亲戚	qīnqi	26
431	晴天	qíngtiān	11
432	请假	qǐng jià	22
433	请假条	qǐngjiàtiáo	22
434	请进	qǐng jìn	17
435	请客	qǐng kè	21
436	请问	qǐngwèn	4
437	秋天	qiūtiān	11
438	球	qiú	24
439	去	qù	5
440	全部	quánbù	29
441	劝酒	quàn jiǔ	21
442	确实	quèshí	28

R

443	然后	ránhòu	13
444	让	ràng	27
445	热	rè	11
446	热闹	rènao	18
447	热情	rèqíng	21
448	人	rén	2
449	认识	rènshi	2
450	日	rì	22
451	日语	Rìyǔ	3
452	容易	róngyì	14
453	如果	rúguǒ	18

S

454	三	sān	9
455	伞	sǎn	22
456	散步	sàn bù	25
457	山	shān	16
458	商店	shāngdiàn	13
459	上	shàng	16
460	上	shang	7
461	上课	shàng kè	6

462	上网	shàng wǎng	16		497	睡懒觉	shuì lǎnjiào	16
463	上午	shàngwǔ	7		498	顺利	shùnlì	17
464	少	shǎo	18		499	说	shuō	15
465	谁	shéi/shuí	3		500	四	sì	9
466	身体	shēntǐ	20		501	死	sǐ	20
467	深	shēn	14		502	送	sòng	15
468	什么	shénme	1		503	速冻	sùdòng	18
469	生词	shēngcí	20		504	宿舍	sùshè	4
470	生活	shēnghuó	19		505	随便	suí biàn	17
471	生气	shēng qì	21		506	岁	suì	19
472	生日	shēngrì	15		507	所以	suǒyǐ	12
473	声调	shēngdiào	29		**T**			
474	十	shí	6		508	他	tā	2
475	时候	shíhou	5		509	它	tā	14
476	时间	shíjiān	7		510	她	tā	1
477	食品	shípǐn	18		511	太极拳	tàijíquán	25
478	食堂	shítáng	24		512	太……了	tài……le	6
479	事	shì	7		513	趟	tàng	27
480	试	shì	17		514	特别	tèbié	15
481	是	shì	1		515	疼	téng	21
482	室	shì	8		516	提	tí	29
483	收拾	shōushi	30		517	题	tí	28
484	收下	shōuxia	17		518	天	tiān	12
485	手机	shǒujī	8		519	天气	tiānqì	11
486	首	shǒu	30		520	甜	tián	15
487	售货员	shòuhuòyuán	9		521	条	tiáo	10
488	书	shū	3		522	跳舞	tiào wǔ	16
489	书店	shūdiàn	12		523	听	tīng	16
490	舒服	shūfu	11		524	听说	tīngshuō	7
491	熟悉	shúxi	30		525	听写	tīngxiě	12
492	束	shù	15		526	挺	tǐng	14
493	树	shù	25		527	同屋	tóngwū	3
494	水	shuǐ	9		528	同学	tóngxué	2
495	睡	shuì	19		529	同意	tóngyì	20
496	睡觉	shuì jiào	16		530	偷懒	tōu lǎn	18

531	头	tóu	21
532	头疼	tóu téng	22
533	图书馆	túshūguǎn	4
534	吐	tù	21

W

535	完	wán	28
536	玩儿	wánr	5
537	玩笑	wánxiào	29
538	晚	wǎn	24
539	晚安	wǎn'ān	25
540	晚饭	wǎnfàn	15
541	晚会	wǎnhuì	29
542	晚上	wǎnshang	7
543	碗	wǎn	24
544	忘	wàng	25
545	卫生间	wèishēngjiān	5
546	为什么	wèi shénme	28
547	味道	wèidao	18
548	喂	wèi	12
549	文学	wénxué	5
550	问	wèn	20
551	问题	wèntí	27
552	我	wǒ	1
553	我们	wǒmen	6
554	无聊	wúliáo	20
555	五十	wǔshí	6

X

556	西边	xībian	5
557	希望	xīwàng	22
558	习惯	xíguàn	19
559	洗	xǐ	16
560	喜欢	xǐhuan	11
561	系	xì	5
562	下	xià	7
563	下	xià	11
564	下	xià	23
565	下课	xià kè	6
566	下午	xiàwǔ	7
567	下载	xiàzài	30
568	夏天	xiàtiān	11
569	先	xiān	13
570	现代	xiàndài	5
571	现在	xiànzài	6
572	馅儿	xiànr	18
573	想	xiǎng	18
574	想念	xiǎngniàn	27
575	小	xiǎo	9
576	小姐	xiǎojiě	9
577	小时	xiǎoshí	23
578	校园	xiàoyuán	8
579	效果	xiàoguǒ	28
580	写	xiě	23
581	谢谢	xièxie	1
582	心意	xīnyì	17
583	新	xīn	14
584	新年	xīnnián	26
585	新鲜	xīnxiān	25
586	星期	xīngqī	28
587	星期三	xīngqīsān	12
588	星期天	xīngqītiān	13
589	行	xíng	17
590	行李	xíngli	30
591	幸福	xìngfú	20
592	姓	xìng	2
593	休息	xiūxi	22
594	需要	xūyào	30
595	学	xué	23
596	学期	xuéqī	23
597	学生	xuésheng	1
598	学习	xuéxí	16

599	学校	xuéxiào	4		633	用	yòng	23
600	雪	xuě	11		634	用功	yònggōng	26
	Y				635	游泳	yóu yǒng	11
601	呀	ya	28		636	有	yǒu	5
602	研究生	yánjiūshēng	5		637	有的	yǒude	21
603	颜色	yánsè	14		638	有点儿	yǒudiǎnr	14
604	药	yào	20		639	有名	yǒumíng	7
605	要	yào	9		640	有些	yǒuxiē	28
606	钥匙	yàoshi	7		641	有意思	yǒu yìsi	18
607	爷爷	yéye	10		642	又	yòu	16
608	也	yě	2		643	右边	yòubian	4
609	也许	yěxǔ	28		644	雨	yǔ	11
610	夜里	yèli	19		645	语法	yǔfǎ	23
611	一	yī	6		646	远	yuǎn	17
612	一般	yìbān	10		647	月	yuè	22
613	一等座	yīděngzuò	29		648	阅读	yuèdú	28
614	一点儿	yìdiǎnr	17			**Z**		
615	一定	yídìng	27		649	杂志	zázhì	3
616	一共	yígòng	9		650	再	zài	9
617	一会儿	yíhuìr	6		651	再	zài	26
618	一起	yìqǐ	13		652	在	zài	4
619	一下儿	yíxiàr	2		653	在	zài	12
620	一直	yìzhí	15		654	咱们	zánmen	13
621	衣服	yīfu	13		655	脏	zāng	14
622	医生	yīshēng	20		656	糟糕	zāogāo	29
623	医院	yīyuàn	20		657	早	zǎo	6
624	已经	yǐjīng	19		658	早饭	zǎofàn	24
625	以后	yǐhòu	15		659	早上	zǎoshang	6
626	意见	yìjiàn	24		660	早睡早起	zǎo shuì zǎo qǐ	19
627	因为	yīnwèi	20		661	怎么	zěnme	8
628	音乐	yīnyuè	3		662	怎么样	zěnmeyàng	11
629	音乐会	yīnyuèhuì	16		663	展览	zhǎnlǎn	24
630	银行	yínháng	13		664	站	zhàn	17
631	应该	yīnggāi	27		665	张	zhāng	29
632	英文	Yīngwén	30		666	着急	zháojí	23

667	找	zhǎo	24	690	主意	zhúyi	15
668	照片	zhàopiàn	10	691	住	zhù	20
669	这	zhè	3	692	祝	zhù	24
670	这个	zhège	29	693	抓紧	zhuājǐn	27
671	这儿	zhèr	4	694	专业	zhuānyè	5
672	这些	zhèxiē	9	695	准备	zhǔnbèi	15
673	这样	zhèyàng	10	696	桌子	zhuōzi	7
674	真	zhēn	17	697	自己	zìjǐ	12
675	整天	zhěng tiān	30	698	自行车	zìxíngchē	7
676	整整	zhěngzhěng	26	699	走	zǒu	8
677	正	zhèng	13	700	足球	zúqiú	22
678	知道	zhīdào	4	701	最	zuì	11
679	只	zhǐ	10	702	最好	zuìhǎo	22
680	只好	zhǐhǎo	26	703	醉	zuì	21
681	质量	zhìliàng	13	704	昨天	zuótiān	14
682	中文	Zhōngwén	5	705	左边	zuǒbian	4
683	中午	zhōngwǔ	12	706	作文	zuòwén	23
684	中心	zhōngxīn	13	707	作业	zuòyè	12
685	终于	zhōngyú	29	708	坐	zuò	17
686	钟头	zhōngtóu	23	709	做	zuò	12
687	种	zhǒng	18	710	做客	zuò kè	17
688	重要	zhòngyào	18	711	做梦	zuò mèng	20
689	周末	zhōumò	8				

专有名词　　Proper Nouns

1	北京	Běijīng	11		13	麦当劳	Màidāngláo	20
2	北京大学	Běijīng Dàxué	5		14	美国	Měiguó	2
3	春节	Chūnjié	27		15	欧美	Ōu-Měi	28
4	大卫	Dàwèi	1		16	清华大学	Qīnghuá Dàxué	5
5	东北	Dōngběi	26		17	日本	Rìběn	3
6	哈尔滨	Hā'ěrbīn	27		18	圣诞节	Shèngdàn Jié	26
7	汉日词典	Hàn-Rì Cídiǎn	3		19	王	Wáng	1
8	加拿大	Jiānádà	2		20	小美	Xiǎoměi	24
9	李军	Lǐ Jūn	1		21	张大朋	Zhāng Dàpéng	27
10	刘	Liú	2		22	张红	Zhāng Hóng	5
11	刘明	Liú Míng	2		23	中村	Zhōngcūn	3
12	玛丽	Mǎlì	2		24	中国	Zhōngguó	2

语言点索引　Index of Language Points

A

"A 不 A" 和 "V 不 V"	13

B

吧（1）	7
吧（2）	8
不 A 不 B	11

C

从……到……	12

D

带 "得" 的状态补语	28
"的" 字词组	14
得（děi）	18
地点状语	16
定语（1）	3
定语（2）	14
动词重叠	16
动量词	27

E

"二" 和 "两"	9

F

反问句（1）	18
反问句（2）	24
方位名词（1）	4
方位名词（2）	7

H

还	19
好像	21
号码表达法	8
还/再……就……了	28
会（1）	17
会（2）	29

J

极了	27
"几" 和 "多少"（1）	8
"几" 和 "多少"（2）	9
结果补语（1）	29
"就" 的小结	23
"就" 和 "才"	19
就是	17

K

可能	26
快/要/快要……了	26

L

连动句	13
量词	9
了（1）：V（+NP）+ 了	19
了（2）：V + 了 + 数量词 + NP	21
了（3）：不 + VP + 了	22

了（4）：V + 了 + 时间词（+ NP）	23
了（5）：adj. + 了	23
了（6）：V₁ + 了 + NP + V₂（+ NP）	24
了（7）：该 + VP + 了	25
了（8）：别 + VP + 了	25
了（9）：没 + NP + 了	25
列举	18

M

每……都……	12
们	2

N

哪儿	4
呢（1）	2
呢（2）	8
能	22
年龄表达法	19

Q

祈使句	24
钱数表达法	9

R

日期表达法	22
如果……（的话），就……	18

S

S + 在 + VP（呢）	12
时间名词做状语	7
时间状语、地点状语的语序	24
（是）A 还是 B	17
"是"字句	1
数字表达法	6

T

太……了	16
特殊疑问句	3
挺 + adj.	14

X

先……，然后……	13
想 / 要	27
星期的表达法	12
形容词谓语	11
序数表达法	7

Y

也	2
用"吗"的疑问句	1
有（一）点儿	14
"有"字句	7
又	21

Z

再	26
在 / 是	4
"咱们"和"我们"	13
怎么样	11
这 / 那	3
只好	26
钟点表达法	6
助动词小结	25
最好	22

普通高等教育"十一五"国家级规划教材　　国际中文教育精品教材"1+2"工程　　博雅国际汉语精品教材

博雅汉语·初级起步篇 Ⅰ

Boya Chinese
Elementary

Third Edition ｜ 第三版
workbook 练习册

李晓琪　主编
任雪梅　徐晶凝　编著

北京大学出版社
PEKING UNIVERSITY PRESS

目录 CONTENTS

1	你好	1
2	你是哪国人	5
3	那是你的书吗	9
4	图书馆在哪儿	13
5	我是北京大学的留学生	18
6	现在几点	23
7	明天你有课吗	28
8	你的电话号码是多少	33
9	多少钱一瓶	38
10	你家有几口人	43
	1—10课测试题	48
11	北京的冬天比较冷	53
12	你在干什么	59
13	我去图书馆还书	64
14	我喜欢浅颜色的	68
15	明天是我朋友的生日	73
16	周末你干什么	78
17	做客（一）	83
18	做客（二）	88
19	现在习惯了	92
20	看病人	95

	11—20课测试题	100
21	我喝了半斤白酒	105
22	他感冒了	109
23	你学了多长时间汉语	113
24	你吃了早饭来找我	117
25	你该多锻炼锻炼了	121
26	快考试了	126
27	爸爸妈妈让我回家	130
28	考得怎么样	134
29	我们已经买好票了	139
30	我要参加联欢会	143
	21—30课测试题	147
参考答案		151
汉字索引		168

Nǐ hǎo
你好

一 写出下列词语的拼音 Write *pinyin* for the following words

我_____   老师_____   你好_____

你_____   名字_____   不客气_____

她_____   什么_____   留学生_____

您_____   谢谢_____   我叫大卫_____

二 选词填空 Choose the appropriate word to fill in the blank

学生　老师　名字　谢谢

玛丽：你叫什么_____？

李军：我叫李军。

玛丽：你是_____吗？

李军：我不是老师，我是_____。他是老师。

玛丽：_____。

李军：不客气。

三 把下列句子改成否定句和疑问句 Change the following sentences into the negative and interrogative forms

例：你是学生。　→　你不是学生。　→　你是学生吗？

1. 她是老师。　→　_____　→　_____

2. 他是李军。　→　_____　→　_____

3. 他叫大卫。　→　_____　→　_____

4. 你是留学生。→　_____　→　_____

四 用所给的词语写一段话 Write a short passage with the given words

叫　学生　老师

五 汉字练习 Chinese character exercises

1. 拆分汉字（左右结构）　Chinese character structure analysis（Left-right Structure）

例：你 nǐ　→ 亻 + 尔

（1）好 hǎo　→

（2）吗 ma　→

（3）她 tā　→

（4）什 shén →

（5）叫 jiào　→

2. 汉字书写练习　Write the following characters

| nǐ | ノ 亻 亻 你 你 你 你 |
| 你 | 你 你 你 你 |

| hǎo | く 夕 女 女 好 好 |
| 好 | 好 好 好 好 |

shì	丶 口 日 日 旦 早 早 是 是	是 是 是 是 是
lǎo	一 十 土 耂 耂 老	老 老 老 老 老
shī	丨 丿 广 厂 师 师	师 师 师 师 师
ma	丨 冂 口 叩 吗 吗	吗 吗 吗 吗 吗
bù	一 丆 丌 不	不 不 不 不 不
wǒ	丿 一 于 手 我 我 我	我 我 我 我 我
xué	丶 丶 ⺌ ⺍ 学 学 学 学	学 学 学 学 学
shēng	丿 𠂉 牛 生 生	生 生 生 生 生
tā	乚 𡿨 女 如 如 她	她 她 她 她 她
xiè	丶 亠 讠 讠 讠 讠 讠 讠 谢 谢	谢 谢 谢 谢 谢

pinyin	stroke order	character practice
kè	丶丶宀宀宀灾灾客客	客 客 客 客 客
qì	丿一匕气	气 气 气 气 气
nín	丿亻亻仁伫你你您您您	您 您 您 您 您
liú	丿𠂉𠂉卯卯刕留留留	留 留 留 留 留
jiào	丨㇆口叫叫	叫 叫 叫 叫 叫
shén	丿亻仁什	什 什 什 什 什
me	丿厶么	么 么 么 么 么
míng	丿勹夕夕名名	名 名 名 名 名
zì	丶丶宀宀宁字	字 字 字 字 字

Nǐ shì nǎ guó rén
你是哪国人

一 写出下列词语的拼音　　Write *pinyin* for the following words

哪_____　　同学_____　　一下儿_____

国_____　　介绍_____　　加拿大_____

人_____　　高兴_____　　老师好_____

姓_____　　认识_____　　中国人_____

二 选词填空　　Choose the appropriate word to fill in the blank

哪国　同学　高兴　认识　介绍　美国

李军：我来_____一下儿，他叫大卫，她叫张红。

大卫：你好！_____你很高兴。

张红：我也很_____。你是_____人？

大卫：我是_____人。

张红：你是老师吗？

大卫：不是，我是学生，我是玛丽的_____。

三 用"也""呢"改写句子　　Rewrite the following sentences with 也 and 呢

例：我是学生。　→　我是学生，你呢？　　→ 我也是学生。

1. 他是老师。　→ _____　→ _____

2. 我是美国人。→ _____　→ _____

3. 我不是留学生。→ _____　→ _____

4. 玛丽很高兴。→ _____　→ _____

5. 李军很好。　→ _____　→ _____

四 用所给的词语写一段话　Write a short passage with the given words

介绍　姓　叫　×国人　认识　很高兴

五 汉字练习　Chinese character exercises

1. 拆分汉字（上下结构）　Chinese character structure analysis（Top-bottom Structure）

例：您 nín → 你 + 心

（1）客 kè →　　　　　　　　（2）学 xué →

（3）字 zì →　　　　　　　　（4）李 lǐ →

（5）军 jūn →

2. 汉字书写练习　Write the following characters

tóng	丨 冂 冋 同 同 同											
同	同	同	同	同								

men	ノ 亻 亻 们 们
们	们 们 们 们

lái	一 丆 冂 卉 쓰 来 来
来	来 来 来 来

jiè	ノ 入 介 介
介	介 介 介 介

shào	ㄴ 纟 纟 纟 纫 纫 绍 绍
绍	绍 绍 绍 绍

yī	一
一	一 一 一 一

xià	一 丁 下
下	下 下 下 下

ér	ノ 儿
儿	儿 儿 儿 儿

xìng	ㄑ 女 女 女 妒 妒 姓 姓
姓	姓 姓 姓 姓

de	ノ 亻 白 白 白 的 的
的	的 的 的 的

nǎ	丨 冂 口 叮 吗 吗 哪 哪 哪
哪	哪 哪 哪 哪

guó	丨 冂 冂 冃 囯 国 国 国	国	国	国	国
rén	ノ 人	人	人	人	人
tā	ノ 亻 彳 他 他	他	他	他	他
rèn	丶 讠 认 认	认	认	认	认
shí	丶 讠 讥 识 识 识 识	识	识	识	识
hěn	ノ ク 彳 彳 犭 很 很 很	很	很	很	很
gāo	丶 亠 亠 古 官 高 高 高 高	高	高	高	高
xìng	丶 丷 兴 兴 兴	兴	兴	兴	兴
yě	乛 ㇆ 也	也	也	也	也
ne	丨 冂 口 叮 叩 呢 呢 呢	呢	呢	呢	呢

3

Nà shì nǐ de shū ma
那是你的书吗

一 写出下列词语的拼音 Write *pinyin* for the following words

那_____ 汉语_____ 汉日词典_____

谁_____ 日语_____ 音乐杂志_____

书_____ 课本_____ 中国同屋_____

这_____ 朋友_____ 日本留学生_____

二 选词填空 Choose the appropriate word to fill in the blank

汉语　课本　词典　同屋

玛丽：这是什么词典？

中村：这是汉语_____。

玛丽：那也是_____词典吗？

中村：不是，那是日语_____。

玛丽：那是谁的日语课本？

中村：是我_____的课本。

杂志　音乐　朋友

大卫：这是什么_____？

李军：这是_____杂志。

大卫：是你的杂志吗？

李军：不是，是我_____的杂志。

三 用"什么""谁"改写句子 Rewrite the following sentences with 什么 and 谁

例：日语课本

　　A：这是什么课本？　　A：这是谁的课本？

　　B：日语课本。　　　　B：是我朋友的课本。

1. 汉语书

    A: _____   A: _____

    B: _____   B: _____

2. 音乐杂志

    A: _____   A: _____

    B: _____   B: _____

3. 汉语老师

    A: _____   A: _____

    B: _____   B: _____

四 用所给的词语写一段话 Write a short passage with the given words

这　汉语　课本　谁　词典　朋友　同屋

五 汉字练习 Chinese character exercises

1. 拆分汉字（左中右）

   Chinese character structure analysis（Left-middle-right Structure）

   例：哪 nǎ　→ 口 + 月 + 阝

   （1）谢 xiè　→　　　　　　　　（2）谁 shéi →

（3）娜 nà → (4) 棚 péng →

（5）做 zuò →

2. 汉字书写练习　Write the following characters

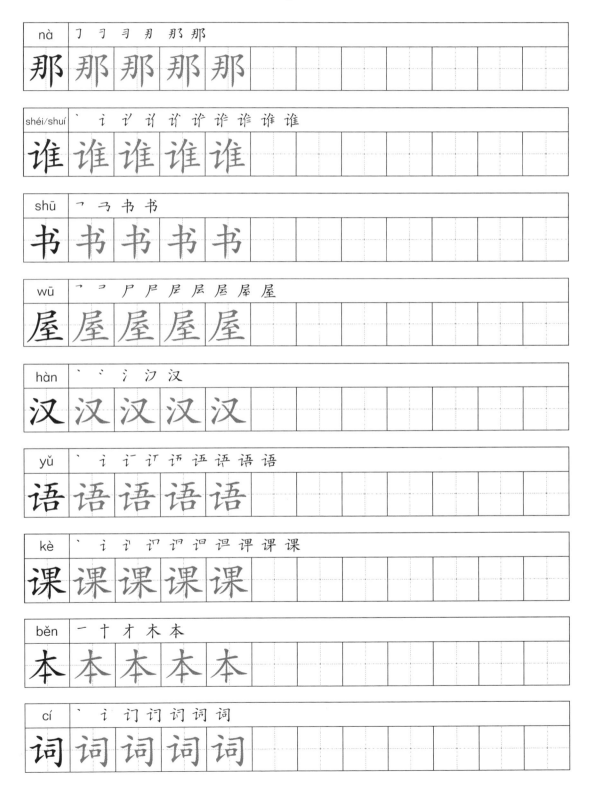

diǎn	丶 丨 冂 冃 由 曲 典 典	典 典 典 典 典
jiù	丶 亠 十 古 亨 京 京 京 尤 就 就	就 就 就 就 就
rì	丨 冂 冃 日	日 日 日 日 日
zhè	丶 亠 亇 文 辽 这	这 这 这 这 这
zá	丿 九 杂 杂 杂 杂	杂 杂 杂 杂 杂
zhì	一 十 士 志 志 志	志 志 志 志 志
yīn	丶 亠 亇 立 产 音 音 音	音 音 音 音 音
yuè	丿 匚 乐 乐 乐	乐 乐 乐 乐 乐
péng	丿 几 月 月 朋 朋 朋 朋	朋 朋 朋 朋 朋
yǒu	一 ナ 友 友	友 友 友 友 友

Túshūguǎn zài nǎr
图书馆在哪儿

一 写出下列词语的拼音 Write *pinyin* for the following words

在_____ 知道_____ 图书馆_____ 办公楼_____

楼_____ 教学_____ 对不起_____ 不知道_____

左_____ 宿舍_____ 没关系_____ 请问_____

右_____ 学校_____ 不用谢_____ 哪儿_____

二 选词填空 Choose the appropriate word to fill in the blank

图书馆　　哪儿　　请问　　不用谢　　办公楼

大卫：_____，教学楼在_____？

学生：在那儿，左边的楼就是。

大卫：是红色（hóngsè, red）的楼吗？

学生：不是，红色的是_____，白色（báisè, white）的是教学楼，教学楼的右边是_____。

大卫：谢谢。

学生：_____。

宿舍　　请问　　知道　　对不起　　没关系

玛丽：_____，留学生_____在哪儿？

学生：_____，我不_____。

玛丽：_____。

三 用"哪儿"和所给方位词改写句子　Rewrite the following sentences with 哪儿 and the given words

例：　图书馆｜教学楼　右边

　　　A：图书馆在哪儿？　　B：图书馆在教学楼的右边。

1. 留学生宿舍｜中国学生宿舍　西边

　　A: _____　　B: _____

2. 大卫｜玛丽　左边

　　A: _____　　B: _____

3. 日本｜中国　东边

　　A: _____　　B: _____

4. 汉语课本｜音乐杂志　下边（xiàbian, under）

　　A: _____　　B: _____

四 用所给的词语写一段话　Write a short passage with the given words

　　　学校　左边　右边　教学楼　在　是　图书馆　办公楼

4 图书馆在哪儿

五 汉字练习 Chinese character exercises

1. 拆分汉字（全包围） Chinese character structure analysis （All-round Enclosure）

例：国 guó → 囗+玉

（1）回 huí →　　　　　　　　　　（2）图 tú →

（3）园 yuán →　　　　　　　　　　（4）困 kùn →

2. 汉字书写练习 Write the following characters

qǐng	丶 亠 讠 讠 计 请 请 请 请 请
请	请 请 请 请

wèn	丶 亅 冂 问 问 问
问	问 问 问 问

tú	丨 冂 冂 冈 冈 图 图 图
图	图 图 图 图

guǎn	丿 𠂉 饣 饣 饣 饣 竹 馆 馆 馆
馆	馆 馆 馆 馆

zài	一 ナ 才 才 在 在
在	在 在 在 在

duì	又 又 对 对
对	对 对 对 对

qǐ	一 十 土 キ キ 丰 走 走 起
起	起 起 起 起

gè	丿 人 个
个	个 个 个 个

Elementary / Workbook 15

xiào	一 十 オ 木 木 杧 栌 栌 校 校	校 校 校 校 校
zhī	ノ ト 느 チ 矢 知 知 知	知 知 知 知 知
dào	丶 丶 ソ ソ 产 首 首 首 首 道 道 道	道 道 道 道 道
méi	丶 丶 氵 冫 汐 汐 没	没 没 没 没 没
guān	丶 丶 ソ 丷 关 关	关 关 关 关 关
xì	一 亠 至 玄 系 系 系	系 系 系 系 系
jiào	一 十 土 耂 耂 孝 孝 孝 教 教	教 教 教 教 教
lóu	一 十 オ 木 木 木 村 村 桙 梼 梼 楼 楼	楼 楼 楼 楼 楼
sù	丶 丶 宀 宀 宀 宀 宿 宿 宿 宿	宿 宿 宿 宿 宿
shè	ノ 八 人 人 今 全 舍 舍	舍 舍 舍 舍 舍

图书馆在哪儿 4

běi	丨 ㄧ ㅓ 才 北
北	北 北 北 北

biān	㇇ 力 カ 边 边
边	边 边 边 边

zuǒ	一 ナ 左 左 左
左	左 左 左 左

yòu	一 ナ 才 右 右
右	右 右 右 右

yòng	丿 几 月 月 用
用	用 用 用 用

bàn	㇇ 力 办 办
办	办 办 办 办

gōng	丿 八 公 公
公	公 公 公 公

5 Wǒ shì Běijīng Dàxué de liúxuéshēng
我是北京大学的留学生

一 写出下列词语的拼音　Write *pinyin* for the following words

有_____　　教室_____　　中文系_____

去_____　　专业_____　　研究生_____

对_____　　时候_____　　卫生间_____

玩儿_____　欢迎_____　　国际关系_____

二 选词填空　Choose the appropriate word to fill in the blank

专业　研究生　国际　有空儿　欢迎　名字　中文

李军：你叫什么_____？

张红：我叫张红，你呢？

李军：我叫李军。你的_____是什么？

张红：我的专业是现代文学，我是_____系的_____。你呢？

李军：我的专业是_____关系。_____的时候_____你来玩儿。

张红：谢谢。

三 把词语放在句中合适的位置　Place the given word where it belongs to the sentence

1. A 我 B 是 C 美国留学生，D 我是加拿大留学生。（不）

2. A 那 B 是 C 的 D 汉语书？（谁）

3. 刘明 A 是 B 中国人，C 李军 D 是中国人。（也）

4. 张红 A 是 B 清华大学 C 中文系 D 研究生。（的）

5. A 北京大学的 B 图书馆 C 宿舍楼的 D 东边。（在）

四 用指定的词语完成句子　Complete the following sentences with the given words

1. 这不是我的书，_____？（吗）

2. 我的专业是国际关系，_____？（什么）

3. 这儿不是图书馆，_____？（哪儿）

4. 这是宿舍楼，_____。（旁边）

5. 那不是我的词典，_____？（谁）

五 模仿写一段话 Write a short passage in accordance with that of the example

　　我姓中村，叫中村优美(Yōuměi, *a Japanese name*)。我是日本人，现在(xiànzài, now)是北京大学中文系的研究生。我的专业是中国文学。她叫玛丽，是加拿大人。她是我的同屋，也是我的朋友。这是我们的学校。这是教学楼，这是图书馆。我们的宿舍楼在图书馆的西边。

六 汉字练习 Chinese character exercises

1. 根据偏旁组字　Write characters with the given radicals

例：讠 → 课

（1）女 → _____　　　　　　（2）讠 → _____

（3）亻→ _____ 　　（4）口→ _____

2. 汉字书写练习　Write the following characters

| zhuān | 一 二 专 专 |
| 专 | 专 专 专 专 |

| yè | 丨 刂 业 业 业 |
| 业 | 业 业 业 业 |

| jì | 了 阝 阝 阡 阡 际 |
| 际 | 际 际 际 际 |

| zhōng | 丶 口 口 中 |
| 中 | 中 中 中 中 |

| wén | 丶 一 ナ 文 |
| 文 | 文 文 文 文 |

| yán | 一 丁 ズ 石 石 矿 矴 研 |
| 研 | 研 研 研 研 |

| jiū | 丶 丷 宀 穴 穴 究 |
| 究 | 究 究 究 究 |

| xiàn | 一 二 干 王 玑 玑 玡 现 |
| 现 | 现 现 现 现 |

| dài | 丿 亻 仁 代 代 |
| 代 | 代 代 代 代 |

dōng	一 广 东 东 东	东 东 东 东
yǒu	一 ナ オ 有 有 有	有 有 有 有
kòng	丶 丷 宀 宀 空 空 空 空	空 空 空 空
shí	丨 冂 日 日 旷 时 时	时 时 时 时
hòu	丿 亻 亻 伫 伫 伫 侯 侯 候	候 候 候 候
huān	丁 又 又 功 欢	欢 欢 欢 欢
yíng	丿 匚 卬 卬 卬 迎 迎	迎 迎 迎 迎
qù	一 十 土 去 去	去 去 去 去
wán	一 二 千 王 王 玎 玎 玩	玩 玩 玩 玩
wèi	刁 卫 卫	卫 卫 卫 卫

jiān	丶 冂 门 门 问 问 间
间 间 间 间 间	

shì	丶 丶 宀 宀 宀 宝 宝 室 室
室 室 室 室 室	

páng	丶 丷 宀 宀 宀 宀 亩 旁 旁 旁
旁 旁 旁 旁 旁	

xī	一 丆 丏 西 西 西
西 西 西 西 西	

Xiànzài jǐ diǎn
现在几点

一 写出下列词语的拼音 Write *pinyin* for the following words

几_____ 现在_____ 差一刻_____ 七点_____

点_____ 讲座_____ 太早了_____ 早上_____

半_____ 上课_____ 一会儿_____ 下课_____

见_____ 开始_____ 大部分_____

二 选词填空 Choose the appropriate word to fill in the blank

> 现在   开始   讲座   一会儿

张红：_____几点？

李军：六点半。

张红：_____几点开始？

李军：讲座七点_____。

张红：_____见。

> 部分   上课   下课

大卫：明天你几点_____？

李军：八点。

大卫：几点_____？

李军：中午十二点下课。

大卫：中国的大学都是八点上课吗？

李军：大_____都是。

三 用汉语的数字写出下面的时间　Write the following time with Chinese characters

例：3：00 pm　→　下午三点

（1）8：15 am　→　_____

（2）9：55 pm　→　_____

（3）10：45 am　→　_____

（4）5：30 pm　→　_____

（5）6：10 am　→　_____

四 用所给的词语写一段话　Write a short passage with the given words

6：10 起床 （qǐ chuáng, to get up）	7：30 吃早饭 （chī zǎofàn, to have breakfast）	8：00 上课	12：00 下课	18：00 听讲座	21：00 写作业	23：00 睡觉

五 汉字练习　Chinese character exercises

1. 拆分汉字（半包围）　Chinese character structure analysis (Partial Enclosure)

例：这 zhè → 辶 + 文

（1）边 biān →

（2）道 dào →

（3）迎 yíng →

（4）过 guò →

（5）起 qǐ →

2. 汉字书写练习　Write the following characters

dà	一 ナ 大
大	大 大 大 大

zǎo	丨 口 日 曰 旦 早
早	早 早 早 早

jǐ	丿 几
几	几 几 几 几

diǎn	丨 卜 占 占 占 点 点 点 点
点	点 点 点 点

shàng	丨 卜 上
上	上 上 上 上

bù	丶 一 亠 立 产 音 音 部 部
部	部 部 部 部

fēn	丿 八 分 分
分	分 分 分 分

pinyin	stroke order	character practice
shǐ	乡 夕 女 女 如 如 始 始	始 始 始 始 始
qī	一 七	七 七 七 七 七
chà	丶 丶 业 兰 兰 羊 差 差 差	差 差 差 差 差
kè	丶 一 亠 亥 亥 亥 刻 刻	刻 刻 刻 刻 刻
liù	丶 一 六 六	六 六 六 六 六
huì	丿 人 스 会 会 会	会 会 会 会 会
jiàn	丨 冂 见 见	见 见 见 见 见

7 Míngtiān nǐ yǒu kè ma
明天你有课吗

一 写出下列词语的拼音　Write *pinyin* for the following words

事_____　　后边_____　　第一_____　　自行车_____

里_____　　可是_____　　车棚_____　　没问题_____

时间_____　　当然_____　　钥匙_____　　电影院_____

听说_____　　有名_____　　今天晚上_____

二 用适当的时间词填表　Fill in the table with the appropriate time words

4月30日 4：30 pm	5月1日 6：00 am	5月2日 8：30 pm	5月3日 9：45 pm
昨天下午四点半		明天上午八点半	
	五月一日早上六点		五月三日晚上九点三刻

昨天（zuótiān，yesterday）　　　　后天（hòutiān，the day after tomorrow）

三 选词填空　Choose the appropriate word to fill in the blank

　　　没有　　可是　　听说　　有名　　当然　　没关系

玛丽：今天晚上你有事儿吗？

中村：_____。

玛丽：_____学校的电影院有好电影，你去吗？

中村：是什么电影？

玛丽：不知道，大卫说是很_____的电影。

中村：我_____想去，_____明天上午考试（kǎo shì, to test）。对不起呀！

玛丽：_____。

四 把下列句子改成否定句和疑问句

Change the following sentences into the negative and interrogative forms

例：你有汉语课本。 → 你没有汉语课本。 → 你有汉语课本吗？

1. 中村有《汉日词典》。 → _____ → _____
2. 大卫有中国朋友。 → _____ → _____
3. 我有自行车。 → _____ → _____
4. 他有音乐杂志。 → _____ → _____
5. 老师晚上有讲座。 → _____ → _____

五 用所给的词语写一段话　Write a short passage with the given words

上午　有　课　下午　自行车　晚上　电影　有名　讲座　可是　当然

六 汉字练习　Chinese character exercises

1. 拆分汉字（左右结构）　Chinese character structure analysis（Left-right Structure）

例：课 kè　→　讠+果

（1）那 nà　→　　　　　　　　（2）部 bù　→

（3）院 yuàn　→　　　　　　　（4）际 jì　→

（5）都 dōu　→

2. 汉字书写练习　Write the following characters

míng	丨 冂 日 日 明 明 明 明
明	明 明 明 明

tiān	一 二 于 天
天	天 天 天 天

wǔ	丿 广 与 午
午	午 午 午 午

zì	丿 亻 冂 白 自 自
自	自 自 自 自

xíng	丿 ㄔ 彳 行 行 行
行	行 行 行 行

chē	一 𠂇 丆 车
车	车 车 车 车

ba	丨 𠃌 口 叭 吧 吧 吧
吧	吧 吧 吧 吧

pinyin	stroke order	character practice

shì 一 ㄱ ㄱ 亘 亘 写 事
事 事 事 事 事

kě 一 ㄱ 丆 可 可
可 可 可 可 可

tí 丶 ㄇ 日 日 旦 旱 早 是 是 是 是 题 题 题
题 题 题 题 题

yào ノ 丿 匕 钅 钅 钔 钥 钥 钥
钥 钥 钥 钥 钥

shi 丨 冂 日 日 旦 早 早 是 是 匙
匙 匙 匙 匙 匙

zhuō 丨 卜 上 卢 卢 卓 卓 桌 桌
桌 桌 桌 桌 桌

péng 一 十 扌 木 杧 朷 枅 棚 棚 棚
棚 棚 棚 棚

lǐ 丨 冂 日 日 甲 甲 里
里 里 里 里 里

hòu 厂 厂 厂 斤 后 后
后 后 后 后 后

dì ノ 丿 ヶ 竹 竹 竹 竺 笃 第 第
第 第 第 第 第

pinyin	stroke order	character practice
jīn	ノ 人 ᅀ 今	今 今 今 今 今
wǎn	丨 冂 月 日 日' 日ᄼ 旷 晚 晚 晚	晚 晚 晚 晚 晚
diàn	丶 冂 曰 日 电	电 电 电 电 电
yǐng	丶 冂 曰 日 旦 早 昌 景 景 景 景 影 影	影 影 影 影 影
yuàn	阝 阝 阝' 阝ᅮ 阝宀 院 院 院	院 院 院 院 院
tīng	丶 冂 口 听' 听 听	听 听 听 听 听
shuō	丶 讠 讠' 讠ᅮ 说 说 说 说	说 说 说 说 说
dāng	丨 丶 ᅭ 尚 当 当	当 当 当 当 当
rán	ノ 夕 夕 夕' 夕ᅮ 然 然 然 然 然	然 然 然 然 然

Nǐ de diànhuà hàomǎ shì duōshao
你的电话号码是多少

一 写出下列词语的拼音 Write *pinyin* for the following words

路_____ 周末_____ 电话号码_____ 有事儿_____

都_____ 房间_____ 公共汽车_____ 打电话_____

骑_____ 校园_____ 怎么走_____ 我等你_____

快_____ 手机_____ 十五分钟_____

二 用合适的词语填空 Fill in the blanks with appropriate words

骑_____ 等_____ 去_____ 欢迎_____ 知道_____

走_____ 到_____ 介绍_____ 认识_____

三 选词填空 Choose the appropriate word to fill in the blank

> 多少　怎么　什么　哪儿　吗　吧

李军：这个周末你有空儿_____？

张红：有。_____事儿？

李军：你到我们宿舍来玩儿_____。

张红：你们宿舍在_____？

李军：在校园的南边。南6号楼201室。

张红：去你们宿舍_____走？

李军：在南门旁边。你的手机号码是_____？有事儿打电话吧。

张红：好的。

四 用指定的词语改写句子 Rewrite the following sentences with the given words

例：我是学生，他是学生。（也）

　　我是学生，他也是学生。

1. 他的手机号码是13817941025。（多少）

   _____

2. 大卫明天有课，玛丽明天也有课。（都）

   _____

3. 我们学校早上八点上课。（几）

   _____

4. 你骑车来我们学校吧。（怎么）

   _____

5. 晚上有空儿，我们去看电影。（吧）

   _____

五 模仿写一段话　Write a short passage in accordance with that of the example

我的中国朋友张红是中华大学的研究生，她的宿舍楼在校园的东南边，房间号码是东5号楼502室。她的手机号码是18563867529。我没有中国的手机，可是我的朋友有，号码是13645780132。这个周末我去张红的学校玩儿。

六 汉字练习　Chinese character exercises

1. 拆分汉字　Chinese character structure analysis

例：都 dōu　→　者 + 阝

（1）校 xiào　→

（2）楼 lóu　→

（3）机 jī　→

（4）棚 péng　→

（5）李 lǐ　→

2. 汉字书写练习　Write the following characters

zhōu	ノ 丿 刀 冂 円 月 周 周
周	周 周 周 周

mò	一 二 丰 才 末
末	末 末 末 末

a	丶 亠 口 叮 啊 啊 啊 啊 啊
啊	啊 啊 啊 啊

guò	一 寸 寸 过 过
过	过 过 过 过

zěn	ノ 乍 乍 乍 乍 怎 怎 怎
怎	怎 怎 怎 怎

zǒu	一 十 土 キ 卡 走 走
走	走 走 走 走

lù	丶 口 口 卩 足 足 趵 趵 路 路 路
路	路 路 路 路

pinyin	stroke order	character practice
hé	ノ 二 千 禾 禾 和 和 和	和 和 和 和 和
gòng	一 十 廾 卄 共 共	共 共 共 共 共
qì	丶 丶 氵 氵 汽 汽 汽	汽 汽 汽 汽 汽
dōu	一 十 土 耂 耂 者 者 者 都 都	都 都 都 都 都
dào	一 エ 云 至 至 到 到	到 到 到 到 到
qí	了 马 马 马 驴 驴 驴 骑 骑 骑 骑	骑 骑 骑 骑 骑
kuài	丶 丶 忄 忄 忄 快 快	快 快 快 快 快
zhōng	ノ 丿 仁 仨 全 钅 钅 钟 钟	钟 钟 钟 钟 钟
yuán	丨 冂 冂 囗 园 园 园	园 园 园 园 园
nán	一 十 十 冂 冉 南 南 南 南	南 南 南 南 南

pinyin	stroke order	character practice
fáng	丶 ㇉ 彐 户 户 户 房 房	房 房 房 房 房
duō	ノ ク タ タ 多 多	多 多 多 多 多
shǎo	丨 丿 小 少	少 少 少 少 少
shǒu	ノ 二 三 手	手 手 手 手 手
jī	一 十 才 木 朾 机	机 机 机 机 机
hào	丨 ㇕ 口 㝬 号	号 号 号 号 号
mǎ	一 ノ 丆 石 石 矴 码 码	码 码 码 码 码
dǎ	一 十 扌 打 打	打 打 打 打 打
huà	丶 ㇇ 讠 订 沪 话 话 话	话 话 话 话 话
děng	ノ ㇀ ⺮ ⺮ 竹 竺 笁 等 等 等	等 等 等 等 等

Duōshao qián yì píng
多少钱一瓶

一 写出下列词语的拼音 Write *pinyin* for the following words

钱_____   啤酒_____   多少钱_____   七块五_____

买_____   这些_____   一瓶水_____   四毛钱_____

看_____   零钱_____   小词典_____   一盒牛奶_____

要_____   一共_____   两块三_____   一个面包_____

二 选词填空 Choose the appropriate word to fill in the blank

> 买　要　再　给　本　一共　零钱

售货员：你_____什么？

玛　丽：我_____两_____课本，_____买一本小词典。

售货员：_____是八十二块。

玛　丽：_____你钱。对不起，我没有_____。

售货员：没关系。

三 请写出下列钱数 Write the following money with Chinese characters

例：12.35 元　→ 十二块三毛五

1. 64.53 元　_____

2. 87.91 元　_____

3. 74.38 元　_____

4. 2.98 元　_____

四 用合适的量词填空，并改成问句

Fill in the blanks with the appropriate measure words and change them into questions

例：我买三_____啤酒。　→　我买三<u>瓶</u>啤酒。→ 你买几瓶啤酒？

1. 她要三 _____ 牛奶。　　　　→　　　　　　　→

2. 中村有十五 _____ 杂志。　　　→　　　　　　　→

3. 玛丽有一 _____ 自行车。　　　→　　　　　　　→

4. 21 _____ 公共汽车到我们学校。　→　　　　　　　→

5. 他给我 89 _____ 钱。　　　　 →　　　　　　　→

五 模仿写一段话　Write a short passage in accordance with that of the example

　　北京大学的书店（shūdiàn, bookstore）有很多书，有汉语书、日语书，有《汉英词典》《汉日词典》，还有中国音乐杂志。汉语课本一本六十块，《汉英词典》一本八十块，杂志一本十五块。玛丽要买两本课本、一本词典和两本杂志，一共要多少钱？

六 汉字练习 Chinese character exercises

1. 拆分汉字 Chinese character structure analysis

例：法 fǎ → 氵+ 去

（1）酒 jiǔ →　　　　　　　　　（2）汉 hàn →

（3）汽 qì →　　　　　　　　　（4）没 méi →

（5）泳 yǒng →

2. 汉字书写练习 Write the following characters

多少钱一瓶 9

qián	钱	钱 钱 钱 钱 钱 钱 钱 钱
sān	三	一 二 三
kuài	块	一 十 土 圠 坍 块
liǎng	两	一 丆 丙 丙 两 两
zài	再	一 丆 丙 丙 再
shuǐ	水	亅 刂 氵 水
hé	盒	丿 人 人 今 合 合 合 含 盒 盒 盒
niú	牛	丿 匕 二 牛
nǎi	奶	乙 女 女 奶 奶
miàn	面	一 丆 丆 丙 西 面 面 面

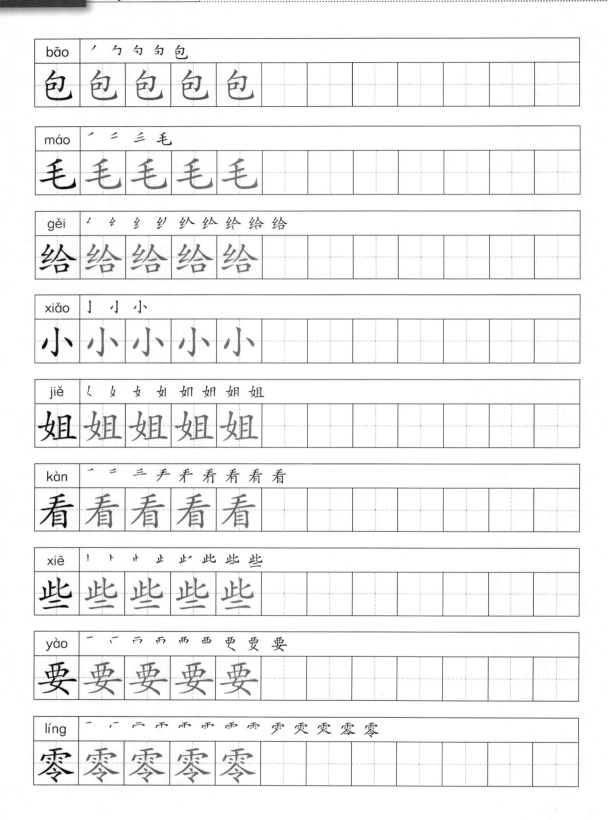

Nǐ jiā yǒu jǐ kǒu rén
你家有几口人

一 写出下列词语的拼音 Write *pinyin* for the following words

家庭_____ 照片_____ 一般_____ 孩子_____

爷爷_____ 奶奶_____ 爸爸_____ 妈妈_____

哥哥_____ 姐姐_____ 弟弟_____ 妹妹_____

三口人_____ 一条狗_____

二 选词填空 Choose the appropriate word to fill in the blank

> 家庭　奶奶　妈妈　孩子　照片　一般　口　还　一共

以前，很多中国家庭_____只有一个孩子，大家庭很少。现在很多家庭有两三个孩子。这是一张大_____的_____。他们家_____有六_____人。爷爷、_____、爸爸、_____和两个_____。当然，_____有一条小狗。

三 就画线部分改写问句 Change the following sentences into questions

例：我家有<u>五</u>口人。　→ 你家有几口人？

1. 我们学校<u>八点</u>上课。

　_____

2. 我明天<u>没有</u>课。

　_____

3. 我的自行车在<u>楼下</u>。

　_____

4. 我的电话号码是<u>13845630521</u>。

　_____

5. 大卫要一瓶啤酒和两瓶水,一共二十块。

   _____

6. 张红的宿舍是502室。

   _____

四 用所给的词语写一段话　Write a short passage with the given words

家　口　一般　×个孩子　还有

五 汉字练习　Chinese character exercises

1. 拆分汉字　Chinese character structure analysis

例:家 jiā　→ 宀 + 豕

（1）室 shì　→

（2）客 kè　→

（3）字 zì　→

（4）宿 sù　→

（5）安 ān　→

2. 根据偏旁组字　Write characters with the given radicals

（1）阝→ _____　_____　_____　_____

（2）讠→ _____　_____　_____　_____

（3）木→ _____　_____　_____　_____

（4）女→ _____　_____　_____　_____

3. 汉字书写练习　Write the following characters

zhào	丨 冂 日 日 日⁷ 日刀 昭 昭 照 照 照 照
照	照 照 照 照

piàn	丿 丿' 广 片
片	片 片 片 片

jiā	丶 宀 宀 宁 宁 宇 宇 家 家
家	家 家 家 家

kǒu	丨 冂 口
口	口 口 口 口

yé	丿 八 父 父 爷
爷	爷 爷 爷 爷

bà	丿 八 父 父 爷 爸
爸	爸 爸 爸 爸

mā	乙 乡 女 女7 妈 妈
妈	妈 妈 妈 妈

pinyin	stroke order	character practice
gē	一 丁 丁 可 可 可 寄 哥 哥	哥 哥 哥 哥
zhǐ	丨 口 口 只 只	只 只 只 只 只
hái	了 了 孑 孑 疒 孩 孩 孩	孩 孩 孩 孩 孩
zǐ	了 了 子	子 子 子 子 子
tíng	丶 亠 广 广 庄 庄 庭 庭 庭	庭 庭 庭 庭 庭
bān	丿 丨 丹 丹 舟 舟 舟 舟 般 般	般 般 般 般 般
dì	丶 丶 丷 丷 弟 弟 弟	弟 弟 弟 弟 弟
mèi	乚 夕 女 女 妒 妹 妹 妹	妹 妹 妹 妹 妹
hái	一 丁 丆 不 环 还	还 还 还 还 还
tiáo	丿 夂 夂 冬 冬 条 条	条 条 条 条 条

gǒu	ノ 丿 犭 犭 犭 狗 狗 狗
狗	狗 狗 狗 狗

yàng	一 十 才 木 术 栏 栏 栏 栏 样
样	样 样 样 样

1—10课测试题

一 写数字或时间 Write numbers or times (10%)

1. _____   2. _____   3. _____   4. _____
5. _____   6. _____   7. _____   8. _____
9. _____   10. _____

二 写汉字，选词填空 Write the words according to the *pinyin* and choose the appropriate words to fill in the blanks (15%)

yǒumíng（   ） zàijiàn（   ） shǒujī（   ） méi wèntí（   ）

fēnzhōng（   ） pángbiān（   ） diànyǐng（   ） yīnyuè（   ）

rènshi（   ） zhōumò（   ）

1. 每天都有课，所以_____的时候常常和朋友一起去看_____。

2. 听说那个人很_____，你_____她吗？

3. A：明天下午两点见，怎么样？

   B：好，_____。

   A：_____。

4. 我的课本在_____的_____。

5. 这个_____一共有三十_____。

三 组词 Make words (5%)

1. 校_____ _____   2. 电_____ _____
3. 学_____ _____   4. 车_____ _____
5. 边_____ _____

四 填量词 Fill in the blanks with the appropriate measure words (6%)

1. 一（   ）狗　　2. 一（   ）牛奶　　3. 一（   ）啤酒　　4. 一（   ）自行车

5. 一（   ）书　　6. 一（   ）面包

五 选词填空 Choose the appropriate words to fill in the blanks (14%)

（一）二　两

1. 三三_____路公共汽车到北京大学。

2. 今天_____点我有汉语课。

3. 你有_____块钱零钱吗？

4. 我们班有二十_____个同学。

（二）几　多少

1. 请问，_____路公共汽车到北京大学？

2. 中国学生的宿舍住（zhù, to live）_____个人？

3. 你的护照（hùzhào, passport）号码是_____？

4. 北京大学有_____留学生？

（三）吗　呢　吧

1. A：今天晚上你有时间_____？

　 B：没有。

　 A：明天晚上_____？

　 B：明天晚上我有空儿。什么事儿？

　 A：明天晚上我们去电影院_____。

　 B：去看电影_____？

　 A：对。

2. 孩子：妈妈，我要买东西。

　 妈妈：你要买什么_____？

　 孩子：给我买一个面包_____。

　 妈妈：好。

六 就画线部分提问 Rewrite the sentences as questions by changing the underlined words into question words (10%)

1. 我的电话号码是<u>62345178</u>。

   → _____

2. 这是<u>我</u>的手机。

   → _____

3. 一班的汉语老师叫<u>刘明</u>。

   → _____

4. 明天早上<u>8点</u>到<u>102教室</u>。

   → _____

5. 她是<u>我朋友</u>的妹妹。

   → _____

6. 我喝<u>咖啡</u>。

   → _____

七 组词成句 Make sentences with the given words (10%)

1. 男同学　是　的　学生　一班　大部分

   _____

2. 都　和　上午　我　课　今天　有　下午

   _____

3. 只要　家庭　的　一般　孩子　中国　以前　一　个

   _____

4. 这　多少　词典　本　小　钱

   _____

5. 车棚　的　我　的　楼下　自行车　在　里

   _____

八 回答问题 Answer questions (10%)

1. 你的专业是什么？　→ _____

2. 你家有几口人? → _____

3. 他们是谁? → _____

4. 你的宿舍在哪儿? → _____

5. 你有同屋吗?他是哪国人? → _____

6. 今天我们几点下课? → _____

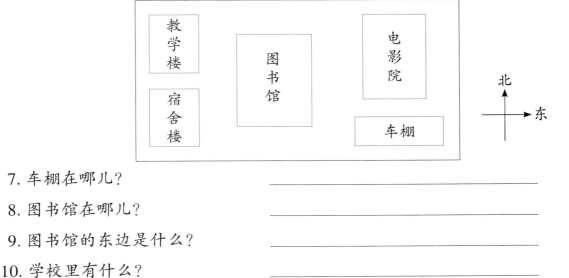

7. 车棚在哪儿? _____

8. 图书馆在哪儿? _____

9. 图书馆的东边是什么? _____

10. 学校里有什么? _____

九 阅读 Reading (10%)

我叫李美,是大学二年级的学生。我最喜欢听音乐,中国音乐啦、外国音乐啦都喜欢。我常常看书、写作业的时候听音乐。有时候,和朋友一起听也挺有意思的,但是我觉得最好一个人听。

我哥哥知道我喜欢音乐,常常给我买音乐杂志。有时候,他买的杂志很好,有时候他买的杂志<u>不怎么样</u>。

我听音乐的时间太多了,有时候没有时间学习,所以我的学习不好,考试当然也不好。

1. 李美常常听什么音乐? _____

2. 她喜欢一个人听音乐还是跟朋友一起听? _____

3. 她的学习怎么样?为什么? _____

4. 给文章加一个标题(Give a title for the text): _____

5. "不怎么样"的意思(yìsi, meaning)是: _____

✚ 写一段话介绍一下儿自己，至少 100 字　Write a paragraph to introduce yourself, at least 100 characters (10%)

Běijīng de dōngtiān bǐjiào lěng
北京的冬天比较冷

一 写出下列词语的拼音 Write *pinyin* for the following words

冬天_____ 季节_____ 天气_____ 风雨_____ 爱好_____

舒服_____ 喜欢_____ 游泳_____ 下雪_____

怎么样_____ 比较热_____

差不多_____ 零下十五度_____

二 写出下列各词的反义词 Write the antonyms for the following words

早上—(　　) 春天—(　　) 东—(　　) 老师—(　　) 冷—(　　)

上午—(　　) 冬天—(　　) 南—(　　) 上课—(　　)

三 选词填空 Choose the appropriate word to fill in the blank

> 比较　　常常　　不太　　怎么样　　差不多　　爱好　　喜欢　　最

1. 北京的春天_____有风。

2. 今天是三十度，_____热。

3. 我_____中国音乐，也喜欢日本音乐，_____喜欢美国音乐。

4. A：今天的天气_____?

　　B：_____好，晴天，但是有大风。

　　A：多少度？

　　B：_____十五度。

5. A：你的_____是什么？

　　B：我喜欢游泳。

> 春天　　秋天　　冬天　　冷　　热　　舒服　　季节

6. 　北京的_____有风，夏天比较_____，_____不常下雪。_____是最_____的季节，不太_____也不太热，也是我最喜欢的_____。

四 **用指定的词语改写句子** Rewrite the following sentences with the given words

例：今天晴天，明天晴天。（都）
　　今天和明天都是晴天。

1. 周末的时候我去朋友家。（常常）
　_____

2. 一本《现代汉语词典》90块钱左右。（差不多）
　_____

3. 大卫的汉语很好。（最）
　_____

4. 今天的天气很好，不太冷也不太热。（不A不B）
　_____

5. 东方大学早上八点上课，太早了！（比较）
　_____

6. 大卫喜欢游泳。（爱好）
　_____

五 **用所给的词语写一段话** Write a short passage with the given words

春天　夏天　秋天　冬天　冷　热　舒服　风　雨　雪　最喜欢　季节

我家乡（jiāxiāng, hometown）的天气

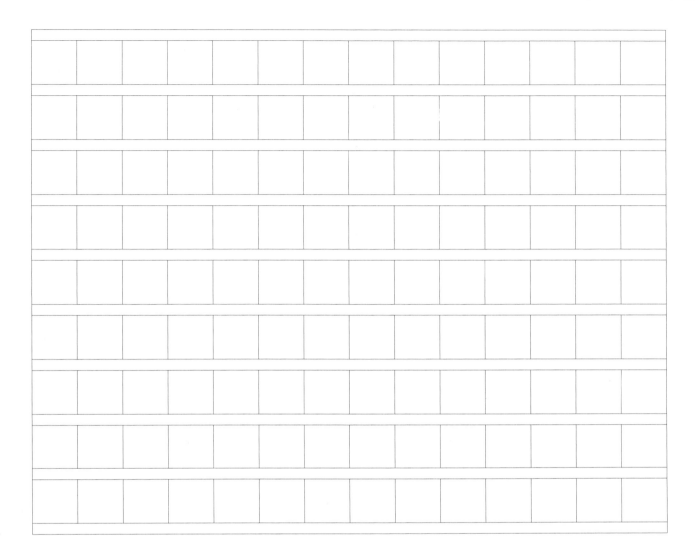

六 汉字练习 Chinese character exercises

1. 拆分汉字 Chinese character structure analysis

例：最 zuì → 日 + 取

（1）春 chūn →　　　　　　　　（2）晴 qíng →

（3）时 shí →　　　　　　　　（4）明 míng →

（5）早 zǎo →

2. 汉字书写练习　　Write the following characters

fēng	丿 几 凤 风										
	风	风	风	风	风						
yǔ	一 厂 厅 币 雨 雨 雨										
	雨	雨	雨	雨	雨						
lěng	丶 冫 冫 仌 冷 冷 冷										
	冷	冷	冷	冷	冷						
dù	丶 一 广 广 庐 庐 庐 度 度										
	度	度	度	度	度						
qíng	丨 冂 冃 日 日- 日= 晴 晴 晴 晴										
	晴	晴	晴	晴	晴						
qiū	一 二 千 チ 禾 禾 秒 秋										
	秋	秋	秋	秋	秋						
rè	一 † ‡ 扌 执 执 热 热 热										
	热	热	热	热	热						
shū	丿 亽 亼 亼 𠆢 舍 舍 舒 舒 舒 舒										
	舒	舒	舒	舒	舒						
fú	丿 刀 月 月 月ˀ 刖 服 服										
	服	服	服	服	服						
zuì	丶 冂 口 日 旦 旱 冔 昻 㝡 最 最 最										
	最	最	最	最	最						

yóu	丶 丶 氵 氵 汸 汸 游 游 游 游
游 游 游 游 游	

yǒng	丶 丶 氵 氵 汀 汈 泳 泳
泳 泳 泳 泳 泳	

chūn	一 二 三 丰 夫 夫 春 春 春
春 春 春 春 春	

Nǐ zài gàn shénme
你在干什么

一 写出下列词语的拼音 Write *pinyin* for the following words

中午_____   每天_____   星期三_____

书店_____   酒吧_____   喝咖啡_____

对面_____   听写_____   做作业_____

自己_____   所以_____   唱歌_____

二 用合适的词语填空 Fill in the blanks with appropriate words

喝_____   做_____   干_____   回_____   喜欢_____

下_____   买_____   给_____   唱_____

三 选词填空 Choose the appropriate word to fill in the blank

> 正在   所以   每天   对面   作业   回   唱   从

1. _____星期一到星期五，我们_____都有课，_____每天都有_____。

2. 我们_____上课呢，你去书店_____的酒吧等我吧。

3. 他们在_____歌呢，差不多十点_____宿舍。

四 用指定的词语完成对话 Complete the dialogues with the given words

例：A：你在干什么呢？

B：我在做作业呢。（在）

1. A：周末的时候你干什么？

B：_____。（每……都）

2. A：明天你什么时候有课？

B：_____。（从……到）

3. A：你知道星期几有讲座吗？

　　B：_____。（星期……）

4. A：明天天气不太好，有风，还下雨。

　　B：_____。（所以）

5. A：星期三晚上七点你在干什么？

　　B：_____。（在）

五 用所给的词语写一段话　Write a short passage with the given words

星期三　从……到　听写　所以　作业　喝咖啡　唱歌　回宿舍

六 汉字练习 Chinese character exercises

1. 拆分汉字 Chinese character structure analysis

例：唱 chàng →口 + 昌

（1）喝 hē   →

（2）啤 pí   →

（3）咖 kā   →

（4）啡 fēi   →

（5）号 hào   →

（6）员 yuán   →

2. 汉字书写练习 Write the following characters

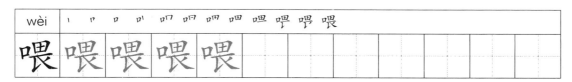

| cóng | 丿 人 从 从 |
| 从 | 从 从 从 从 |

| xiě | ⸍ ⸍ 宀 写 写 |
| 写 | 写 写 写 写 |

| suǒ | ⸍ 厂 ⸥ ⸦ ⸦ 所 所 |
| 所 | 所 所 所 所 |

| yǐ | ㇀ ㇂ 以 以 |
| 以 | 以 以 以 以 |

| hē | 丨 口 口 口 口 口 呵 喝 喝 喝 喝 |
| 喝 | 喝 喝 喝 喝 |

| kā | 丨 口 口 口 口 咖 咖 |
| 咖 | 咖 咖 咖 咖 |

| fēi | 丨 口 口 口 口 口 啡 啡 啡 啡 |
| 啡 | 啡 啡 啡 啡 |

| diàn | 丶 亠 广 广 庐 店 店 店 |
| 店 | 店 店 店 店 |

| jǐ | ㇕ ㇉ 己 |
| 己 | 己 己 己 己 |

| chàng | 丨 口 口 口 口 口 唱 唱 唱 |
| 唱 | 唱 唱 唱 唱 |

gē	一 ㄧ ㄊ ㄉ 㕦 可 㔾 哥 哥 哥 歌 歌 歌
歌 歌 歌 歌 歌	

huí	丨 冂 冋 冋 回 回
回 回 回 回 回	

Wǒ qù túshūguǎn huán shū
我去图书馆还书

一 写出下列词语的拼音 Write *pinyin* for the following words

商店_____   打算_____   星期天_____
东西_____   关门_____   还可以_____
咱们_____   质量_____   比较贵_____
一起_____   衣服_____   购物中心_____

二 用合适的词语填空 Fill in the blanks with appropriate words

还_____   换_____   买_____   打算_____
开_____   去_____   关_____

三 选词填空 Choose the appropriate word to fill in the blank

> 打算　质量　东西　咱们　一起　商店　开门

张红：玛丽，周末你有什么_____？

玛丽：我打算去_____买衣服。

张红：你和我_____去购物中心吧。

玛丽：购物中心的东西贵不贵？

张红：还可以。那儿的_____非常多，_____也比较好。

玛丽：好啊。_____几点去？

张红：购物中心九点_____，咱们九点半去吧。

四 用指定的词语完成对话 Complete the dialogues with the given words

1. A：星期天你有什么打算？

   B：_____。（先……，然后……）

2. A：这个周末我有空儿。

   B：_____。（咱们）

3. A：_____？（A 不 A）

   B：还可以，最热三十五度。

4. A：大卫，你去哪儿？

   B：_____。（S + VP$_1$ + VP$_2$）

5. A：那儿的东西质量怎么样？

   B：_____。（还可以）

五 模仿写一段话　Write a short passage in accordance with that of the example

　　明天是星期天，中村打算去购物中心买东西，那儿的东西比较多，质量也不错，也不太贵。玛丽正打算买衣服呢，她要和张红一起去。购物中心九点开门，她们打算十点去。

我的周末打算

六 汉字练习　Chinese character exercises

1. 拆分汉字　Chinese character structure analysis

例：铁 tiě　　→ 钅（金）+ 失

（1）错 cuò　　→

（2）钱 qián　　→

（3）钥 yào　　→

（4）钟 zhōng　　→

（5）银 yín　　→

2. 汉字书写练习　Write the following characters

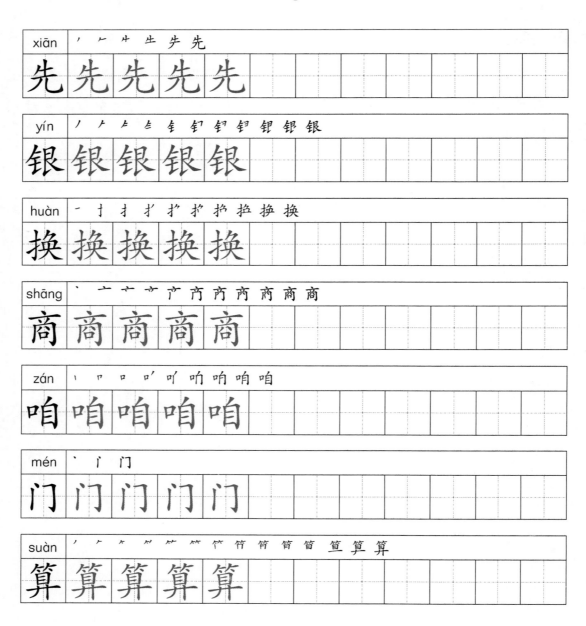

13 我去图书馆还书

gòu	丨 冂 冂 贝 贝 贮 购 购
购 购 购 购 购	

wù	丿 一 牛 牛 牤 物 物 物
物 物 物 物 物	

xīn	丶 心 心 心
心 心 心 心 心	

fēi	丨 丿 月 月 丰 非 非 非
非 非 非 非 非	

guì	丶 冂 口 中 虫 串 丯 贵 贵
贵 贵 贵 贵 贵	

zhì	一 厂 厂 厅 斤 质 质 质
质 质 质 质 质	

liàng	丶 冂 冂 日 旦 昦 昦 昌 昌 量 量
量 量 量 量 量	

cuò	丿 卜 卜 卡 钅 钅 钅 钅 钅 错 错 错
错 错 错 错 错	

yī	丶 一 亠 亣 衣 衣
衣 衣 衣 衣 衣	

Wǒ xǐhuan qiǎn yánsè de
我喜欢浅颜色的

一 写出下列词语的拼音 Write *pinyin* for the following words

脏_____   好看_____   浅颜色_____

蓝_____   漂亮_____   白毛衣_____

黄_____   容易_____   有点儿_____

黑_____   便宜_____   旧自行车_____

二 选词填空 Choose the appropriate word to fill in the blank

> 漂亮   便宜   好看   容易   深   浅

1. 我不喜欢白毛衣，白毛衣很_____，可是太_____脏了。

2. 这件衣服很_____，是你的吗？

3. 那辆自行车颜色有点儿_____，我喜欢_____颜色的。

4. 我的自行车不是新的，新的比较贵，旧的比较_____。

三 用指定的词语完成对话 Complete the dialogues with the given words

1. A：你看我这件毛衣怎么样？
   B：_____。（挺……的）

2. A：_____？（别的）
   B：他们在宿舍里喝啤酒呢。

3. A：购物中心的东西贵不贵？
   B：_____。（有点儿）

4. A：你买白颜色的吧。
   B：_____。（容易）

5. A：你喜欢什么颜色的？
   B：_____。（adj.+的）

6. A：_____怎么样？（V+的）
   B：挺漂亮的。

四 完成段落并仿写　Complete the following paragraphs, then write a short passage

1. 中村觉得（juéde, to feel, to think）白毛衣挺_____，不过白的_____脏。_____玛丽不喜欢深颜色的，她喜欢_____颜色的。

2. 玛丽_____的自行车是_____的，因为（yīnwèi, because）旧的比较_____，也不容易_____。大卫不喜欢红的、_____，_____不喜欢黑的、_____，他喜欢_____。

五 汉字练习　Chinese character exercises

1. 拆分汉字　Chinese character structure analysis

例：篮 lán　　→ ⺮ + 吙 + 皿

（1）喜 xǐ　　→

（2）算 suàn　→

（3）蓝 lán　→

（4）累 lèi　→

（5）意 yì　→

2. 汉字书写练习　Write the following characters

jiàn	ノ　亻　仁　仁　件　件
件	件　件　件　件

bái	ノ　亻　白　白　白
白	白　白　白　白

tǐng	一　十　扌　扌　扩　拝　挺　挺
挺	挺　挺　挺　挺

róng	丶　宀　宁　宇　穴　穴　灾　容　容
容	容　容　容　容

yì	丨　冂　日　日　旦　旦　易　易
易	易　易　易　易

zāng	ノ　月　月　月　月`　胪　胪　胪　脏　脏
脏	脏　脏　脏　脏

lán	一　艹　艹　艹　茈　茈　茈　莕　蓝　蓝
蓝	蓝　蓝　蓝　蓝

我喜欢浅颜色的 14

| yán | 、亠ㅗ产产产产彦彦彦彦颜颜颜 |
| 颜 颜 颜 颜 颜 | |

| sè | 丿ㄅ夂名名色 |
| 色 色 色 色 色 | |

| shēn | 丶丶氵氵氵沪浑浑深深 |
| 深 深 深 深 深 | |

| qiǎn | 丶丶氵氵氵泸浅浅 |
| 浅 浅 浅 浅 浅 | |

| huáng | 一十廿卄艹苎苗苗黄黄 |
| 黄 黄 黄 黄 黄 | |

| piào | 丶丶氵氵氵泗泗漂漂漂漂漂 |
| 漂 漂 漂 漂 漂 | |

| liàng | 丶亠亠古宁声亭亮 |
| 亮 亮 亮 亮 亮 | |

| tā | 丶丶宀宀它 |
| 它 它 它 它 它 | |

| zuó | 丨冂日日旷昨昨昨 |
| 昨 昨 昨 昨 昨 | |

| xīn | 丶亠亠古立立辛辛亲亲新新新 |
| 新 新 新 新 新 | |

Elementary / Workbook ● 71

liàng	一 十 七 车 车 车 轩 轩 轩 辆 辆 辆
辆	辆 辆 辆 辆

jiù	丨 丨 冂 旧 旧
旧	旧 旧 旧 旧

pián	丿 亻 亻 仁 仁 佰 伊 便 便
便	便 便 便 便

yí	丶 亠 宀 宀 宀 宜 宜 宜
宜	宜 宜 宜 宜

diū	一 二 千 壬 丢 丢
丢	丢 丢 丢 丢

bié	丨 口 口 另 另 别 别
别	别 别 别 别

hēi	丨 口 日 日 四 甲 里 里 黑 黑 黑
黑	黑 黑 黑 黑

huī	一 ナ 左 灰 灰 灰
灰	灰 灰 灰 灰

lǜ	乙 乡 乡 纟 纟 纣 纾 纾 绿 绿
绿	绿 绿 绿 绿

Míngtiān shì wǒ péngyou de shēngrì
明天是我朋友的生日

一 写出下列词语的拼音 Write *pinyin* for the following words

忙_____   准备_____   一束花儿_____
送_____   特别_____   生日礼物_____
说_____   主意_____   晚饭以后_____
甜_____   一直_____   巧克力_____

二 用合适的词语填空 Fill in the blanks with appropriate words

送_____   开_____   准备_____   _____礼物
丢_____   关_____   毛衣_____   _____颜色

三 选词填空 Choose the appropriate word to fill in the blank

以后　一直　准备　特别　还是　那么　比如

1. 昨天下午，从一点到四点，我_____等你。
2. 他送我的生日礼物很_____，我很喜欢。
3. 今天下课_____，我打算去图书馆借书。
4. 书店里有很多词典，_____《汉日词典》《英汉词典》。
5. 你喝什么？咖啡_____水？
6. 今天下雨，_____我们明天去吧。
7. 我在_____明天的听写呢。

四 用指定的词语完成对话 Complete the dialogues with the given words

1. A：最近的天气怎么样？
   B：挺好的，_____。（不A不B）

2. A：下课以后你去哪儿？

   B：_____。（先……，然后……）

3. A：_____？（还是）

   B：我喝水。

4. A：明天的天气不太好，有风，还有雨。

   B：_____。（咱们）

5. A：你在干什么呢？

   B：_____。（在……呢）

6. A：这儿的咖啡有点儿贵。

   B：_____。（那么）

7. A：今天的作业真多啊！

   B：_____。（一直）

8. A：这件衣服怎么样？

   B：_____。（挺……的）

五 完成段落并仿写　Complete the following paragraphs, then write a short passage

明天是我朋友_____生日，我_____送她一件_____礼物。我下午_____商店_____毛衣，毛衣很多，质量_____不错，_____我不知道她喜欢_____颜色。最后（zuìhòu, at last）一个同学告诉（gàosu, to tell）我，_____个女孩子_____喜欢花儿。所以我打算_____她一_____花儿，她一定（yídìng, must）喜欢。

明天是我朋友的生日 15

六 汉字练习 Chinese character exercises

1. 根据偏旁组字　Write characters with the given radicals

（1）日 → _____　　_____　　_____　　_____

（2）口 → _____　　_____　　_____　　_____

（3）饣 → _____　　_____　　_____　　_____

（4）门 → _____　　_____　　_____　　_____

2. 小游戏："口"字加两笔或三笔，变成另外的字

　　Character games：Add two or three strokes on the character 口 to form other characters

（1）加两笔：口 → 叫　_____　　_____　　_____　　_____

（2）加三笔：口 → 吃　_____　　_____　　_____　　_____

3. 汉字书写练习　Write the following characters

fàn	ノ　ㄅ　饣　𩙿　饣̄　饭　饭
饭 饭 饭 饭 饭	

zhí	一　十　广　古　𠀎　肖　直　直
直 直 直 直 直	

Elementary / Workbook ● 75

máng	丶丶忄忄忙忙	忙 忙 忙 忙 忙
zhǔn	丶冫冫冫忄忄冫冫准准	准 准 准 准 准
bèi	丿夂夂冬各各备备	备 备 备 备 备
lǐ	丶丿礻礻礼	礼 礼 礼 礼 礼
dàn	一丅下严乎足足蛋蛋蛋	蛋 蛋 蛋 蛋 蛋
gāo	丶丷丷半米米米米米米糕糕糕糕糕	糕 糕 糕 糕 糕
sòng	丶丷丷关关关关送送	送 送 送 送 送
tè	丿丿牛牛牛牜牜特特特	特 特 特 特 特
nán	丨冂冂田田罗男	男 男 男 男 男
nǚ	㇄ㄑ女	女 女 女 女 女

明天是我朋友的生日 15

| rú | ㄑ ㄠ 女 女 如 如 |
| 如 | 如 如 如 如 |

| qiǎo | 一 丁 丁 丁 巧 |
| 巧 | 巧 巧 巧 巧 |

| kè | 一 十 十 古 古 声 克 |
| 克 | 克 克 克 克 |

| lì | 丁 力 |
| 力 | 力 力 力 力 |

| tián | 一 二 千 千 舌 舌 舌 甜 甜 甜 甜 |
| 甜 | 甜 甜 甜 甜 |

| shù | 一 丆 冖 口 申 束 束 |
| 束 | 束 束 束 束 |

| huā | 一 十 艹 艹 扩 花 花 |
| 花 | 花 花 花 花 |

| zhǔ | 丶 亠 三 丰 主 |
| 主 | 主 主 主 主 |

| yì | 丶 亠 二 十 立 产 咅 音 音 音 意 意 |
| 意 | 意 意 意 意 |

Elementary / Workbook 77

Zhōumò nǐ gàn shénme
周末你干什么

一 写出下列词语的拼音 Write *pinyin* for the following words

觉得_____　看电视_____　洗衣服_____　爬山_____

可以_____　逛商店_____　睡懒觉_____　出去玩儿_____

安排_____　包饺子_____　学习汉语_____　每个周末_____

跳舞_____　没意思_____　听音乐会_____　好好儿玩儿_____

二 选词填空 Choose the appropriate word to fill in the blank

　　同屋　　可以　　没意思　　不同

我的_____是日本人,她喜欢周末去中国朋友家玩儿。可是我和她_____,我觉得去朋友家_____,我喜欢坐公共汽车玩儿。我觉得在公共汽车上_____好好儿了解（liǎojiě, to understand）中国人。

三 用指定的词语完成对话 Complete the dialogues with the given words

1. A：购物中心的东西怎么样？

   B：_____。（太……了）

2. A：刘老师的汉语书多不多？

   B：_____。（太……了）

3. A：他在宿舍干什么呢？

   B：_____。（在＋地方＋V）

4. A：这件毛衣怎么样？

   B：_____。（看起来……）

5. A：周末你常常干什么？

   B：_____。（V＋V）

四 根据课文完成段落 Complete the paragraph on the basis of the text

1. 大卫很_____过周末，因为周末他可以_____玩儿。大卫每个周末都有_____的安排。上个周末他到朋友家_____饺子，_____个周末他去学跳舞，这个周末他去听_____。

2. 大卫的_____不喜欢过周末。他每个周末的安排都一样：_____衣服，_____电视，_____东西，_____作业，有时候去商店_____。所以他觉得周末_____。

五 写一段话 Write a short passage

我的周末

六 汉字练习　Chinese character exercises

1. 拆分汉字　Chinese character structure analysis

例：思 sī　　→　　田＋心

（1）怕 pà　　→　　　　　　　（2）您 nín　　→

（3）志 zhì　　→　　　　　　　（4）意 yì　　→

（5）忙 máng　→　　　　　　　（6）快 kuài　→

2. 汉字书写练习　Write the following characters

yòu	㇇ 又
又	又 又 又 又

lā	丶 丷 口 口 叶 呀 咿 啦 啦 啦
啦	啦 啦 啦 啦

jué	丶 丷 丷 兴 兴 労 觉 觉
觉	觉 觉 觉 觉

dé	㇒ 彳 彳 彳 彳 彳 得 得 得 得
得	得 得 得 得

sī	丨 冂 冃 田 田 町 思 思 思
思	思 思 思 思

wǎng	丨 冂 冂 冈 网 网
网	网 网 网 网

shì	丶 ㇇ 礻 礻 礻 初 视 视
视	视 视 视 视

jiǎo	ノ ク 午 饣 饣 饣 饺 饺
饺 饺 饺 饺 饺	

tiào	丶 ⼞ ⼞ ⼞ ⾜ ⾜ 趴 趴 趴 跳 跳 跳
跳 跳 跳 跳 跳	

wǔ	ノ 一 二 仁 仨 伍 無 舞 舞 舞 舞 舞
舞 舞 舞 舞 舞	

pá	ノ 厂 爫 爪 爬 爬 爬
爬 爬 爬 爬 爬	

shān	丨 山 山
山 山 山 山 山	

做客（一）

一 写出下列词语的拼音　　Write *pinyin* for the following words

做客_____　　打车_____　　果汁_____　　车站_____

请进_____　　随便_____　　真干净_____　　地铁_____

心意_____　　顺利_____　　不太远_____　　坐公共汽车_____

收下_____　　客气_____　　有点儿饿_____

二 根据课文完成段落　　Complete the paragraph on the basis of the text

大卫和玛丽_____公共汽车去老师家里玩儿，车上有点儿_____，不太_____。地铁站也有点儿_____。老师的家很_____，他们喝茶和_____，中午一起_____饺子吃。

三 组词成句　　Make sentences with the given words

1. 这　礼物　您　是　给　的

   _____

2. 你们　一般　还是　坐　打　公共汽车　车

   _____

3. 我　饺子　最　就是　喜欢　吃的

   _____

四 用指定的词语完成对话　　Complete the dialogues with the given words

1. A：_____？（还是）

   B：我明天下午有课。

2. A：天气太热了，我们去游泳吧。

   B：_____。（会）

3. A：图书馆在哪儿呀？

   B：_____。（就是）

4. A：你九点就睡觉呀！

   B：_____。（有点儿）

5. A：周末我们去哪儿玩儿？

   B：_____。（随便）

6. A：这件衣服怎么样？

   B：_____。（试试）

五 写一段话　Write a short passage

我喜欢的交通工具

六 汉字练习 Chinese character exercises

1. 拆分汉字 Chinese character structure analysis

例：提 tí → 扌 + 是

（1）打 dǎ →　　　　　　　　（2）换 huàn →

（3）挺 tǐng →　　　　　　　　（4）排 pái →

（5）挤 jǐ →

2. 汉字书写练习 Write the following characters

jìn	一 二 キ 井 井 讲 进	进 进 进 进
zhēn	一 十 广 产 直 真 真	真 真 真 真
jìng	丶 冫 氵 泸 净 净	净 净 净 净
zuò	丿 人 从 丛 坐 坐	坐 坐 坐 坐
āi	丨 冂 口 叮 哎 哎	哎 哎 哎 哎
yā	丨 冂 口 叮 叮 呀 呀	呀 呀 呀 呀
shōu	丨 丩 収 収 收	收 收 收 收

chá	一 十 艹 艹 艾 苂 茶 茶	茶 茶 茶 茶 茶
guǒ	丨 冂 曰 日 旦 甲 果 果	果 果 果 果 果
suí	阝 阝 阝 阝 阷 陏 随 随 随	随 随 随 随 随
shùn	丿 丿 川 川 川 顺 顺 顺	顺 顺 顺 顺 顺
lì	一 二 千 禾 禾 利 利	利 利 利 利 利
jǐ	一 十 扌 扌 扩 护 挤 挤 挤	挤 挤 挤 挤 挤
dì	一 十 土 圠 地 地	地 地 地 地 地
tiě	丿 ト 上 乍 钅 钅 钅 鈇 铁	铁 铁 铁 铁 铁
zhàn	丶 亠 亠 立 立' 站 站 站 站	站 站 站 站 站
yuán	一 二 テ 元 远 远 远	远 远 远 远 远

做客（一） 17

tiáo	` 讠 讵 讱 讱 讱 调 调 调 调
调	调 调 调 调

è	ノ 𠂉 𠂉 𠂉 𠂉 饣 饣 饿 饿 饿
饿	饿 饿 饿 饿

chī	丶 𠃍 口 口' 吃 吃
吃	吃 吃 吃 吃

shì	` 讠 讠 讠 试 试 试 试
试	试 试 试 试

做客（二）
Zuò kè èr

一 写出下列词语的拼音　Write *pinyin* for the following words

味道_____　　超市_____　　北方人_____　　做陷儿_____

面食_____　　热闹_____　　有意思_____　　速冻饺子_____

重要_____　　偷懒_____　　过节_____　　挺不错的_____

麻烦_____　　食品_____　　吃米饭_____

二 用"好＋V"组成的词语填空　Fill in the blanks with the structure 好＋V

好＋V：好吃　好看　好听　好玩儿

1. 饺子很_____，面条儿味道也不错。

2. 那个电影不_____，没意思。

3. 中国音乐很_____，特别是《茉莉花》。

4. 去朋友家做客挺_____的。

三 用指定的词语完成对话　Complete the dialogues with the given words

1. A：对不起，我不会说英语。

   B：_____？（不是……吗）

2. A：你明天早上八点有课吗？

   B：有，_____。（得）

3. A：听说你很喜欢听音乐，是吗？

   B：是，_____都喜欢。（……啦，……啦）

4. A：你周末都干什么？

   B：_____。（如果……的话，就……）

5. A：你喜欢听写吗？

   B：_____。（得）

6. A：你觉得北京的冬天冷不冷？

　　B：_____。（对……来说）

四 根据课文完成段落　Complete the paragraph on the basis of the text

大卫和玛丽去老师家_____，他们一起_____饺子吃，他们包的饺子味道很_____。老师告诉他们，如果没有时间包饺子的话，可以去_____买速冻饺子，速冻饺子的味道也_____。对北方人来说，饺子是一种_____的食品，可是南方人一般不吃面食，他们喜欢吃_____。

五 汉字练习　Chinese character exercises

1. 拆分汉字　Chinese character structure analysis

例：床 chuáng　→　广 + 木

（1）度 dù　→　　　　　　　（2）庭 tíng　→

（3）座 zuò　→　　　　　　　（4）店 diàn　→

（5）麻 má　→　　　　　　　（6）厅 tīng　→

2. 汉字书写练习　Write the following characters

| wèi | 丿 ㇇ 口 口̄ 吐 吐 味 |
| 味 | 味 味 味 味 |

| fāng | 丶 一 丆 方 |
| 方 | 方 方 方 方 |

| mǐ | 丶 ㇀ 一 半 米 米 |
| 米 | 米 米 米 米 |

| shí | 丿 人 人 今 今 今 食 食 食 |
| 食 | 食 食 食 食 |

pinyin	stroke order	character practice
zhòng	一 二 广 台 台 重 重 重 重	重 重 重 重 重
zhǒng	一 二 千 千 禾 禾 和 和 种	种 种 种 种 种
pǐn	丶 口 口 口 吅 吅 品 品 品	品 品 品 品 品
má	丶 一 广 广 庁 庁 庁 庁 府 麻 麻	麻 麻 麻 麻 麻
fán	丶 丶 丷 火 炉 炉 炉 烦 烦	烦 烦 烦 烦 烦
xiàn	丿 𠂉 𠂊 竹 竹 竹 馅 馅 馅 馅	馅 馅 馅 馅 馅
chāo	一 十 土 走 走 走 起 起 起 超 超	超 超 超 超 超
shì	丶 一 广 广 市	市 市 市 市 市
sù	一 二 广 白 申 束 束 涑 速 速	速 速 速 速 速
dòng	丶 丶 冫 冻 冻 冻 冻	冻 冻 冻 冻 冻

做客（二） 18

xiǎng	一 十 才 木 木 机 机 机 相 相 相 想 想 想
想	想 想 想 想

dài	ノ 亻 亻 代 代 代 岱 岱 袋 袋 袋
袋	袋 袋 袋 袋

tōu	ノ 亻 亻 亻 价 价 价 偷 偷 偷 偷
偷	偷 偷 偷 偷

nào	丶 亠 门 门 闩 闩 闹 闹
闹	闹 闹 闹 闹

Xiànzài xíguàn le
现在习惯了

一 写出下列词语的拼音 Write *pinyin* for the following words

习惯_____   工作_____   几岁_____

已经_____   毛病_____   睡懒觉_____

生活_____   大概_____   早睡早起_____

起床_____   夜里_____   不好意思_____

二 选词填空 Choose the appropriate word to fill in the blank

> 大概　　不好意思　　这么　　起床　　工作

今天早上我_____七点才_____，起床以后就去学校了。去_____的人很多，所以路上有点儿不太顺利，我迟到（chídào, to be late）了。真_____，以后我不能_____晚起床了。

三 用指定的词语完成对话 Complete the dialogues with the given words

1. A：周末你什么时候起床？

   B：_____。（就）

2. A：今天你们几点下课？

   B：_____。（才）

3. A：同学们都来了，玛丽呢？

   B：_____。（还）

4. A：你习惯中国的生活了吗？

   B：_____。（了）

5. A：_____？（多大年纪/多大/几岁）

   B：我二十五岁。

四 根据课文完成段落 Complete the paragraph on the basis of the text

大卫来北京_____半年了，他已经_____北京的生活了，可是还不习惯早上八点上课。他有点儿_____。他晚上一般十二点睡觉，不过早上八点有课的话，他_____早一点儿睡。刘老师是学生的时候，也喜欢睡_____。不过工作以后，这个毛病已经_____了，现在他喜欢_____。

五 汉字练习 Chinese character exercises

1. 拆分汉字 Chinese character structure analysis

例：利 lì → 禾 + 刂

（1）刚 gāng →

（2）刻 kè →

（3）到 dào →

（4）别 bié →

（5）刘 liú →

2. 汉字书写练习 Write the following characters

pinyin	stroke order	character practice
jīng	ㄥ ㄠ 纟 纠 纤 经 经 经	经 经 经 经 经
gāng	丨 冂 冈 冈 刚 刚	刚 刚 刚 刚 刚
cái	一 十 才	才 才 才 才 才
chuáng	丶 一 广 广 庄 床 床	床 床 床 床 床
yè	丶 一 广 广 疒 夜 夜 夜	夜 夜 夜 夜 夜
gōng	一 丁 工	工 工 工 工 工
bìng	丶 一 广 广 疒 疒 疒 病 病 病	病 病 病 病 病
gǎi	𠃋 𠃍 己 改 改 改	改 改 改 改 改
jì	ㄥ ㄠ 纟 纠 纪 纪	纪 纪 纪 纪 纪
gài	一 十 才 木 朩 朩 杞 概 概 概 概 概	概 概 概 概 概
suì	丶 ㄩ 山 岁 岁 岁	岁 岁 岁 岁 岁

Kàn bìngrén
看病人

一 写出下列词语的拼音　Write *pinyin* for the following words

睡觉_____　　医院_____　　看病人_____　　汉堡_____

起床_____　　鸡肉_____　　挺无聊_____　　炒菜_____

做梦_____　　身体_____　　背生词_____　　面条儿_____

幸福_____　　考试_____　　别客气_____

二 用合适的词语填空　Fill in the blanks with appropriate words

做_____　看_____　背_____　问_____　住_____　同意_____

听_____　睡_____　吃_____　换_____　炒_____

三 用指定的词语改写句子　Rewrite the following sentences with the given words

例：我是学生，他是学生。（也）

　　我是学生，他也是学生。

1. 他明天去清华大学玩儿。（不是……吗）

　_____

2. 周末的时候我睡懒觉、洗衣服、做作业、看电影。（动词重叠）

　_____

3. 星期天不下雨，我们去看朋友。（如果……的话，就……）

　_____

4. 明天早上我有课，七点起床。（得）

　_____

5. 这个电影没有意思，很无聊。（太……了）

　_____

Elementary / Workbook ● 95

四 用指定的词语完成对话 Complete the dialogues with the given words

1. A：学校的图书馆都有什么书？

   B：_____。（……啦）

2. A：你想听什么音乐？_____？（还是）

   B：我听中国音乐。

3. A：天气太热了，我们去游泳吧。

   B：不好意思，_____。（会）

4. A：_____？（多大）

   B：我今年八十六啦。

5. A：大卫，你怎么又没写作业？

   B：_____。（因为……）

五 阅读 Reading

　　我来北京一个月了，现在已经习惯了北京的生活，我也很喜欢上汉语课。可是，我觉得生活不太有意思。下课以后，我听听音乐、洗洗衣服、逛逛商店、做做作业……一个人玩儿，一个人学习。我的同屋喜欢睡懒觉，我喜欢早睡早起，所以我们不能一起玩儿。上个星期，我去老师家了，我们一起包饺子，饺子味道很好，我很高兴。和中国人在一起，也是学习汉语的一种重要方法。如果我能认识很多中国朋友的话，那多好啊！

判断正误 True or false

1. 我现在还不习惯北京的生活。　　　　（　　）

2. 我觉得在北京生活很有意思。　　　　（　　）

3. 我喜欢一个人玩儿。　　　　　　　　（　　）

4. 我的同屋不喜欢早睡早起。　　　　　（　　）

5. 我这个星期要去老师家。　　　　　　（　　）

6. 我认识很多中国朋友。　　　　　　　（　　）

7. 和同屋一起玩儿是学习汉语的好方法。（　　）

六 写一段话　Write a short passage

我的周末生活

七 汉字练习　Chinese character exercises

1. 拆分汉字　Chinese character structure analysis

例：草 cǎo　→　艹＋早

（1）药 yào　→

（2）菜 cài　→

（3）茶 chá　→

（4）蓝 lán　→

（5）花 huā　→

2. 找出下面各字的偏旁　Write the radicals of the following characters

谁_____　都_____　知_____　音_____　糕_____

些_____　聊_____　般_____　季_____　蛋_____

3. 汉字书写练习　　Write the following characters

yīn	丨 冂 冂 冈 因 因
因	因 因 因 因

wú	一 二 于 无
无	无 无 无 无

liáo	一 丁 丌 耳 耳 耳 耳 聊 聊 聊
聊	聊 聊 聊 聊

mèng	一 十 才 木 村 材 林 林 梦 梦
梦	梦 梦 梦 梦

xìng	一 十 土 士 去 去 幸 幸
幸	幸 幸 幸 幸

fú	丶 冫 ネ ネ ネ 衤 衤 衤 福 福 福
福	福 福 福 福

bèi	丨 十 才 北 北 背 背 背
背	背 背 背 背

kǎo	一 十 土 耂 耂 考
考	考 考 考 考

lèi	丨 冂 日 田 田 甼 罗 累 累 累
累	累 累 累 累

sǐ	一 厂 歹 歹 死 死
死	死 死 死 死

看病人 20

zhù	ノ 亻 亻 亻 住 住 住
住	住 住 住 住

yī	一 一 一 三 三 矢 医
医	医 医 医 医

chǎo	丶 丶 丬 火 火 炒 炒 炒
炒	炒 炒 炒 炒

cài	一 十 艹 艹 艹 苎 苎 芝 菜 菜
菜	菜 菜 菜 菜

jī	フ 又 ヌ' 邓 鸟 鸡 鸡
鸡	鸡 鸡 鸡 鸡

ròu	丨 冂 冂 内 肉 肉
肉	肉 肉 肉 肉

shēn	ノ 亻 丬 亻 身 身 身
身	身 身 身 身

tǐ	ノ 亻 亻 什 付 休 体
体	体 体 体 体

yào	一 十 艹 艹 芍 药 药 药
药	药 药 药 药

Elementary / Workbook ● 99

11—20课测试题

一 写出下列词语的拼音　Write *pinyin* for the following words (5%)

1. 游泳_____　2. 酒吧_____　3. 宿舍_____　4. 容易_____
5. 礼物_____　6. 安排_____　7. 幸福_____　8. 味道_____
9. 果汁_____　10. 不好意思_____

二 写汉字　Write the words according to the *pinyin* (5%)

shūfu _____　máfan _____　tèbié _____　kǎo shì _____

xíguàn _____　piàoliang _____　suíbiàn _____　zhìliàng _____

yīyuàn _____　shuì lǎnjiào _____

三 用适当的动词填空　Fill in the blanks with appropriate verbs (5%)

_____衣服　　_____电视　　_____茶　　_____车

_____汉语　　_____饺子　　_____商店　　_____饭

_____音乐　　_____作业

四 写出下列词语的反义词　Write the antonyms for the following words (5%)

1. 冷—(　)　2. 多—(　)　3. 贵—(　)　4. 浅—(　)　5. 北方—(　)
6. 脏—(　)　7. 旧—(　)　8. 黑—(　)　9. 开门—(　)　10. 有意思—(　)

五 写出多音字的拼音并组词　Write *pinyin* for the following polyphones and makes words (5%)

例：大 dà（大家）dài（大夫）

1. 便_____（　　）　2. 乐_____（　　）　3. 行_____（　　）
　　_____（　　）　　　_____（　　）　　　_____（　　）

4. 觉_____（　　）　5. 干_____（　　）
　　_____（　　）　　　_____（　　）

六 填量词 Fill in the appropriate measure words (6%)

1. 五（　）课 2. 一（　）食品 3. 两（　）毛衣

4. 一（　）花儿 5. 一（　）蛋糕 6. 三（　）饺子

七 选词填空 Choose the appropriate words to fill in the blanks (14%)

（一）有点儿　一点儿

1. 一个人吃饭、一个人玩儿_____无聊。

2. 她的病好_____了。

3. 我早上没有吃饭，现在_____饿。

4. 我现在会说_____汉语了。

（二）咱们　我们　你们

A：老师，晚上_____想去唱卡拉OK，_____一起去吧。

B：晚上我有事儿，_____去吧，好好儿玩儿。

（三）再　就　才　还　刚　真　太

1. 我一般早上七点起床，可是今天六点我_____起床了。不过路上不太顺利，八点半_____到学校。

2. 明天是星期五，我们有听写，还有周考，_____累了。

3. 大卫不在，他_____回家，你明天_____来吧。

4. 你做的饺子_____好吃，我吃了一碗（wǎn, bowl），_____想吃一碗。

八 改错句 Correct the mistakes in the following sentences (5%)

1. 今天的天气冷。

2. 购物中心的衣服一点儿贵。

3. 我还没习惯北京的生活了。

4. 周末有空儿的话，就我去看电影。

5. 从星期一到星期五，每天都有上课。

九 完成对话   Complete the following dialogues with the given words (24%)

1. A：明天是周末，又可以去唱卡拉OK了，太高兴了。
   B：_____。（看起来）

2. _____，是最好的季节。（不A不B）

3. _____，他一直很忙。（从……到）

4. 我们班有十五个学生，_____。（每……都）

5. A：明天是星期天，你打算去哪儿玩儿？
   B：_____。（先……，然后）

6. A：我给你打电话的时候，你在干什么呢？
   B：_____。（在……呢）

7. _____，汉字比较容易。（对……来说）

8. _____，做馅儿就得花很多时间。（太……了）

9. A：晚上你一般都做什么？
   B：_____。（V+V）

10. _____，就去超市买吧。（……的话）

11. A：你来北京多长时间了？会说汉语了吗？
    B：_____。（了）

12. A：你们学校的留学生多吗？都是哪国留学生？
    B：_____。（……啦，……啦）

十 把下面的句子改成问句   Rewrite the following sentences into interrogative sentences with the given structures (6%)

1. 酒吧的咖啡不太贵。　→_____？（adj.不adj.）
2. 北京的冬天比较冷。　→_____？（怎么样）
3. 我喜欢喝咖啡。　　　→_____？（还是）
4. 我要吃麦当劳。　　　→_____？（不是……吗）
5. 我今年六十八岁了。　→_____？（多+……）
6. 我们都去老师家做客。→_____？（V不V）

十一、阅读 Reading (10%)

最近我忙死了！上上个星期三，我的朋友彼得从美国来看我，我们一起出去玩儿，一起吃饭。上上个星期六，就是2月14号，我跟我的女朋友一起过情人节，我送她一束花儿，她很高兴。上个星期六，我去商店买衣服，我的女朋友也跟我一起去了。她很喜欢买衣服，可是我觉得跟她一起去商店太累了，有时候我还得送她一件她喜欢的衣服。上个星期天，我和我们班的同学一起去老师家做客，我买速冻饺子，大家一起吃了。这个星期二我的朋友玛丽病了，我买了一点儿水果去医院看她。现在她的身体已经好点儿了，可是还住在医院里。这个星期三是我的朋友大卫的生日，从星期一到星期三，我一直都在想送他什么礼物呢？送书的话，不知道他喜欢什么书；送衣服的话，不知道他的衣服号码；送花儿的话，大卫是个男孩儿……我不知道送什么好，所以星期三晚上，我请他吃饭了。明天就是星期五，我们有考试，可是我没有时间学习，我忙死了！哎，我最近太累了，要是能跟玛丽换换的话，那多好啊！

1. 回答问题　Answer the questions

   （1）今天是几月几号？星期几？

   （2）最近"我"买什么了？

   （3）为什么"我"想跟玛丽换换？

   （4）大卫生日的时候，"我"送他什么礼物？

   （5）"我"什么时候有考试？

2. 判断对错　True or false

   （1）彼得来看我的时候，我们一起出去玩儿，我们一起吃饭了。（　　）
   （2）上个星期六我送女朋友一件衣服。（　　）
   （3）我喜欢跟女朋友一起逛商店。（　　）

（4）2月22号我和同学们去老师家做客　　　　　　　（　　）

（5）玛丽现在身体好一点儿了，住在家里。　　　　　（　　）

十二 自选题目，写一篇不少于100字的作文 Choose one topic to write a paragraph, at least 100 characters (10%)

1. 我的周末

2. 我的家乡

3. 我有一个习惯……

Wǒ hēle bàn jīn báijiǔ
我喝了半斤白酒

一 写拼音并组词 Write *pinyin* for the following words and then make phrases

1. 做_____(　　)　　2. 店_____(　　)　　3. 客_____(　　)
　　坐_____(　　)　　　　电_____(　　)　　　　课_____(　　)
　　作_____(　　)　　　　典_____(　　)　　　　刻_____(　　)
　　左_____(　　)　　　　点_____(　　)　　　　可_____(　　)

二 用合适的词语填空 Fill in the blanks with appropriate words

倒_____　　_____酒　　劝_____　　_____疼

喝_____　　_____梦　　请_____　　_____夜

三 组词成句 Make sentences with the given words

1. 昨天　你　晚上　熬夜　了　又　吗

_____

2. 中国人　有的　请客　时候　的　劝酒　喜欢

_____

3. 他　不停　一直　地　我　给　倒酒

_____

四 用指定的词语完成对话 Complete the dialogues with the given words

1. A：来中国以后，你看了几个电影？
　 B：_____。（V + 了……）

2. A：玛丽怎么了？
　 B：_____。（好像）

3. A：你怎么喝了那么多酒？
　 B：_____。（不停）

4. A：刚开始上课，你好像又困了。

    B：_____。（又）

5. A：你今天一共写了多少个汉字？

    B：_____。（V + 了……）

五 根据课文完成段落 Complete the paragraph on the basis of the text

    大卫常常_____夜，所以他常常不去上课。今天他_____没去，不过，这次不是熬夜，是因为他昨天晚上喝了半_____白酒，_____了。今天他还有点儿_____，不舒服，所以不能去上课。玛丽去看他的时候，他还在睡觉呢。玛丽觉得大卫喝那么多白酒，可能是疯了。

六 汉字练习 Chinese character exercises

1. 拆分汉字 Chinese character structure analysis

    例：给 gěi   → 纟 + 合

（1）继 jì   →   （2）续 xù   →

（3）绿 lǜ   →   （4）经 jīng   →

（5）绍 shào   →

2. 汉字书写练习 Write the following characters

| xiàng | ノ 亻 仂 伫 侉 倬 倬 傍 像 像 像 |
| 像 像 像 像 像 | |

| liǎn | ノ 月 月 月 肝 胪 脸 脸 脸 脸 |
| 脸 脸 脸 脸 脸 | |

| áo | 一 二 キ 圭 耂 耂 岁 敖 敖 敖 敖 熬 熬 |
| 熬 熬 熬 熬 熬 | |

我喝了半斤白酒 21

| jīn | 丿 厂 斤 斤 |
| 斤 | 斤 斤 斤 斤 |

| tóu | 丶 丶 二 头 头 |
| 头 | 头 头 头 头 |

| téng | 丶 一 广 广 疒 疒 疼 疼 疼 疼 |
| 疼 | 疼 疼 疼 疼 |

| fēng | 丶 一 广 广 疒 疒 疯 疯 疯 |
| 疯 | 疯 疯 疯 疯 |

| zuì | 一 厂 厅 厉 西 西 酉 酉 酉 酌 醉 醉 醉 醉 |
| 醉 | 醉 醉 醉 醉 |

| tù | 丨 口 口 口 吐 吐 |
| 吐 | 吐 吐 吐 吐 |

| qíng | 丶 丶 丨 忄 忄 忄 情 情 情 情 |
| 情 | 情 情 情 情 |

| tíng | 丿 亻 亻 仁 仁 停 停 停 停 停 |
| 停 | 停 停 停 停 |

| dào | 丿 亻 亻 仁 仁 仁 仁 仁 倒 倒 |
| 倒 | 倒 倒 倒 倒 |

| quàn | 乛 又 劝 劝 |
| 劝 | 劝 劝 劝 劝 |

kě	丶 冫 氵 氵 沪 沪 沪 渇 渇 渇 渇
渴	渴 渴 渴 渴

bāng	一 二 三 丰 邦 邦 邦 帮 帮
帮	帮 帮 帮 帮

bēi	一 十 オ 木 札 杯 杯 杯
杯	杯 杯 杯 杯

kùn	丨 冂 冂 冃 困 困 困
困	困 困 困 困

jì	ㄥ 乡 乡 纟 纠 纠 纠 继 继 继
继	继 继 继 继

xù	ㄥ 乡 乡 纟 纤 纬 纬 纬 续 续
续	续 续 续 续

22 他感冒了
Tā gǎnmào le

一 写拼音并组词 Write *pinyin* for the following words and then make phrases

1. 是_____(   )　　2. 时_____(   )　　3. 易_____(   )
   事_____(   )　　 食_____(   )　　 意_____(   )
   市_____(   )　　 十_____(   )　　 衣_____(   )
   室_____(   )　　 师_____(   )　　 以_____(   )

二 根据拼音写词语并填空 Write words according to the *pinyin* and choose the appropriate word to fill in the blank of the passage below

| gǎnmào | bìng | tóu téng | fā shāo | késou | xiūxi |
| _____ | _____ | _____ | _____ | _____ | _____ |

| qǐng jià | xīwàng | pīzhǔn | shūfu | yào |
| _____ | _____ | _____ | _____ | _____ |

我昨天_____了，_____38度，还_____，非常不_____。我去医院看_____。医生给我开了_____，还说最好_____，不要去上课了，_____两天，_____老师_____。

三 组词成句 Make sentences with the given words

1. 大卫　今天　上课　不能　来　又　了

   _____

2. 昨天　足球赛　他　一场　去　看　了

   _____

3. 医生　一天　说　休息　最好

   _____

Elementary / Workbook ● 109

四 用指定的词语完成对话 Complete the dialogues with the given words

1. A：他过生日，我送他什么礼物呢？
   B：_____。（最好）

2. A：我感冒了，头疼，不太舒服。
   B：_____。（最好）

3. A：_____？（怎么）
   B：听说他病了。

4. A：这个周末你要去中国朋友家吗？
   B：是啊，_____。（希望）

5. A：今天晚上你去酒吧喝酒吗？
   B：_____。（不……了）

五 根据课文完成段落 Complete the paragraph on the basis of the text

大卫前天去看足球_____，回来的时候_____了，他没带_____，所以他_____了，有点儿不_____，今天不_____来上课。

六 汉字练习 Chinese character exercises

1. 拆分汉字 Chinese character structure analysis

例：球 qiú → 𤣩 + 求

（1）玩 wán →

（2）现 xiàn →

（3）望 wàng →

（4）烧 shāo →

（5）炒 chǎo →

2. 汉字书写练习 Write the following characters

| néng | 乙 ㄥ 宀 宀 自 自 自 能 能 能 |
| 能 能 能 能 能 |

| gǎn | 一 厂 厂 𠂉 𠂉 咸 咸 咸 咸 感 感 |
| 感 感 感 感 感 |

mào												
冒	冒	冒	冒	冒								
fā												
发	发	发	发	发								
shāo												
烧	烧	烧	烧	烧								
ké												
咳	咳	咳	咳	咳								
sòu												
嗽	嗽	嗽	嗽	嗽								
qián												
前	前	前	前	前								
chǎng												
场	场	场	场	场								
zú												
足	足	足	足	足								
qiú												
球	球	球	球	球								
sài												
赛	赛	赛	赛	赛								

pinyin	stroke order	character practice
dài	一 卄 卅 丗 卅 ⺍ 带 带 带	带 带 带 带
sǎn	ノ 八 乂 个 仐 伞	伞 伞 伞 伞
xiū	ノ 亻 仁 什 休 休	休 休 休 休
xī	ノ 亻 勹 白 自 自 息 息 息	息 息 息 息
jià	ノ 亻 亻 亻 伊 伊 俨 倪 假 假	假 假 假 假
xī	ノ 乂 亠 产 弃 希	希 希 希 希
wàng	丶 亠 亡 刅 劤 玥 玥 玥 望 望 望	望 望 望 望
pī	一 十 扌 扌 扎 批 批	批 批 批 批
yuè	ノ 刀 月 月	月 月 月 月

Nǐ xuéle duō cháng shíjiān Hànyǔ
你学了多长时间汉语

一 写拼音并组词 Write *pinyin* for the following words and then make phrases

1. 工_____(   )　　2. 常_____(   )　　3. 中_____(   )
　 公_____(   )　　　 长_____(   )　　　 钟_____(   )
　 共_____(   )　　　 唱_____(   )　　　 种_____(   )

二 用合适的词语填空 Fill in the blanks with appropriate words

翻译_____　　写_____　　学_____　　换_____　　_____车

三 根据拼音写词语并填空 Write words according to the *pinyin* and choose the appropriate word to fill in the blank of the passage below

fānyì　　dǔ chē　　chídào　　zháojí　　shēngqì　　jiǎndān　　yǔfǎ
_____　_____　_____　_____　_____　_____　_____

　　今天，我来学校的时候，路上不太顺利，_____了，我很_____，最后上课_____了。老师有点儿_____。今天我们学习汉语_____，比较_____，不用_____我就明白了。

四 用指定的词语完成句子或对话 Complete the sentences or dialogues with the given words

1. 这个问题很简单，_____。（就）

2. 我们宿舍不远，_____。（就）

3. A：这个周末你打算干什么？
　 B：_____。（打算）

4. A：你们写了多长时间作业？
　 B：_____。（V＋了＋时间＋O）

Elementary / Workbook ● 113

5. A：_____？（多长时间）

    B：我看了两个小时电视。

6. A：这些面包是上上个星期的吧？

    B：_____。（adj. + 了）

五 根据课文完成段落 Complete the paragraph on the basis of the text

玛丽_____在中国学了半年汉语，下学期她_____还在北京学习。昨天，她和朋友有约会，可是她坐的车_____了，_____轮胎换了半个小时，所以，她_____了。

六 汉字练习 Chinese character exercises

1. 拆分汉字 Chinese character structure analysis

例：坏 huài → 土 + 不

（1）块 kuài →

（2）堵 dǔ →

（3）地 dì →

（4）坐 zuò →

（5）吐 tù →

2. 汉字书写练习 Write the following characters

| chí | 丆 乛 尸 尺 尺 识 迟 |
| 迟 迟 迟 迟 迟 |

| dǔ | 一 十 土 圡 圵 圵 垆 堵 堵 堵 |
| 堵 堵 堵 堵 堵 |

| huài | 一 十 土 圠 圷 坏 坏 |
| 坏 坏 坏 坏 坏 |

| lún | 一 七 车 车 轮 轮 轮 轮 |
| 轮 轮 轮 轮 轮 |

23 你学了多长时间汉语

| tāi | 丿 丿 月 月 旷 旷 肸 胎 胎 |
| 胎 | 胎 胎 胎 胎 |

| pò | 一 丆 厂 石 石 矿 矿 砂 破 破 |
| 破 | 破 破 破 破 |

| méi | 一 广 广 币 币 币 币 雨 雪 雪 雪 霉 霉 |
| 霉 | 霉 霉 霉 霉 |

| píng | 一 宀 宀 立 平 |
| 平 | 平 平 平 平 |

| zháo | 丶 丷 䒑 兰 羊 羊 着 着 着 |
| 着 | 着 着 着 着 |

| jí | 丿 丆 刍 刍 刍 急 急 急 |
| 急 | 急 急 急 急 |

| chū | 丶 ㇇ ネ ネ ネ 初 初 |
| 初 | 初 初 初 初 |

| fǎ | 丶 丶 氵 氵 汁 法 法 法 |
| 法 | 法 法 法 法 |

| jiǎn | 丿 ⺮ ⺮ 竹 竹 笳 笳 筲 简 简 简 简 |
| 简 | 简 简 简 简 |

| dān | 丶 丷 ⺍ 丷 肖 肖 单 单 |
| 单 | 单 单 单 单 |

fān	ノ ゛ 亠 立 平 쭈 采 来 番 番 番 番 番 翻 翻 翻 翻
翻	翻 翻 翻 翻

yì	丶 讠 订 诇 讶 译 译
译	译 译 译 译

mǎ	乛 马 马
马	马 马 马 马

Nǐ chīle zǎofàn lái zhǎo wǒ
你吃了早饭来找我

一 写拼音并组词　Write *pinyin* for the following words and then make phrases

1. 只_____（　　） 2. 有_____（　　） 3. 行_____（　　）
   知_____（　　）   右_____（　　）   姓_____（　　）
   质_____（　　）   游_____（　　）   星_____（　　）
   直_____（　　）   友_____（　　）   幸_____（　　）

二 根据拼音写词语并填空　Write words according to the *pinyin* and choose the appropriate word to fill in the blank of the passage below

| kuàilè | fàng xīn | jùhuì | shàng wǎng | liáo tiānr |
| _____ | _____ | _____ | _____ | _____ |

| zhǎnlǎn | zǎofàn | shítáng | yìjiàn | làzhú | diànnǎo |
| _____ | _____ | _____ | _____ | _____ | _____ |

1. 这个周末我有同学_____，大家见面一定都很_____。
2. 每天早上，我都在_____吃_____。
3. A：明天去看_____？
   B：好啊，我没_____。
4. 昨天是我的生日，爸爸给我买了一台新_____。
5. 我来中国留学，妈妈不太_____，我每个周末都_____和她_____。
6. 今天是小美的生日，我们一起喝葡萄酒，吹_____，祝她生日_____。

三 组词成句　Make sentences with the given words

1. 我　吃　面条儿　一碗　了　已经

　　_____

2. 我们 一起 唱歌 去 打算 今天 晚上

   _____

3. 明天 八点 早上 宿舍 门口 见面 我们 在

   _____

四 用指定的词语完成对话　Complete the dialogues with the given words

1. A：你明天打算干什么？

   B：_____。（V₁＋了＋O＋V₂＋O）

2. A：妈妈，我看一会儿电视，好吗？

   B：_____。（别）

3. A：你晚上几点休息？

   B：今天我有作业，_____。（adj.＋一点儿＋V）

4. A：我送给他一束花儿，行吗？

   B：他是男孩子，_____。（别）

5. A：明天的比赛我也要去。

   B：_____？（干什么）

五 根据课文完成段落　Complete the paragraph on the basis of the text

张红的同学小美过二十三岁_____，她们一起_____庆祝（qìngzhù, to celebrate）。张红的男朋友李军打电话的时候，她们_____吃饭、喝酒、吹蜡烛呢。张红叫李军一起去_____歌，但是李军不去，他要_____聊天儿。明天他们两个人一起去看_____。

六 汉字练习　Chinese character exercises

1. 拆分汉字　Chinese character structure analysis

例：碗 wǎn　→ 石＋宛

（1）破 pò　→　　　　　　　（2）码 mǎ　→

（3）研 yán　→　　　　　　　（4）展 zhǎn　→

（5）屋 wū　→

2. 汉字书写练习　Write the following characters

táng	丨 丷 丷 ⺌ ⺌ 屵 屵 堂 堂 堂
堂	堂 堂 堂 堂

jù	一 丆 丌 丹 耳 耳 取 取 聚 聚 聚 聚 聚
聚	聚 聚 聚 聚

zhù	丶 ㇇ 礻 礻 礻 祀 祀 祝
祝	祝 祝 祝 祝

wǎn	一 丆 石 石 石 矽 矽 矽 矽 碗 碗
碗	碗 碗 碗 碗

pú	一 艹 艹 艹 艻 艻 荀 荀 荀 葡 葡
葡	葡 葡 葡 葡

táo	一 艹 艹 艹 艻 艻 匋 萄 萄 萄
萄	萄 萄 萄 萄

chuī	丨 丶 口 口 吹 吹 吹
吹	吹 吹 吹 吹

là	丨 口 口 中 虫 虫 虴 虵 蚞 蛓 蜡 蜡 蜡
蜡	蜡 蜡 蜡 蜡

zhú	丶 ㇀ 丬 火 火 灯 灯 炖 烛 烛
烛	烛 烛 烛 烛

kǎ	丨 卜 上 卡 卡	卡 卡 卡 卡 卡
lā	一 十 扌 扩 扩 拉 拉 拉	拉 拉 拉 拉 拉
dàn	丿 亻 仃 但 但 但	但 但 但 但 但
fàng	丶 二 亍 方 方 扩 放 放	放 放 放 放 放
měi	丶 丷 丷 䒑 䒑 羊 羊 美 美	美 美 美 美 美
shù	一 十 才 木 术	术 术 术 术 术
zhǎn	一 コ 尸 尸 尸 屈 屈 展 展 展	展 展 展 展 展
lǎn	丨 丷 丷 㤋 㤋 览 览 览 览	览 览 览 览 览
zhǎo	一 十 才 扌 找 找 找	找 找 找 找 找

Nǐ gāi duō duànliàn duànliàn le
你该多锻炼锻炼了

一 写拼音并组词 Write *pinyin* for the following words and then make phrases

1. 心_____(   ) 2. 玩_____(   ) 3. 为_____(   )
   新_____(   )   晚_____(   )   卫_____(   )
   信_____(   )   碗_____(   )   味_____(   )

二 用合适的词语填空 Fill in the blanks with appropriate words

打_____   看_____   锻炼_____
出_____   上_____   参加_____

三 根据拼音写词语并填空 Write words according to the *pinyin* and choose the appropriate word to fill in the blank of the passage below

bào míng   chóngxīn   pǎo bù   duànliàn   cānjiā   tàijíquán
_____   _____   _____ _____   _____ _____

　　来中国以后，我每天学习，不_____，身体很不好。最近，我_____开始锻炼，_____了一个班，每天早上起来打_____，睡觉以前还去_____。所以，我的身体又好了。下个月学校有运动会（yùndònghuì, sports meeting），我也_____了。

四 组词成句 Make sentences with the given words

1. 你 早 这么 就 睡觉 要 了 吗
   _____

2. 打算 以后 我 吃 晚饭 了 散步 去 每天
   _____

3. 时候 我 的 还 你 睡觉 在 呢 跑步
   _____

五 用指定的词语完成对话　Complete the dialogues with the given words

1. A：我们明天在哪儿见面？

    B：＿＿＿＿＿＿＿＿＿＿＿＿＿＿＿＿＿＿＿＿＿。（在……V）

2. A：你锻炼了多长时间？

    B：＿＿＿＿＿＿＿＿＿＿＿＿＿＿＿＿＿＿＿＿＿。（V＋了＋时间）

3. A：你看，我骑车去还是坐地铁去？

    B：＿＿＿＿＿＿＿＿＿＿＿＿＿＿＿＿＿＿＿＿＿。（最好……）

4. A：你醉了？喝了多少酒啊？

    B：＿＿＿＿＿＿＿＿＿＿＿＿＿＿＿＿＿＿＿＿＿。（V＋了……）

5. A：已经七点半了。

    B：＿＿＿＿＿＿＿＿＿＿＿＿＿＿＿＿＿＿＿＿＿。（该＋VP＋了）

6. A：你什么时候去？

    B：＿＿＿＿＿＿＿＿＿＿＿＿＿＿＿＿＿＿＿＿＿。（……年……月……日）

7. A：你怎么不买自行车了？

    B：＿＿＿＿＿＿＿＿＿＿＿＿＿＿＿＿＿＿＿＿＿。（没＋O＋了）

8. A：作业太多了，累死了！

    B：＿＿＿＿＿＿＿＿＿＿＿＿＿＿＿＿，我们出去玩儿一会儿吧。（别＋VP＋了）

六 阅读　Reading

大卫最近常常熬夜，有时候和朋友一起聚会喝酒，有时候上网聊天儿，有时候看手机，常常很晚才睡觉。他早上睡懒觉，上课常常迟到，还常常不做作业。他从来不锻炼身体，所以身体很不好。昨天喝了一瓶啤酒以后，他觉得很不舒服，头疼，很困。他去看医生，医生告诉他最好早睡早起，要每天坚持锻炼。大卫打算以后每天早上打一会儿太极拳，吃了晚饭还要去散步。

回答问题　Answer the following questions

1. 大卫身体不好的原因是什么？

2. 大卫昨天觉得怎么样？

3. 他以后还会熬夜吗？

25 你该多锻炼锻炼了

七 汉字练习　Chinese character exercises

1. 根据偏旁组字　Write characters with the given radicals

（1）忄→ _____　_____　_____　_____

（2）扌→ _____　_____　_____　_____

（3）火→ _____　_____　_____　_____

（4）石→ _____　_____　_____　_____

2. 换偏旁组成新的字　Change the radicals to form new characters

例：妈 → 奶 → 姐 → 妹 → 好
　　　→ 码 → 吗 → 玛 → 骂

（1）爸 →　　　→　　　→　　　→

（2）们 →　　　→　　　→　　　→

（3）忘 →　　　→　　　→　　　→

（4）现 →　　　→　　　→　　　→

3. 汉字书写练习　Write the following characters

| jù | ⁷ ⁷ ⁷ 尸 尸 尺 居 居 居 剧 |
| 剧 | 剧 剧 剧 剧 |

| jí | 一 十 才 木 朩 极 极 |
| 极 | 极 极 极 极 |

| quán | ` ´ ⺍ 二 𠆢 关 关 拳 拳 拳 |
| 拳 | 拳 拳 拳 拳 |

| cān | 厶 ム 厽 㐅 参 参 参 参 |
| 参 | 参 参 参 参 |

pinyin	stroke order	character practice
jiā	丁 力 加 加 加	加 加 加 加 加
bān	一 二 干 王 王 功 玎 玎 班 班	班 班 班 班 班
bào	一 十 才 扌 扞 护 报 报	报 报 报 报 报
dòng	一 二 丂 云 动 动	动 动 动 动 动
wàng	丶 亠 亡 忘 忘 忘	忘 忘 忘 忘 忘
xiān	丿 夂 夂 冬 鱼 鱼 鱼 鲂 鲜 鲜 鲜	鲜 鲜 鲜 鲜 鲜
hú	丶 冫 氵 汁 汁 浐 浐 浒 湖 湖 湖	湖 湖 湖 湖 湖
pǎo	丨 口 甲 甲 早 足 趵 趵 跑 跑	跑 跑 跑 跑 跑
bù	丨 止 止 牛 步 步	步 步 步 步 步
shù	一 十 才 木 初 权 权 树 树	树 树 树 树 树
niǎo	丿 勹 乌 鸟 鸟 鸟	鸟 鸟 鸟 鸟 鸟

你该多锻炼锻炼了

fēi	乁 飞 飞
飞	飞 飞 飞 飞

jìn	フ ス ス 圣 圣 劲 劲
劲	劲 劲 劲 劲

hàn	丶 丶 氵 汁 汗 汗
汗	汗 汗 汗 汗

duàn	丿 亻 仁 钅 钅 钅 钅 铲 铲 铲 锻 锻
锻	锻 锻 锻 锻

liàn	丶 丷 火 火 灯 灯 炼 炼 炼
炼	炼 炼 炼 炼

bàng	一 十 才 木 术 杧 柈 栟 棒 棒 棒 棒
棒	棒 棒 棒 棒

sàn	一 十 廾 廾 芦 芍 苷 苷 背 散 散 散
散	散 散 散 散

26 快考试了
Kuài kǎo shì le

一 写拼音并组词 Write *pinyin* for the following words and then make phrases

1. 水_____（　　　）　2. 起_____（　　　）　3. 没_____（　　　）
   睡_____（　　　）　　 骑_____（　　　）　　 美_____（　　　）
   谁_____（　　　）　　 气_____（　　　）　　 妹_____（　　　）

二 根据拼音写词语并填空 Write words according to the *pinyin* and choose the appropriate word to fill in the blank of the passage below

hèkǎ　　Shèngdàn Jié　　chàbuduō　　zhòngyào　　lǚxíng　　qīnqi

_____　　　_____　　　_____　　　_____　　　_____　　　_____

_____快到了，很多留学生打算去_____。但是，圣诞节不是中国人的节日。对中国人来说，新年是一个比较_____的节日。新年以前，人们都给_____朋友寄_____。但是最近几年，很多人不买贺卡了，他们发电子（diànzǐ, electronic）贺卡。电子贺卡的作用（zuòyòng, function）和贺卡_____，还很有意思。

三 组词成句 Make sentences with the given words

1. 我　写　两　小时　个　整整　了　呢

　　_____

2. 我　排　差不多　了　半个　小时　多　的　队

　　_____

3. 快要　了　去　我们　放假　打算　旅行　假期

　　_____

126 ● 初级起步篇 I（第三版）/练习册

26 快考试了

四 用指定的词语完成句子或对话 Complete the sentences or dialogues with the given words

1. _____，得快点儿走。（快……了）

2. 我的自行车坏了，_____。（只好）

3. A：他去哪儿了？你知道吗？
   B：_____。（可能）

4. A：你现在就休息吗？
   B：_____。（再）

5. A：快考试了，你今天看了多长时间的书？
   B：_____。（V + 了 + 时间 + O）

五 用所给的词语写一段对话 Write a short passage with the given words

只好　可能　再　刚才　要……了

六 汉字练习 Chinese character exercises

1. 拆分汉字 Chinese character structure analysis

例：贺 hè → 加 + 贝

（1）贵 guì →　　　　　　　　　（2）货 huò →

（3）员 yuán →　　　　　　　　　（4）购 gòu →

（5）财 cái →

2. 汉字书写练习 Write the following characters

| jiē | 一 亅 扌 扩 护 护 护 护 接 接 接 |
| 接 接 接 接 接 | |

| gōng | 一 丁 工 功 功 |
| 功 功 功 功 功 | |

| jī | 一 十 廿 甘 甘 甘 其 其 其 基 基 |
| 基 基 基 基 基 | |

| chǔ | 一 厂 メ 石 石 矿 砂 础 础 |
| 础 础 础 础 础 | |

| gèng | 一 丆 兀 百 百 更 更 |
| 更 更 更 更 更 | |

| nǔ | く 夕 女 如 奴 努 努 |
| 努 努 努 努 努 | |

| lǚ | 丶 亠 方 方 方 方 旅 旅 旅 |
| 旅 旅 旅 旅 旅 | |

Pinyin	Stroke order	Character practice
jué	丶 冫 冫 冫 决 决	决 决 决 决 决
dìng	丶 丶 宀 宀 宁 宁 定 定	定 定 定 定 定
lǜ	丶 丨 上 广 卢 卢 虎 虑 虑 虑	虑 虑 虑 虑 虑
xìn	丿 亻 亻 伫 伫 伫 信 信 信	信 信 信 信 信
jì	丶 丶 宀 宀 宁 安 宔 宔 寄 寄 寄	寄 寄 寄 寄 寄
hè	𠃌 力 加 加 加 如 贺 贺 贺	贺 贺 贺 贺 贺
qīn	丶 亠 立 立 辛 辛 亲 亲	亲 亲 亲 亲 亲
qī	一 厂 厂 厂 厂 厅 厉 戚 戚 戚 戚	戚 戚 戚 戚 戚
zhěng	一 𠃍 𠃍 車 車 束 束 剌 敕 敕 敕 整 整 整	整 整 整 整 整
duì	𠃌 阝 队 队	队 队 队 队 队

Bàba māma ràng wǒ huí jiā
爸爸妈妈让我回家

一 写拼音并组词 Write *pinyin* for the following words and then make phrases

1. 四_____（　　） 2. 里_____（　　） 3. 九_____（　　）
　 思_____（　　）　 礼_____（　　）　 酒_____（　　）
　 死_____（　　）　 历_____（　　）　 旧_____（　　）

二 根据拼音写词语并填空 Write words according to the *pinyin* and choose the appropriate word to fill in the blank of the passage below

bì yè　　　lìshǐ　　　zhuājǐn　　　fùxí　　　gǎn xìngqù　　　yánjiūshēng

_____　　_____　　_____　　_____　　_____　　_____

快放假了，有的学生准备去旅行，有的学生_____时间_____功课。因为_____系的学生不太容易找工作，所以快_____的学生决定考别的专业的_____。只有（zhǐyǒu, only）对历史特别_____的人，才会继续学习这个专业。

三 组词成句 Make sentences with the given words

1. 听说　冬天　美　风景　哈尔滨　的　极了

　　_____

2. 打算　复习　我　在　功课　学校

　　_____

3. 我　得　回　安排　一趟　时间　家

　　_____

四 用指定的词语完成对话 Complete the dialogues with the given words

1. A：你为什么来中国留学？

   B：_____。（对……感兴趣）

2. A：有了男朋友以后，你觉得幸福吗？

   B：_____。（极了）

3. A：你为什么不去美国留学？

   B：_____。（让）

4. A：大卫，这么着急去哪儿呀？

   B：_____。（一趟）

5. A：我打算考清华大学的研究生。

   B：_____。（一定）

五 阅读 Reading

难忘的同屋

对留学生来说，很多人都想有一个好同屋。

我的第一个同屋是一个非常有趣（yǒuqù, funny）的人。他有很多朋友，大家都喜欢他。他的汉语说得不太好，但是他很会交（jiāo, to make）朋友，我想这和他的幽默（yōumò, humour）有很大的关系。

有一天，他和中国朋友打电话聊天儿的时候，想对朋友说"生日快乐"，不过他忘了怎么说。我小声告诉他以后，他大声说："生日坏了。"他听错了！

刚到中国的时候，他不会说汉语。上完课以后他告诉朋友说："今天我学了一些汉语生词。"然后他大声说："认识你，很干净。"他又说错了！

后来（hòulái, later），他第一次和别人见面的时候，都说"认识你，很干净"。他觉得这是一个好办法，可以让他和别人很快成为（chéngwéi, to become）朋友。

回答问题 Answer the following questions

1. "我"的同屋是个怎么样的人？

2. 有一天他打电话对中国朋友说了什么？

3. 他第一次和别人见面的时候说什么？

六 汉字练习　Chinese character exercises

1. 拆分汉字　Chinese character structure analysis

例：跑 pǎo　→　𧾷（足）+ 包

（1）跳 tiào　→

（2）路 lù　→

（3）起 qǐ　→

（4）趣 qù　→

（5）趟 tàng　→

2. 汉字书写练习　Write the following characters

爸爸妈妈让我回家

jǐn	丨 丨 丨 丨 丨 丨 丨 丨 丨 丨	紧 紧 紧 紧 紧
gǔ	一 十 古 古 古	古 古 古 古 古
lì	一 厂 历 历	历 历 历 历 历
shǐ	丨 口 口 史 史	史 史 史 史 史
qù	一 十 土 耂 耂 走 走 赱 赶 赵 趄 趣 趣	趣 趣 趣 趣 趣
shòu	一 十 扌 扒 护 拧 挣 挣 授 授	授 授 授 授 授
ràng	丶 讠 让 让 让	让 让 让 让 让
yīng	丶 一 广 广 应 应 应	应 应 应 应 应
gāi	丶 讠 认 讠 该 该 该 该	该 该 该 该 该
niàn	丿 人 仒 仐 今 念 念 念	念 念 念 念 念
tàng	一 十 土 耂 耂 走 走 赱 赶 赵 趟 趟 趟	趟 趟 趟 趟 趟

Kǎo de zěnmeyàng
考得怎么样

一 写拼音并组词 Write *pinyin* for the following words and then make phrases

1. 见_____(　　)　　2. 教_____(　　)　　3. 姐_____(　　)
　 间_____(　　)　　 叫_____(　　)　　 介_____(　　)
　 简_____(　　)　　 交_____(　　)　　 借_____(　　)
　 件_____(　　)　　 饺_____(　　)　　 解_____(　　)

二 根据拼音写词语并填空 Write words according to the *pinyin* and choose the appropriate word to fill in the blank of the passage below

nán　　jǐnzhāng　　bāngzhù　　quèshí　　jiějué　　yuèdú　　fāngfǎ　　biān
___　　_____　　_____　　_____　　_____　　_____　　_____　　___

　　有些留学生觉得汉语_____极了，他们看见汉字就_____，考试的时候，常常没有时间仔细_____题。为了_____留学生学习汉字，老师们_____了很多汉字故事书，教大家一些记汉字的好_____。汉字_____有点儿难，不过这些书可以_____汉字难的问题。

三 组词成句 Make sentences with the given words

1. 有些　我们　不　课　考试　报告　写　只
　_____

2. 有　生词　两个　写　怎么　忘　了　我
　_____

3. 我　一本　汉字　故事书　留学生　编　给　的　有
　_____

四 用指定的词语完成对话　Complete the dialogues with the given words

1. A：听说日本也使用汉字，是吗？

   B：是呀，_____。（对……来说）

2. A：他今天怎么没来上课呀？

   B：_____。（也许）

3. A：_____？（V 得）

   B：游得很好。

4. A：你为什么要休息一下儿？

   B：我跑步_____。（V 得）

5. A：听说研究生的考试很难。

   B：_____。（一定）

6. A：这个学期快完了吗？

   B：_____。（还／再……就……了）

五 阅读　Reading

第一次看电影

五岁的时候，我第一次（dì-yī cì, the first time）和父母一起去看电影。对我来说，那是一件大事，因为姐姐早就可以看电影了。我不知道看电影是什么，大人让我去看，我就觉得高兴极了。

到了电影院，我看见每个人都有一张票（piào, ticket），进去的时候要给电影院的人看一下儿。我向爸爸要票，可是他说："你不需要票就可以进去。"我觉得非常不公平（gōngpíng, fair），为什么别人都有票？爸爸让我来看电影，可是为什么不给我票？我大声地哭了。爸爸没有办法，只好给我买了一张票。

回家以后，父母告诉我说小孩子不用买票，买票是要花钱的。五岁的我，不知道钱是什么，只知道自己应该和别人一样。

现在我已经长大了，是大学生了，可是过了这么多年，我还没忘这件事。

回答问题　Answer the following questions

1. "我"第一次看电影是什么时候？

2. "我"为什么大声哭?

3. "自己应该和别人一样"是指什么?

六 汉字练习　Chinese character exercises

1. 拆分汉字　Chinese character structure analysis

例：故 gù　　→ 古 + 攵

（1）教 jiāo　→　　　　　　（2）效 xiào　→

（3）改 gǎi　→　　　　　　（4）收 shōu　→

（5）难 nán　→　　　　　　（6）欢 huān　→

（7）劝 quàn　→

2. 汉字书写练习　Write the following characters

| wán | 丶 丶 宀 宀 宁 完 完 |
| 完 | 完 完 完 完 |

| gào | 丿 亠 牛 生 告 告 告 |
| 告 | 告 告 告 告 |

| sù | 丶 讠 讠 讠 讠 诉 诉 |
| 诉 | 诉 诉 诉 诉 |

| sōng | 一 十 才 木 木 松 松 松 |
| 松 | 松 松 松 松 |

| zhāng | 丶 丶 弓 弓 弘 张 张 |
| 张 | 张 张 张 张 |

| xiào | 丶 亠 六 六 方 交 交 效 效 |
| 效 | 效 效 效 效 |

考得怎么样 28

dá	ノ ノ ト ト 丛 竹 竹 炊 筌 答 答 答
答 答 答 答 答	

wèi	、 丿 为 为
为 为 为 为 为	

gòu	ノ ク 勺 句 句 旬 够 够 够 够 够
够 够 够 够 够	

yuè	、 亠 门 门 门 问 闯 阅 阅
阅 阅 阅 阅 阅	

dú	、 讠 记 计 诗 诗 诗 读 读
读 读 读 读 读	

nán	フ ヌ ヌ 邓 邓 难 难 难 难 难
难 难 难 难 难	

màn	丶 ㇀ 忄 忄 忄 忄 悍 悍 悍 悍 慢 慢 慢
慢 慢 慢 慢 慢	

què	一 丆 才 石 石 石 矿 砳 确 确 确
确 确 确 确 确	

shí	丶 宀 宀 宁 宁 实 实 实
实 实 实 实 实	

jì	、 讠 记 记 记
记 记 记 记 记	

Elementary / Workbook 137

biān	㇚ 乡 乡 纟 纩 纩 纩 绵 编 编 编	编 编 编 编 编
gù	一 十 十 古 古 古 舌 故 故	故 故 故 故 故
jiè	丿 亻 亻 什 併 併 借 借 借	借 借 借 借 借
xǔ	丶 讠 讠 讠 讠 许 许	许 许 许 许 许
zhù	丨 冂 冃 且 即 助	助 助 助 助 助
dān	一 丨 扌 扌 扣 扣 担 担	担 担 担 担 担
jiě	丿 𠂊 ⺈ 丸 甪 角 角 角 解 解 解	解 解 解 解 解

Wǒmen yǐjīng mǎihǎo piào le
我们已经买好票了

一 写拼音并组词 Write *pinyin* for the following words and then make phrases

1. 到_____(   )   2. 和_____(   )   3. 方_____(   )
   道_____(   )   贺_____(   )   放_____(   )
   倒_____(   )   喝_____(   )   房_____(   )

二 根据拼音写词语并填空 Write words according to the *pinyin* and choose the appropriate word to fill in the blank of the passage below

yīděngzuò   èrděngzuò   piào   gāotiě

_____   _____   _____   _____

在中国，_____是比较重要的交通工具（gōngjù, tool）。人们出去旅行常常坐高铁。高铁比较便宜的_____是_____的票。_____比较贵，但也比较舒服。

三 组词成句 Make sentences with the given words

1. 我们 系 里 联欢 晚会 有 周六 这个

   _____

2. 参加 晚会 去 中国 的 学生 准备 东西 什么 要

   _____

3. 也许 你 让 会 节目 表演 一个

   _____

四 用指定的词语完成对话 Complete the dialogues with the given words

1. A：你们考试考完了吗？

   B：_____。（终于）

2. A：你放假有什么打算？

　　B：＿＿＿＿＿＿＿＿＿＿＿＿＿＿＿＿＿＿＿＿＿＿＿＿。（另外）

3. A：你们这次旅行玩儿得好吗？

　　B：＿＿＿＿＿＿＿＿＿＿＿＿＿＿＿＿＿＿＿＿＿＿＿＿。（别提了）

4. A：明天的天气怎么样？

　　B：＿＿＿＿＿＿＿＿＿＿＿＿＿＿＿＿＿＿＿＿＿＿＿＿。（可能）

5. A：＿＿＿＿＿＿＿＿＿＿＿＿＿＿＿＿＿＿＿＿＿＿＿＿？（V 好）

　　B：休息好了。

6. A：李军，我给你介绍一个漂亮的女朋友吧？

　　B：大卫，＿＿＿＿＿＿＿＿＿＿＿＿＿＿＿＿＿＿＿＿。（拿……开玩笑）

五 阅读　Reading

你最好和小狗商量商量

英国作家（zuòjiā, writer）萧伯纳（Xiāobónà, George Bernard Shaw, *a famous British writer*）收到一封信，信中说："您是我最喜欢的作家。最近我得到（dédào, to get）了一条小狗，我打算用您的名字给它起名（qǐ míng, to give a name），可以吗？"萧伯纳看了信以后，没有生气，写了一封回信："读了你的信，我觉得很有意思。你可以用我的名字，不过，你最好和你的小狗商量（shāngliang, to discuss）商量，看它同意不同意。"

回答问题　Answer the following questions

1. 萧伯纳是谁？

2. 他收到的信中写了什么？

3. "你最好和你的小狗商量商量"，这句话是什么意思？

六 汉字练习 Chinese character exercises

1. 拆分汉字 Chinese character structure analysis

例：饭 fàn → 饣+反

（1）饺 jiǎo →

（2）馆 guǎn →

（3）饿 è →

（4）很 hěn →

（5）得 de →

（6）行 xíng →

2. 汉字书写练习 Write the following characters

pinyin	stroke order	character practice
xū	丨 ㇄ ㇄ 广 庐 卢 虍 虚 虚 虚	虚 虚 虚 虚 虚
ná	丿 人 八 合 合 合 合 拿 拿 拿	拿 拿 拿 拿 拿
xiào	丿 ト ㇏ 竹 竹 竹 竺 笑 笑	笑 笑 笑 笑 笑
lìng	丶 ㇆ 口 号 另	另 另 另 另 另
wài	丿 ㇄ 夕 夘 外	外 外 外 外 外
bǔ	丶 ㇁ 丬 ネ 礻 衤 补	补 补 补 补 补
lián	一 厂 丌 月 月 耳 耳 耳 耳 联 联	联 联 联 联 联
biǎo	一 二 キ 主 声 表 表 表	表 表 表 表 表
yǎn	丶 丶 氵 氵 沪 沪 沪 洭 洭 演 演 演 演	演 演 演 演 演
mù	丨 冂 月 目 目	目 目 目 目 目

Wǒ yào cānjiā liánhuānhuì
我要参加联欢会

一 写拼音并组词 Write *pinyin* for the following words and then make phrases

1. 书_____(　　) 　2. 手_____(　　) 　3. 六_____(　　)
   熟_____(　　) 　　　首_____(　　) 　　　刘_____(　　)
   束_____(　　) 　　　收_____(　　) 　　　留_____(　　)
   舒_____(　　) 　　　售_____(　　) 　　　流_____(　　)

二 根据拼音写词语并填空 Write words according to the *pinyin* and choose the appropriate word to fill in the blank of the passage below

　　　liúxíng　　gēcí　　gēqǔ　　hǎotīng　　yǒumíng
　　　_____　_____　_____　_____　_____

　　中国的流行_____从70年代（niándài, age）开始。那时候，有一些很_____的_____歌手（gēshǒu, singer）。他们唱的歌很_____，_____也和以前的歌曲很不一样。现在流行歌曲非常多，大部分人都很喜欢听。

三 组词成句 Make sentences with the given words

1. 我　参加　联欢会　中国　的　学生　一个　明天　要
　_____

2. 我　没　准备　行李　还　呢　好
　_____

3. 我　我　不想　打算　唱　唱　一首　英文歌　中文歌
　_____

四 用指定的词语完成对话 Complete the dialogues with the given words

1. A：你怎么这么忙啊？
   B：_____。（快……了）

2. A：你今天怎么没骑自行车？

   B：_____。（只好）

3. A：你觉得考得怎么样？

   B：_____。（可能）

4. A：那儿的风景怎么样？

   B：_____。（……极了）

5. A：他汉字写得怎么样？

   B：_____。（V＋得）

五 阅读　Reading

大卫的假期

大卫考试已经都考完了，他考得糟糕极了。对他来说，汉字太难了，他看得很慢，写得也很慢，所以考试的时候有两道题还没做完。但是，他已经不想考试的事儿了，现在他正在练习唱中国民歌，因为他要参加一个中国学生的联欢会，他希望自己的发音能标准一点儿。放假以后，大卫打算和朋友一起去哈尔滨旅行，高铁票已经买好了。

回答问题　Answer the following questions

1. 大卫为什么考试考得不好？
2. 大卫现在很不高兴吗？
3. 大卫假期有什么打算？

六 汉字练习　Chinese character exercises

1. 根据偏旁组字　Write characters with the radicals given

   （1）讠 →　　　　　　　　（2）贝 →

   （3）艹 →　　　　　　　　（4）忄 →

   （5）扌 →　　　　　　　　（6）氵 →

2. 找出下面各字的偏旁　Write the radicals of the following characters

需_____　懂_____　熟_____　悉_____　糟_____

铁_____　座_____　标_____　联_____　歌_____

3. 汉字书写练习　Write the following characters

| lǐ | 一 十 十 木 本 李 李 |
| 李 | 李 李 李 李 |

| shí | 一 十 扌 扌 扑 扑 拾 拾 |
| 拾 | 拾 拾 拾 拾 |

| chuān | 丶 宀 宀 宀 穴 穵 穿 穿 |
| 穿 | 穿 穿 穿 穿 |

| xū | 一 广 广 币 币 雨 雨 雪 雪 雪 需 需 |
| 需 | 需 需 需 需 |

| yīng | 一 十 艹 艹 艹 荁 英 英 |
| 英 | 英 英 英 英 |

| shǒu | 丶 丷 䒑 䒑 产 芐 首 首 首 |
| 首 | 首 首 首 首 |

| liú | 丶 丶 氵 氵 氵 汁 浐 浐 流 流 |
| 流 | 流 流 流 流 |

| qǔ | 丨 冂 日 曲 曲 曲 |
| 曲 | 曲 曲 曲 曲 |

pinyin	stroke order	character practice
mín	フ ⁊ ⼾ 尸 民	民 民 民 民 民
dǒng	丶 丶 忄 忄 忄 忄 忄 悖 悖 懂 懂 懂 懂 懂	懂 懂 懂 懂 懂
shú	丶 一 亠 亠 古 古 言 亨 享 敦 敦 孰 孰 熟 熟	熟 熟 熟 熟 熟
xī	一 ⺈ ⺈ 丷 平 采 采 悉 悉 悉	悉 悉 悉 悉 悉
biāo	一 十 扌 扌 村 杧 标 标	标 标 标 标 标
cì	丶 冫 冫 冫 次 次	次 次 次 次 次
pà	丶 丶 忄 忄 忄 怕 怕 怕	怕 怕 怕 怕 怕

21—30课测试题

一 写出下列词语的拼音 Write *pinyin* for the following words (10%)

1. 咳嗽_____ 2. 糟糕_____ 3. 熬夜_____ 4. 倒霉_____
5. 熟悉_____ 6. 展览_____ 7. 考虑_____ 8. 紧张_____
9. 继续_____ 10. 联欢会_____

二 写汉字 Write the words according to the *pinyin* (10%)

jīchǔ _____   qǐngjià _____   chídào _____   fānyì _____

gǎnmào _____   duànliàn _____   lǚxíng _____   bì yè _____

liúxíng _____   fēngjǐng _____

三 用适当的名词填空 Fill in the blanks with appropriate nouns (15%)

编_____   记_____   收拾_____   抓紧_____   解决_____

带_____   寄_____   表演_____   复习_____   参加_____

找_____   借_____   接_____   决定_____   想念_____

四 写出下列词语的反义词 Write the antonyms for the following words (8%)

1. 早—（ ） 2. 难—（ ） 3. 放心—（ ） 4. 生气—（ ）
5. 慢—（ ） 6. 错—（ ） 7. 冷—（ ） 8. 紧张—（ ）

五 写出多音字的拼音并组词 Write *pinyin* for the following polyphones and makes words (10%)

例：乐 lè（快乐）yuè（音乐）

1. 着_____（   ）   2. 假_____（   ）   3. 重_____（   ）
   _____（   ）   _____（   ）   _____（   ）

4. 倒_____（   ）   5. 得_____（   ）
   _____（   ）   _____（   ）

六 填量词　Fill in the appropriate measure words (5%)

1. 一（　）题　2. 四（　）课　3. 六（　）酒　4. 五（　）歌　5. 两（　）票

6. 考一（　）　7. 去一（　）　8. 回家一（　）　9. 写一（　）　10. 包一（　）饺子

七 选词填空　Choose the appropriate words to fill in the blanks (12%)

（一）用功　努力　紧张　熟悉　标准

1. 快考试了，我有点儿_____，每天去图书馆_____学习，同学们都说我很_____。

2. 我最担心的是声调和汉字，声调不太_____，汉字好像很_____，可是它不认识我。

（二）棒　困　熬夜　简单　生气　确实　坏　热情　只好　新鲜

1. 昨天我又_____了，上课的时候很_____，老师好像有点儿_____。我们问老师这次考试难吗，老师说比较_____，我希望_____不太难。

2. 周末我去朋友家做客，路上车_____了，我_____打车。朋友对我很_____，做了很多菜，又_____又好吃，我觉得_____极了。

（三）能　会　想　要　应该　一定　可能　也许　可以

1. 我不_____去日本留学，可是爸爸妈妈_____让我去。

2. 大卫病了，他今天不_____参加比赛，_____明天的比赛他_____来。

3. 在北京大学学习了两个多月，我现在_____说一点儿汉语了。可是我们的时间不够，所以我们_____每天都努力学习。

4. 明天的考试很重要，你_____不要迟到。

5. 今天早上的天气很不好，看起来_____下雨。

八 改错句　Correct the mistakes in the following sentences (5%)

1. 他昨天晚上睡觉得很晚。

2. 他两个小时洗衣服了。

3. 哈尔滨的风景非常漂亮极了。

4. 刚我去湖边跑步了。

5. 昨天我和朋友去了商店买一件衣服。

九 完成对话　Complete the following dialogues with the given words (20%)

1. A：昨天你的生日晚会怎么样？
   B：_____。（V得……）

2. _____，汉字比较难。（对……来说）

3. A：你的假期过得怎么样？
   B：_____。（……极了）

4. A：你去哪儿？
   B：_____。（让）

5. A：你为什么睡那么晚？
   B：_____。（快……了）

6. A：你下课以后回家吗？
   B：_____。（再+V）

7. A：妈妈，我想出去玩儿。
   B：_____。（V_1+了+O_1+V_2+O_2）

8. A：大卫今天怎么没来上课？
   B：_____。（好像……）

9. A：你有什么学习汉语的好方法吗？
   B：_____。（最好）

10. A：_____？
    B：_____，就去超市买吧。（……的话）

十 组词成句　Make sentences with the given words (5%)

1. 我　不　标准　发音　的　太……了

   _____

2. 我　你　开　不是　拿　吧　玩笑

   _____

3. 明天 早饭 宿舍 来 找 吃 我 你 了 吧
_____

4. 小时 我 晚上 散步 昨天 一个 湖边 的 在 了
_____

5. 我 两年 了 好 可是 得 不太 汉语 学 说 已经 还是 了
_____

参考答案

第一课

一、写出下列词语的拼音（略）

二、选词填空

　　名字　老师　学生　谢谢

三、把下列句子改成否定句和疑问句

　　1. 她不是老师。　　她是老师吗？
　　2. 他不是李军。　　他是李军吗？
　　3. 他不叫大卫。　　他叫大卫吗？
　　4. 你不是留学生。　你是留学生吗？

第二课

一、写出下列词语的拼音（略）

二、选词填空

　　介绍　认识　高兴　哪国　美国　同学

三、用"也""呢"改写句子

　　1. 他是老师，你呢？　　　我也是老师。
　　2. 我是美国人，你呢？　　我也是美国人。
　　3. 我不是留学生，你呢？　我也不是留学生。
　　4. 玛丽很高兴，你呢？　　我也很高兴。
　　5. 李军很好，你呢？　　　我也很好。

第三课

一、写出下列词语的拼音（略）

二、选词填空

　　词典　汉语　课本　同屋‖杂志　音乐　朋友

三、用"什么""谁"改写句子

1. A：这是什么书？　　　　　　　A：这是谁的书？
   B：汉语书。　　　　　　　　　B：这是我同屋的书。
2. A：这是什么杂志？　　　　　　A：这是谁的杂志？
   B：音乐杂志。　　　　　　　　B：这是我朋友的杂志。
3. A：他是谁？　　　　　　　　　A：他是什么老师？
   B：他是我的老师。　　　　　　B：他是汉语老师。

第四课

一、写出下列词语的拼音（略）

二、选词填空

请问　哪儿　办公楼　图书馆　不用谢‖请问　宿舍　对不起　知道　没关系

三、用"哪儿"和所给方位词改写句子

1. A：留学生宿舍在哪儿？　　　B：留学生宿舍在中国学生宿舍的西边。
2. A：大卫在哪儿？　　　　　　B：大卫在玛丽的左边。
3. A：日本在哪儿？　　　　　　B：日本在中国的东边。
4. A：汉语课本在哪儿？　　　　B：汉语课本在音乐杂志的下边。

第五课

一、写出下列词语的拼音（略）

二、选词填空

名字　专业　中文　研究生　国际　有空儿　欢迎

三、把词语放在句中合适的位置

1. B　2. C　3. D　4. D　5. C

四、用指定的词语完成句子

1.（这）是你的书吗　　　　2. 你的专业是什么
3. 图书馆在哪儿　　　　　　4. 教学楼在图书馆的旁边
5.（那）是谁的词典

第六课

一、写出下列词语的拼音（略）

二、选词填空

现在　讲座　开始　一会儿‖上课　下课　部分

三、用汉语的数字写出下面的时间

1. 上午八点一刻（八点十五分）　　2. 晚上九点五十五分（差一刻十点）

3. 上午十点四十五分（差一刻十一点）　　4. 下午五点三十分（五点半）

5. 早上六点十分

第七课

一、写出下列词语的拼音（略）

二、用适当的时间词填表

4月30日 4：30 pm	5月1日 6：00 am	5月2日 8：30 pm	5月3日 9：45 pm
昨天下午四点半	今天早上六点	明天上午八点半	后天晚上九点三刻
四月三十日下午四点半	五月一日早上六点	五月二日上午八点半	五月三日晚上九点三刻

三、选词填空

没有　听说　有名　当然　可是　没关系

四、把下列句子改成否定句和疑问句

1. 中村没有《汉日词典》。　　中村有《汉日词典》吗？

2. 大卫没有中国朋友。　　大卫有中国朋友吗？

3. 我没有自行车。　　你有自行车吗？

4. 他没有音乐杂志。　　他有音乐杂志吗？

5. 老师晚上没有讲座。　　老师晚上有讲座吗？

第八课

一、写出下列词语的拼音（略）

二、用合适的词语填空

骑自行车　　等同学　　去图书馆　　欢迎朋友　　知道他的名字

走路　　　　到学校　　　介绍同屋　　认识大卫

三、选词填空

吗　什么　吧　哪儿　怎么　多少

四、用指定的词语改写句子

1. 他的手机号码是多少？
2. 大卫和玛丽明天都有课。
3. 你们学校早上几点上课？
4. 我怎么去你们学校？
5. 晚上有空儿，我们去看电影吧。

第九课

一、写出下列词语的拼音（略）

二、选词填空

要　买　本　再　一共　给　零钱

三、请写出下列钱数

1. 六十四块五毛三
2. 八十七块九毛一
3. 七十四块三毛八
4. 两块九毛八

四、用合适的量词填空，并改成问句

1. 盒　她要几盒牛奶？
2. 本　中村有多少本杂志？
3. 辆　玛丽有几辆自行车？
4. 路　多少（几）路公共汽车到我们学校？
5. 块　他给你多少钱？

第十课

一、写出下列词语的拼音（略）

二、选词填空

一般　家庭　照片　一共　口　奶奶　妈妈　孩子　还

三、就画线部分改写问句

1. 你们学校几点上课？
2. 你明天有课吗？
3. 你的自行车在哪儿？
4. 你的电话号码是多少？

5. 大卫要一瓶啤酒和两瓶水，一共多少钱？

6. 张红的宿舍是哪个房间（几号房间）？

1—10课测试题

一、写数字或时间

1. 二十一　　2. 四十五　　3. 一百零一　　4. 三块五　　5. 两块八毛一

6. 七点　　7. 差一刻十点　　8. 八点半　　9. 十二点零六分　　10. 三点十分

二、写汉字，选词填空

有名　再见　手机　没问题　分钟　旁边　电影　音乐　认识　周末

1. 周末　电影　　2. 有名　认识　　3. 没问题　再见　　4. 手机　旁边　　5. 音乐　分钟

三、组词

1. 学校　校园　　2. 电影　电话　　3. 学生　同学　　4. 自行车　车棚　　5. 东边　旁边

四、填量词

1. 条　　2. 杯　　3. 瓶　　4. 辆　　5. 本　　6. 个

五、选词填空

（一）1. 二　　2. 两　　3. 两　　4. 二

（二）1. 几　　2. 几　　3. 多少　　4. 多少

（三）1. 吗　呢　吧　吗　　2. 呢　吧

六、就画线部分提问

1. 你的电话号码是多少？

2. 这是谁的手机？

3. 一班的汉语老师叫什么名字？

4. 明天早上几点到哪个教室？

5. 她是谁的妹妹？

6. 你喝什么？

七、组词成句

1. 一班的学生大部分是男同学。

2. 今天上午和下午我都有课。

3. 以前中国的家庭一般只要一个孩子。

4. 这本小词典多少钱？

5. 我的自行车在楼下的车棚里。

八、回答问题

1. 我的专业是国际关系。

2. 我家有五口人。

3. 他们是我的朋友。

4. 我的宿舍在2号楼。

5. 我有同屋，他是加拿大人。

6. 我们中午十二点下课。

7. 车棚在电影院的南边。

8. 图书馆在教学楼的东边。

9. 图书馆的东边是电影院。

10. 学校里有教学楼、宿舍楼、图书馆、电影院和自行车车棚。

九、阅读

1. 李美常常听中国音乐和外国音乐。　　　2. 她喜欢一个人听音乐。

3. 她的学习不太好，因为她听音乐的时间太多了，有时候没时间学习。

4. 《我的爱好》　　　　　　　　　　　5. 不太好

十、（略）

第十一课

一、写出下列词语的拼音（略）

二、写出下列各词的反义词

　　晚上　秋天　西　学生　热　下午　夏天　北　下课

三、选词填空

　　1. 常常　　　　　　　2. 比较　　　3. 喜欢　最

　　4. 怎么样　不太　差不多　5. 爱好　　6. 春天　热　冬天　秋天　舒服　冷　季节

四、用指定的词语改写句子

1. 周末的时候我常常去朋友家。　　　2. 一本《现代汉语词典》差不多90块钱。

3. 大卫的汉语最好。　　　　　　　　4. 今天的天气很好，不冷不热。

5. 东方大学早上八点上课，比较早。　6. 大卫的爱好是游泳。

第十二课

一、写出下列词语的拼音（略）

二、用合适的词语填空

　　喝水　　做作业　　干什么　　回宿舍　　喜欢游泳

　　下课　　买牛奶　　给课本　　唱歌

三、选词填空

1. 从　每天　所以　作业

2. 正在　对面

3. 唱　回

四、用指定的词语完成对话

1. 我们每天都有作业，所以做作业　　　2. 从八点到十二点有课

3. 星期一晚上七点有讲座
5. 星期三晚上七点，我在听讲座
4. 所以我们在宿舍做作业吧，不出去了

第十三课

一、写出下列词语的拼音（略）

二、用合适的词语填空

还<u>书</u>　　换<u>宿</u>舍　　买<u>牛</u>奶　　打算去<u>商</u>店　　开<u>门</u>　　去<u>学</u>校　　关<u>门</u>

三、选词填空

打算　　商店　　一起　　东西　　质量　　咱们　　开门

四、用指定的词语完成对话

1. 我先去看电影，然后去商店买东西　　2. 咱们一起去看电影吧

3. 明天的天气怎么样？热不热　　4. 我去图书馆还书

5. 还可以，价钱也不太贵

第十四课

一、写出下列词语的拼音（略）

二、选词填空

1. 漂亮　容易　　2. 好看　　3. 深　浅　　4. 便宜

三、用指定的词语完成对话

1. 挺漂亮的　　　　　　　　　　2. 别的同学在哪儿

3. 有点儿贵，不过质量很好　　　　4. 白颜色的容易脏，我喜欢深颜色的

5. 我喜欢红的　　　　　　　　　　6. 他买的那辆自行车

四、完成段落并仿写

1. 好看的　容易　可是（不过）　浅

2. 买　旧　便宜　丢　黄的　也　白的　绿的

第十五课

一、写出下列词语的拼音（略）

二、用合适的词语填空

送<u>礼物</u>　　开<u>门</u>　　准备<u>蛋</u>糕　　买<u>礼物</u>

丢<u>东西</u>　　关<u>门</u>　　毛衣<u>好看</u>　　深/浅颜色

三、选词填空

一直　特别　以后　比如　还是　那么　准备

四、用指定的词语完成对话

1. 不冷不热
2. 先去图书馆还书，然后回宿舍
3. 你喝茶还是咖啡
4. 咱们在家看书吧
5. 我在上课呢
6. 那么我们去别的咖啡馆吧
7. 是啊，晚饭以后，我一直在做作业
8. 挺漂亮的，不过有点儿贵

五、完成段落并仿写

的　打算　生日　去　买　也　可是　什么　每　都　送　束

第十六课

一、写出下列词语的拼音（略）

二、选词填空

同屋　不同　没意思　可以

三、用指定的词语完成对话

1. 太贵了，不过质量还不错
2. 太多了，家里都是书
3. 他在宿舍做作业呢
4. 看起来挺漂亮的
5. 我周末洗洗衣服、看看电视

四、根据课文完成段落

1. 喜欢　去　不同　包　下　讲座
2. 同屋　洗洗　看看　买买　做做　买东西　没意思

第十七课

一、写出下列词语的拼音（略）

二、根据课文完成段落

坐　挤　顺利　远　干净　果汁　包

三、组词成句

1. 这是给您的礼物。
2. 你们一般打车还是坐公共汽车？
3. 我最喜欢吃的就是饺子。

四、用指定的词语完成对话

1. 你明天上午还是下午有课　　2. 不好意思，我不会游泳
3. 前边那个红色的楼就是　　4. 今天有点儿累
5. 随便，都可以　　6. 挺好看的，可以试试吗

第十八课

一、写出下列词语的拼音（略）

二、用"好+V"组成的词语填空

1. 好吃　　2. 好看　　3. 好听　　4. 好玩儿

三、用指定的词语完成对话

1. 你不是美国留学生吗　　2. 我得早点儿起床
3. 中国音乐啦，日本音乐啦　　4. 如果有时间的话，就去看电影
5. 不喜欢听写，不过每天都得准备　　6. 对北方人来说不太冷

四、根据课文完成段落

做客　包　不错　超市　很好吃　重要　米饭

第十九课

一、写出下列词语的拼音（略）

二、选词填空

大概　起床　工作　不好意思　这么

三、用指定的词语完成对话

1. 周末起床比较晚，有课的时候很早就起床了
2. 我们今天下午五点才下课　　3. 玛丽还没下课呢
4. 我已经习惯了　　5. 你今年多大了

四、根据课文完成段落

已经　习惯　不好意思　就　懒觉　改　早睡早起

第二十课

一、写出下列词语的拼音（略）

二、用合适的词语填空

做<u>作业</u>　　看<u>电视</u>　　背<u>生词</u>　　问<u>医生</u>　　住<u>医院</u>　　同<u>意见面</u>

听<u>音乐</u>　　睡<u>觉</u>　　吃<u>面条儿</u>　　换<u>钱</u>　　炒<u>菜</u>

三、用指定的词语改写句子

1. 他明天不是去清华大学玩儿吗？

2. 周末的时候我睡睡懒觉、洗洗衣服、做做作业、看看电影。

3. 如果星期天不下雨的话，我们就去看朋友。

4. 明天早上我有课，七点就得起床。

5. 这个电影没有意思，太无聊了。

四、用指定的词语完成对话

1. 汉语书啦、日语书啦、英语书啦都有　　2. 中国音乐还是美国音乐

3. 我不会游泳　　　　　　　　　　　　　4. 您今年多大年纪

5. 因为昨天是我朋友的生日，我们晚上去玩儿了

五、阅读

1. ✕　2. ✕　3. ✕　4. ✓　5. ✕　6. ✕　7. ✕

11—20课测试题

一、写出下列词语的拼音

1. yóu yǒng　　2. jiǔbā　　3. sùshè　　4. róngyì　　5. lǐwù

6. ānpái　　7. xìngfú　　8. wèidao　　9. guǒzhī　　10. bù hǎoyìsi

二、写汉字

舒服　麻烦　特别　考试　习惯　漂亮　随便　质量　医院　睡懒觉

三、用适当的动词填空

<u>买</u>衣服　<u>看</u>电视　<u>喝</u>茶　<u>骑</u>车　<u>学</u>汉语　<u>包</u>饺子　<u>去</u>商店　<u>吃</u>饭　<u>听</u>音乐　<u>写</u>作业

四、写出下列词语的反义词

1. 热　　2. 少　　3. 便宜　　4. 深　　5. 南方

6. 干净　　7. 新　　8. 白　　9. 关门　　10. 没意思

五、写出多音字的拼音并组词

1. biàn（方便）　2. lè（快乐）　3. xíng（自行车）　4. jiào（睡觉）　5. gān（干净）

　 pián（便宜）　　yuè（音乐）　　háng（银行）　　jué（觉得）　　gàn（干什么）

六、填量词

1. 节   2. 种   3. 件   4. 束   5. 个/块   6. 袋

七、选词填空

（一）1. 有点儿   2. 一点儿   3. 有点儿   4. 一点儿

（二）我们   咱们   你们

（三）1. 就 才   2. 太   3. 刚 再   4. 真 还

八、改错句

1. 今天的天气有点儿冷。
2. 购物中心的衣服有点儿贵。
3. 我还没习惯北京的生活。
4. 周末有空儿的话，我就去看电影。
5. 从星期一到星期五，每天都有课。

九、完成对话（略）

十、把下面的句子改成问句

1. 酒吧的咖啡贵不贵
2. 北京的冬天怎么样
3. 你喜欢喝茶还是咖啡
4. 你不是要吃麦当劳吗
5. 您今年多大年纪
6. 你们去不去老师家做客

十一、阅读

1.（1）今天是2月26日，星期四。

（2）买花儿送女朋友；买速冻饺子去老师家；买水果给玛丽。

（3）因为"我"最近太累了。

（4）"我"请大卫吃饭了。

（5）"我"明天（2月27日）有考试。

2.（1）√   （2）×   （3）×   （4）√   （5）×

第二十一课

一、写拼音并组词（略）

二、用合适的词语填空

倒<u>茶</u>　喝<u>酒</u>　劝<u>酒</u>　头<u>疼</u>　喝<u>果汁</u>　做<u>梦</u>　请<u>假</u>　熬<u>夜</u>

三、组词成句

1. 你昨天晚上又熬夜了吗？
2. 有的中国人请客的时候喜欢劝酒。

3. 他一直不停地给我倒酒。

四、用指定的词语完成对话

1. 来中国以后，我看了很多电影
2. 玛丽好像病了
3. 朋友一直不停地给我倒酒
4. 昨天晚上我又熬夜了
5. 我写了三十个汉字

五、根据课文完成段落

熬　又　斤　醉　头疼

第二十二课

一、写拼音并组词（略）

二、根据拼音写词语并填空

感冒　病　头疼　发烧　咳嗽　休息　请假　希望　批准　舒服　药

感冒　发烧　咳嗽　舒服　病　药　休息　请假　希望　批准

三、组词成句

1. 大卫今天又不能来上课了。
2. 昨天他去看了一场足球赛。
3. 医生说最好休息一天。

四、用指定的词语完成对话

1. 最好送一个蛋糕
2. 最好在家休息一天
3. 大卫今天怎么没来上课呢
4. 我希望去朋友家包饺子
5. 明天有听写，所以我不去了

五、根据课文完成段落

比赛　下雨　伞　感冒　舒服　能

第二十三课

一、写拼音并组词（略）

二、用合适的词语填空

翻译<u>生词</u>　写<u>作业</u>　学<u>汉语</u>　换<u>衣服</u>　<u>骑</u>车

三、根据拼音写词语并填空

翻译　堵车　迟到　着急　生气　简单　语法

堵车　着急　迟到　生气　语法　简单　翻译

四、用指定的词语完成句子或对话

1. 我一听就明白了
2. 走路十分钟就到了
3. 我打算去购物中心买东西
4. 我们写了两个小时作业
5. 你看了多长时间电视
6. 是啊，坏了，已经不能吃了

五、根据课文完成段落

已经　打算　坏　换　迟到

第二十四课

一、写拼音并组词（略）

二、根据拼音写词语并填空

快乐　放心　聚会　上网　聊天儿　展览　早饭　食堂　意见　蜡烛　电脑

1. 聚会　快乐
2. 食堂　早饭
3. 展览　意见
4. 电脑
5. 放心　上网　聊天儿
6. 蜡烛　快乐

三、组词成句

1. 我已经吃了一碗面条儿。
2. 我们今天晚上打算一起去唱歌。
3. 明天早上八点我们在宿舍门口见面。

四、用指定的词语完成对话

1. 我打算下了课去图书馆看书
2. 太晚了，别看了，早点儿睡觉吧
3. 晚一点儿睡觉，大概十一点吧
4. 别送花儿，送别的东西吧
5. 不是你们班的比赛，你去干什么

五、根据课文完成段落

生日　聚会　在　唱　上网　展览

第二十五课

一、写拼音并组词（略）

二、用合适的词语填空

打篮球　　看展览　　锻炼身体　　出主意　　上课　　参加活动

三、根据拼音写词语并填空

报名　重新　跑步　锻炼　参加　太极拳

锻炼　重新　参加　太极拳　跑步　报名

四、组词成句

1. 你这么早就要睡觉了吗?

2. 我打算以后每天吃了晚饭去散步。

3. 我跑步的时候你还在睡觉呢。

五、用指定的词语完成对话

1. 明天八点在宿舍楼门口见面　　2. 我锻炼了一个小时

3. 路上堵车，你最好骑车去　　4. 喝了差不多半斤白酒

5. 是啊，该写作业了　　6. 我打算明年三月三十号去

7. 这个月没钱了　　8. 别做作业了

六、阅读（略）

第二十六课

一、写拼音并组词（略）

二、根据拼音写词语并填空

贺卡　　圣诞节　　差不多　　重要　　旅行　　亲戚

圣诞节　　旅行　　重要　　亲戚　　贺卡　　差不多

三、组词成句

1. 我写了整整两个小时呢。

2. 我排了差不多半个多小时的队。

3. 快要放假了，假期我们打算去旅行。

四、用指定的词语完成句子或对话

1. 快迟到了　　2. 只好走路去学校

3. 不知道，可能去看展览了　　4. 我看会儿书再睡觉

5. 我今天下午看了整整三个小时的书

第二十七课

一、写拼音并组词（略）

二、根据拼音写词语并填空

毕业　　历史　　抓紧　　复习　　感兴趣　　研究生

抓紧　　复习　　历史　　毕业　　研究生　　感兴趣

三、组词成句

1. 听说哈尔滨冬天的风景美极了。

2. 我打算在学校复习功课。

3. 我得安排时间回家一趟。

四、用指定的词语完成对话

1. 因为我对中国历史感兴趣
2. 我每天都开心极了
3. 妈妈不让我去太远的地方
4. 我得回宿舍一趟
5. 你一定能考上

五、阅读（略）

第二十八课

一、写拼音并组词（略）

二、根据拼音写词语并填空

难　紧张　帮助　确实　解决　阅读　方法　编

难　紧张　阅读　帮助　编　方法　确实　解决

三、组词成句

1. 我们有些课不考试，只写报告。

2. 我有两个生词忘了怎么写。

3. 我有一本给留学生编的汉字故事书。

四、用指定的词语完成对话

1. 对日本人来说汉字不难
2. 也许在宿舍睡懒觉呢
3. 你游泳游得怎么样
4. 跑得很累
5. 是很难，不过你一定能考上
6. 还有两个星期就完了

五、阅读（略）

第二十九课

一、写拼音并组词（略）

二、根据拼音写词语并填空

一等座　二等座　票　高铁

高铁　票　二等座　一等座

三、组词成句

1. 这个周六我们系里有联欢晚会。

2. 去参加中国学生的晚会要准备什么东西?

3. 也许会让你表演一个节目。

四、用指定的词语完成对话

1. 考了一个星期,终于考完了

2. 我打算先回家一趟,然后回学校复习。另外,我还打算和朋友一起出去旅行几天

3. 别提了,大家的意见都不一样,玩儿得不太开心

4. 不太好,有风,可能会下雨

5. 昨晚你睡得怎么样?休息好了吗

6. 别拿我开玩笑了

五、阅读(略)

第三十课

一、写拼音并组词(略)

二、根据拼音写词语并填空

流行　歌词　歌曲　好听　有名

歌曲　有名　流行　好听　歌词

三、组词成句

1. 我明天要参加一个中国学生的联欢会。

2. 我还没准备好行李呢。

3. 我不想唱英文歌,我打算唱一首中文歌。

四、用指定的词语完成对话

1. 快新年了,事情很多啊

2. 我的自行车坏了,只好坐公共汽车了

3. 不太好,阅读题没做完,还有两道题可能错了

4. 那儿的风景美极了

5. 他汉字写得很漂亮

五、阅读(略)

21—30课测试题

一、写出下列词语的拼音

1. késou 2. zāogāo 3. áo yè 4. dǎo méi 5. shúxi
6. zhǎnlǎn 7. kǎolǜ 8. jǐnzhāng 9. jìxù 10. liánhuānhuì

二、写汉字

基础 请假 迟到 翻译 感冒 锻炼 旅行 毕业 流行 风景

三、用适当的名词填空

编书   记生词   收拾行李   抓紧时间   解决问题   带闹钟   寄贺卡

表演节目   复习语法   参加联欢会   找朋友   借书   接电话

决定出发   想念家人

四、写出下列词语的反义词

1. 晚   2. 容易/简单   3. 担心   4. 高兴   5. 快   6. 对   7. 热   8. 放松

五、写出多音字的拼音并组词

1. zhe（拿着）   2. jià（假期）   3. zhòng（重要）   4. dào（倒酒）   5. dé（得到）
   zháo（着急）   jiǎ（假话）   chóng（重复）   dǎo（倒下）   děi（得去）

六、填量词

1. 道   2. 节   3. 斤   4. 首   5. 张   6. 次   7. 回   8. 趟   9. 遍   10. 顿

七、选词填空

（一）1. 紧张 努力 用功   2. 标准 熟悉

（二）1. 熬夜 困 生气 简单 确实   2. 坏 只好 热情 新鲜 棒

（三）1. 想 想   2. 能 也许 会/可以   3. 会 应该   4. 一定   5. 可能/要

八、改错句

1. 他昨天晚上睡得很晚。   2. 他洗了两个小时的衣服。

3. 哈尔滨的风景漂亮极了。   4. 刚才我去湖边跑步了。

5. 昨天我和朋友去商店买了一件衣服。

九、完成对话（略）

十、组词成句

1. 我的发音太不标准了。

2. 你不是拿我开玩笑吧。

3. 明天你吃了早饭来宿舍找我吧。

4. 我昨天晚上在湖边散了一个小时的步。

5. 我已经学了两年汉语了，可是还是说得不太好。

汉字索引 Index of Characters

A				编	biān	28
啊	a	8		标	biāo	30
哎	āi	17		表	biǎo	29
爱	ài	11		别	bié	14
安	ān	16		病	bìng	19
熬	áo	21		补	bǔ	29
B				不	bù	1
八	bā	6		步	bù	25
爸	bà	10		部	bù	6
吧	ba	7		C		
白	bái	14		才	cái	19
班	bān	25		菜	cài	20
般	bān	10		参	cān	25
办	bàn	4		茶	chá	17
半	bàn	6		差	chà	6
帮	bāng	21		长	cháng	19
棒	bàng	25		常	cháng	11
包	bāo	9		场	chǎng	22
报	bào	25		唱	chàng	12
杯	bēi	21		超	chāo	18
北	běi	4		炒	chǎo	20
备	bèi	15		车	chē	7
背	bèi	20		吃	chī	17
本	běn	3		迟	chí	23
比	bǐ	11		出	chū	16
毕	bì	27		初	chū	23
边	biān	4		础	chǔ	26

穿	chuān	30		电	diàn	7
床	chuáng	19		店	diàn	12
春	chūn	11		定	dìng	26
吹	chuī	24		丢	diū	14
词	cí	3		东	dōng	5
次	cì	30		冬	dōng	11
从	cóng	12		懂	dǒng	30
错	cuò	13		动	dòng	25
D				冻	dòng	18
答	dá	28		都	dōu	8
打	dǎ	8		读	dú	28
大	dà	6		堵	dǔ	23
待	dāi	27		度	dù	11
代	dài	5		锻	duàn	25
带	dài	22		队	duì	26
袋	dài	18		对	duì	4
担	dān	28		多	duō	8
单	dān	23		**E**		
但	dàn	24		饿	è	17
蛋	dàn	15		儿	ér	2
当	dāng	7		二	èr	9
到	dào	8		**F**		
倒	dào	21		发	fā	22
道	dào	4		法	fǎ	23
得	dé	16		翻	fān	23
的	de	2		烦	fán	18
等	děng	8		饭	fàn	15
迪	dí	16		方	fāng	18
地	dì	17		房	fáng	8
第	dì	10		放	fàng	24
弟	dì	7		飞	fēi	25
典	diǎn	3		非	fēi	13
点	diǎn	6		啡	fēi	12

分	fēn	6		馆	guǎn	4
风	fēng	11		惯	guàn	19
疯	fēng	21		光	guāng	30
服	fú	11		逛	guàng	16
福	fú	20		贵	guì	13
复	fù	27		国	guó	2
傅	fù	9		果	guǒ	17
G				过	guò	8
该	gāi	25		**H**		
改	gǎi	19		还	hái	10
概	gài	19		孩	hái	10
感	gǎn	22		汉	hàn	3
干	gàn	12		汗	hàn	25
刚	gāng	19		好	hǎo	1
高	gāo	2		号	hào	8
糕	gāo	15		喝	hē	12
告	gào	28		和	hé	8
哥	gē	10		盒	hé	9
歌	gē	12		贺	hè	26
个	gè	4		黑	hēi	14
给	gěi	9		很	hěn	2
跟	gēn	16		后	hòu	7
更	gèng	26		候	hòu	5
工	gōng	19		湖	hú	25
公	gōng	4		花	huā	15
功	gōng	26		划	huà	27
共	gòng	8		话	huà	8
狗	gǒu	10		坏	huài	23
购	gòu	13		欢	huān	5
够	gòu	28		换	huàn	13
古	gǔ	27		黄	huáng	14
故	gù	28		灰	huī	14
关	guān	4		回	huí	12

汉字索引

会	huì	6
活	huó	19
火	huǒ	29
货	huò	9

J

机	jī	8
鸡	jī	20
基	jī	26
极	jí	25
急	jí	23
几	jǐ	6
己	jǐ	12
挤	jǐ	17
计	jì	27
记	jì	28
纪	jì	19
际	jì	5
季	jì	11
继	jì	21
寄	jì	26
加	jiā	25
家	jiā	10
假	jià	22
间	jiān	5
简	jiǎn	23
见	jiàn	6
件	jiàn	14
讲	jiǎng	6
饺	jiǎo	16
叫	jiào	1
较	jiào	11
教	jiào	4
接	jiē	26
节	jié	11
姐	jiě	9
解	jiě	28
介	jiè	2
借	jiè	28
斤	jīn	21
今	jīn	7
紧	jǐn	27
进	jìn	17
劲	jìn	25
经	jīng	19
景	jǐng	27
净	jìng	17
究	jiū	5
九	jiǔ	6
酒	jiǔ	9
旧	jiù	14
就	jiù	3
剧	jù	25
聚	jù	24
决	jué	26
觉	jué	16

K

咖	kā	12
卡	kǎ	24
开	kāi	6
看	kàn	9
考	kǎo	20
咳	ké	22
可	kě	7
渴	kě	21
克	kè	15
刻	kè	6

客	kè	1		零	líng	9
课	kè	3		另	lìng	29
空	kòng	5		留	liú	1
口	kǒu	10		流	liú	30
块	kuài	9		六	liù	6
快	kuài	8		楼	lóu	4
困	kùn	21		路	lù	8

L						
拉	lā	24		旅	lǚ	26
啦	lā	16		虑	lǜ	26
蜡	là	24		绿	lǜ	14
来	lái	2		轮	lún	23

				M		
蓝	lán	14		妈	mā	10
览	lǎn	24		麻	má	18
懒	lǎn	16		马	mǎ	23
老	lǎo	1		码	mǎ	8
了	le	6		吗	ma	1
累	lèi	20		买	mǎi	9
冷	lěng	11		慢	màn	28
礼	lǐ	15		忙	máng	15
李	lǐ	30		毛	máo	9
里	lǐ	7		冒	mào	22
力	lì	15		么	me	1
历	lì	27		没	méi	4
利	lì	17		霉	méi	23
联	lián	29		每	měi	12
脸	liǎn	21		美	měi	24
炼	liàn	25		妹	mèi	10
两	liǎng	9		门	mén	13
亮	liàng	14		们	men	2
辆	liàng	14		梦	mèng	20
量	liàng	13		米	mǐ	18
聊	liáo	20		面	miàn	9

民	mín	30		批	pī	22
名	míng	1		啤	pí	9
明	míng	7		便	pián	14
末	mò	8		片	piàn	10
目	mù	29		漂	piào	14

N

				品	pǐn	18
拿	ná	29		平	píng	23
哪	nǎ	2		瓶	píng	9
那	nà	3		破	pò	23
奶	nǎi	9		葡	pú	24

Q

男	nán	15		七	qī	6
南	nán	8		戚	qī	26
难	nán	28		期	qī	12
闹	nào	18		骑	qí	8
呢	ne	2		起	qǐ	4
能	néng	22		气	qì	1
你	nǐ	1		汽	qì	8
年	nián	19		谦	qiān	29
念	niàn	27		前	qián	22
鸟	niǎo	25		钱	qián	9
您	nín	1		浅	qiǎn	14
牛	niú	9		巧	qiǎo	15
努	nǔ	26		亲	qīn	26
女	nǚ	15		情	qíng	21

P

				晴	qíng	11
爬	pá	16		请	qǐng	4
怕	pà	30		秋	qiū	11
排	pái	16		球	qiú	22
盘	pán	30		曲	qǔ	30
旁	páng	5		去	qù	5
跑	pǎo	25		趣	qù	27
朋	péng	3		全	quán	29
棚	péng	7				

拳	quán	25		十	shí	6
劝	quàn	21		时	shí	5
确	què	28		识	shí	2
R				实	shí	28
然	rán	7		拾	shí	30
让	ràng	27		食	shí	18
热	rè	11		史	shǐ	27
人	rén	2		始	shǐ	6
认	rèn	2		市	shì	18
日	rì	3		事	shì	7
容	róng	14		试	shì	17
肉	ròu	20		视	shì	16
如	rú	15		是	shì	1
S				室	shì	5
赛	sài	22		匙	shi	7
三	sān	9		收	shōu	17
伞	sǎn	22		手	shǒu	8
散	sàn	25		首	shǒu	30
色	sè	14		授	shòu	27
山	shān	16		售	shòu	9
商	shāng	13		书	shū	3
上	shàng	6		舒	shū	11
烧	shāo	22		熟	shú	30
少	shǎo	8		术	shù	24
绍	shào	2		束	shù	15
舍	shè	4		树	shù	25
谁	shéi/shuí	3		水	shuǐ	9
身	shēn	20		睡	shuì	16
深	shēn	14		顺	shùn	17
什	shén	1		说	shuō	7
生	shēng	1		思	sī	16
声	shēng	29		死	sǐ	20
师	shī	1		松	sōng	28

送	sòng	15
嗽	sòu	22
诉	sù	28
速	sù	18
宿	sù	4
算	suàn	13
随	suí	17
岁	suì	19
所	suǒ	12

T

他	tā	2
它	tā	14
她	tā	1
胎	tāi	23
太	tài	6
堂	táng	24
趟	tàng	27
萄	táo	24
特	tè	15
疼	téng	21
提	tí	29
题	tí	7
体	tǐ	20
天	tiān	7
甜	tián	15
条	tiáo	10
调	tiáo	17
跳	tiào	16
铁	tiě	17
听	tīng	7
庭	tíng	10
停	tíng	21
挺	tǐng	14

同	tóng	2
偷	tōu	18
头	tóu	21
图	tú	4
吐	tù	21

W

外	wài	29
完	wán	28
玩	wán	5
晚	wǎn	7
碗	wǎn	24
网	wǎng	16
忘	wàng	25
望	wàng	22
卫	wèi	5
为	wèi	28
味	wèi	18
喂	wèi	12
文	wén	5
问	wèn	4
我	wǒ	1
屋	wū	3
无	wú	20
五	wǔ	6
午	wǔ	7
舞	wǔ	16
物	wù	13

X

西	xī	5
希	xī	22
息	xī	22
悉	xī	30
习	xí	16

洗	xǐ	16		**Y**	
喜	xǐ	11	呀	yā	17
系	xì	4	研	yán	5
下	xià	2	颜	yán	14
夏	xià	11	演	yǎn	29
先	xiān	13	样	yàng	10
鲜	xiān	25	药	yào	20
现	xiàn	5	要	yào	9
馅	xiàn	18	钥	yào	7
想	xiǎng	18	爷	yé	10
像	xiàng	21	也	yě	2
小	xiǎo	9	业	yè	5
校	xiào	4	夜	yè	19
笑	xiào	29	一	yī	2
效	xiào	28	衣	yī	13
些	xiē	9	医	yī	20
写	xiě	12	宜	yí	14
谢	xiè	1	已	yǐ	19
心	xīn	13	以	yǐ	12
新	xīn	14	译	yì	23
信	xìn	26	易	yì	14
星	xīng	12	意	yì	15
行	xíng	7	因	yīn	20
兴	xìng	2	音	yīn	3
幸	xìng	20	银	yín	13
姓	xìng	2	应	yīng	27
休	xiū	22	英	yīng	30
虚	xū	29	迎	yíng	5
需	xū	30	影	yǐng	7
许	xǔ	28	泳	yǒng	11
续	xù	21	用	yòng	4
学	xué	1	游	yóu	11
雪	xuě	11	友	yǒu	3

有	yǒu	5		直	zhí	15
又	yòu	16		只	zhǐ	10
右	yòu	4		志	zhì	3
于	yú	29		质	zhì	13
雨	yǔ	11		中	zhōng	5
语	yǔ	3		终	zhōng	29
园	yuán	8		钟	zhōng	8
员	yuán	9		种	zhǒng	18
远	yuǎn	19		重	zhòng	18
院	yuàn	7		周	zhōu	8
月	yuè	22		烛	zhú	24
乐	yuè	3		主	zhǔ	15
阅	yuè	28		助	zhù	28

	Z					
				住	zhù	20
杂	zá	3		祝	zhù	24
再	zài	9		抓	zhuā	27
在	zài	4		专	zhuān	5
咱	zán	13		准	zhǔn	15
脏	zāng	14		桌	zhuō	17
糟	zāo	29		子	zǐ	10
早	zǎo	6		自	zì	7
怎	zěn	8		字	zì	1
展	zhǎn	24		走	zǒu	8
站	zhàn	17		足	zú	22
张	zhāng	28		最	zuì	11
着	zháo	23		醉	zuì	21
找	zhǎo	24		昨	zuó	14
照	zhào	10		左	zuǒ	4
这	zhè	3		作	zuò	12
真	zhēn	17		坐	zuò	17
整	zhěng	26		座	zuò	6
汁	zhī	17		做	zuò	12
知	zhī	4				

普通高等教育"十一五"国家级规划教材　国际中文教育精品教材"1+2"工程　博雅国际汉语精品教材

博雅汉语·初级起步篇 I

Boya Chinese
Elementary

Third Edition ｜ 第三版

A Handbook of Words and Expressions　词语手册

李晓琪　主编
任雪梅　徐晶凝　编著

北京大学出版社
PEKING UNIVERSITY PRESS

词语手册

目 录 contents

1	你好	1
2	你是哪国人	2
3	那是你的书吗	4
4	图书馆在哪儿	5
5	我是北京大学的留学生	7
6	现在几点	8
7	明天你有课吗	10
8	你的电话号码是多少	12
9	多少钱一瓶	14
10	你家有几口人	16
11	北京的冬天比较冷	18
12	你在干什么	20
13	我去图书馆还书	22
14	我喜欢浅颜色的	24
15	明天是我朋友的生日	25
16	周末你干什么	27
17	做客（一）	29

Elementary

18	做客（二）	31
19	现在习惯了	33
20	看病人	35
21	我喝了半斤白酒	37
22	他感冒了	39
23	你学了多长时间汉语	41
24	你吃了早饭来找我	43
25	你该多锻炼锻炼了	45
26	快考试了	47
27	爸爸妈妈让我回家	49
28	考得怎么样	51
29	我们已经买好票了	53
30	我要参加联欢会	55

1 你好

1	nǐ hǎo 你好		Hello! 안녕하세요	こんにちは здравствуй (те)
	hǎo 好	adj.	good, fine 좋다	良い хороший, хорошо
2	nǐ 你	pron.	you 너	あなた、おまえ ты
3	shì 是	v.	to be；yes ~이다	～だ、である、です являться, есть
4	lǎoshī 老师	n.	teacher 선생님	先生 учитель, преподаватель
5	ma 吗	part.	*interrogative particle* 의문문 뒤에 붙는 조사	(文末について疑問を表す)、～か？ частица, которая ставится в конце вопросительного предложения
6	bù 不	adv.	no, not 부정을 표시할 때 쓰임	いいえ、～ではない не, нет
7	wǒ 我	pron.	I, me 나	私, 僕 я
8	xuésheng 学生	n.	student 학생	学生 студент
9	tā 她	pron.	she, her 그녀	彼女 она
10	xièxie 谢谢	v.	Thank you. 감사합니다, 고맙다	ありがとう спасибо
11	bú kèqi 不客气		You are welcome. 천만에요	どういたしまして не за что
12	nín 您	pron.	(Pol.) you 당신(존칭)	貴方 (敬語) вы

Elementary / 1

13	liúxuéshēng 留学生	n.	foreign student, international student		留学生
			유학생		иностранный студент
14	jiào 叫	v.	to call, to be called		呼ぶ、叫ぶ
			부르다		звать
15	shénme 什么	pron.	what		何 (疑問詞)
			무엇		что
16	míngzi 名字	n.	name		名前
			이름		имя

专有名词		Proper Nouns			
1	Dàwèi 大卫		name of a person (male)		人名
			인명		Давид
2	Lǐ Jūn 李军		name of a person (male)		人名
			인명		Ли Цзюнь
3	Wáng 王		a Chinese surname		名字
			성 (씨)		Ван

2 你是哪国人

1	tóngxué 同学	n.	classmate		クラスメート
			학우		товарищ
2	men 们	suff.	suffix denoting plurality		たち (人称代名詞や人をさす名詞の後につけて複数を表す)
			~들(복수)		частица, которая применяется для образования множественного числа слов, обозначающих людей
3	lái 来	v.	to come, used before another verb to indicate someone will do something		来る
			오다		приходить

4	jièshào 介绍	v.	to introduce 소개하다	紹介、紹介する знакомить
5	yíxiàr 一下儿	q.	used after a verb to indicate a brief action 한번, 잠시	ちょっと〜する、(試しに)〜してみる минуточка
6	xìng 姓	v./n.	to be surnamed; surname 이름, 성	名字 фамилия
7	de 的	part.	auxiliary word indicating possession, roughly equivalent to "-'s" suffix 〜의	〜の（接続詞、助詞、感嘆詞以外の語や句の後について名詞の修飾語をつくる） вспомогательное слово
8	nǎ 哪	pron.	which 어느, 어떤, 어디	どれ、どの、どこ (疑問詞) где
9	guó 国	n.	country 국가, 나라	国 страна
10	rén 人	n.	people, person 사람	人 человек
11	tā 他	pron.	he, him 그	彼 он
12	rènshi 认识	v.	to meet, to know someone 알다	知っている、知り合いである знаком (с кем), знать
13	hěn 很	adv.	very 아주, 매우, 대단히	とても очень
14	gāoxìng 高兴	adj.	glad, happy 즐겁다	嬉しい радостный
15	yě 也	adv.	too, also 〜 역시, 〜 도	〜も тоже
16	ne 呢	part.	modal particle for elliptical questions 의문문의 끝에 써서 의문의 어기를 나타냄	(疑問文の文末において)答えの催促を表す частица, которая ставится в конце вопросительного предложения

专有名词 Proper Nouns

1	Liú 刘	*a Chinese surname*	名字	
		성(씨)	Лю	
2	Liú Míng 刘明	*name of a person*（*male*）	人名	
		인명	Лю Мин	
3	Měiguó 美国	America	アメリカ	
		미국	США	
4	Mǎlì 玛丽	*name of a person*（*female*）	人名	
		인명	Мария	
5	Jiānádà 加拿大	Canada	カナダ	
		캐나다	Канада	
6	Zhōngguó 中国	China	中国	
		중국	Китай	

3 那是你的书吗

1	nà 那	pron.	that	それ、あれ	
			그것, 저것	то	
2	shéi/shuí 谁	pron.	who, whom	誰(疑問詞)	
			누구	кто	
3	shū 书	n.	book	本	
			책	книга	
4	tóngwū 同屋	n.	roommate	ルームメート	
			룸메이트	сосед по комнате	
5	Hànyǔ 汉语	n.	Chinese language	中国語	
			중국어	китайский язык	
6	kèběn 课本	n.	textbook	教科書	
			교과서	учебник	
7	cídiǎn 词典	n.	dictionary	辞書	
			사전	словарь	

8	jiù shì 就是		it means...		（意思の確定を強調する）ごもっとも
			바로~이다		то есть
9	Rìyǔ 日语	n.	Japanese language		日本語
			일본어		японский язык
10	zhè 这	pron.	this		この
			이, 이것		это
11	zázhì 杂志	n.	magazine		雑誌
			잡지		журнал
12	yīnyuè 音乐	n.	music		音楽
			음악		музыка
13	péngyou 朋友	n.	friend		友達
			친구		друг

专有名词　Proper Nouns

1	Hàn-Rì Cídiǎn 汉日词典	Chinese-Japanese Dictionary		中日辞典
		중일사전		китайско-японский словарь
2	Zhōngcūn 中村	a Japanese surname		人名
		인명		Накамура
3	Rìběn 日本	Japan		日本
		일본		Япония

4　图书馆在哪儿

1	qǐngwèn 请问	v.	Excuse me..., May I ask...	すみません(たずねる)
			잠깐 여쭙겠습니다	скажите
2	túshūguǎn 图书馆	n.	library	図書館
			도서관	библиотека
3	zài 在	v.	to be located at or in (someplace)	～にいる、～にある
			~에 있다	находиться

4	nǎr 哪儿	pron.	where 어디		どこ(疑問詞) где
5	duìbuqǐ 对不起	v.	sorry 미안하다, 죄송하다		ごめんなさい、すみません извините
6	gè 个	mw.	*measure word* 양사		助数詞 *счётное слово*
7	xuéxiào 学校	n.	school 학교		学校 школа
8	zhīdào 知道	v.	to know 알다		知っている знать
9	méi guānxi 没关系		It doesn't matter. 문제없다, 괜찮다, 상관없다		かまわない、大丈夫 ничего страшного
10	zhèr 这儿	pron.	here 여기		ここ здесь
11	bàngōnglóu 办公楼	n.	administration building 오피스빌딩		オフィスビル административный корпус
	lóu 楼	n.	building 건물		ビル здание, корпус
12	jiàoxué 教学	n.	teaching 교학		教授（する） обучение
13	nàr 那儿	pron.	there 거기, 저기		そこ、あそこ там
14	sùshè 宿舍	n.	dormitory 숙사, 기숙사		(学校などの)宿舎、寮 общежитие
15	běibian 北边	n.	the north side 북쪽, 북쪽방향		北、北の方、北側 северная сторона
16	zuǒbian 左边	n.	the left side 왼쪽		左、左の方、左側 левая сторона
17	yòubian 右边	n.	the right side 오른쪽		右、右の方、右側 правая сторона, справа

18	búyòng xiè 不用谢		You are welcome. 천만에요		どういたしまして не за что
	búyòng 不用	adv.	need not ~할 필요가 없다		不必要 не стоит

5 我是北京大学的留学生

1	zhuānyè 专业	n.	major field of study 전공		專門 специальность
2	guójì 国际	adj.	international 국제적인		国际 международный
3	guānxi 关系	n.	relation, relationship 관계있다, 관계		関係 отношения
4	Zhōngwén 中文	n.	Chinese language 중국어, 중문		中国語 китайский язык
5	xì 系	n.	department in a university 학과		大学の学部 факультет
6	yánjiūshēng 研究生	n.	graduate student 연구생, 대학원생		研究生 аспирант
7	xiàndài 现代	n.	modern 현대		現代 современный
8	wénxué 文学	n.	literature 문학		文学 литература
9	dōngbian 东边	n.	the east side 동쪽, 동쪽방향		東、東の方、東側 восток
10	yǒu 有	v.	to have; there be 있다, 소유하고 있다		持っている、所有している иметь, есть
11	kòngr 空儿	n.	free time 여가시간, 짬		空いている свободное время

Elementary / 7

12	shíhou 时候	n.	time, moment 때		〜の時 время
13	huānyíng 欢迎	v.	to welcome 환영하다		歓迎、歓迎する добро пожаловать
14	qù 去	v.	to go 가다		行く идти
15	wánr 玩儿	v.	to play, to have fun 놀다		遊ぶ играть
16	wèishēngjiān 卫生间	n.	restroom, toilet 화장실		トイレ туалет
17	jiàoshì 教室	n.	classroom 교실		教室 аудитория
18	pángbiān 旁边	n.	side, nearby 옆, 옆쪽		傍ら、そば около
19	xībian 西边	n.	the west side 서쪽, 서쪽방향		西、西の方、西側 западная сторона
20	duì 对	adj.	correct 맞다		合っている правильный, прав

专有名词　Proper Nouns

1	Zhāng Hóng 张红	*name of a person (female)* 인명	人名 Чжан Хун
2	Běijīng Dàxué 北京大学	Peking University 북경대학	北京大学 Пекинский университет
3	Qīnghuá Dàxué 清华大学	Tsinghua University 청화대학	清華大学 университет Цинхуа

现在几点

1	dàxué 大学	n.	university, college 대학	大学 университет

2	zǎoshang 早上	n.	morning 아침	朝 утро	
3	jǐ 几	pron.	how many 몇	何（時） сколько	
4	diǎn 点	n.	o'clock, hour on the clock ~시	~時 час	
5	shàng kè 上课		to go to class, to attend class 수업을 하다	授業する начинать урок	
6	dà bùfen 大部分		the greater part, majority, most 대부분	ほとんどの、大部分の большинство	
	bùfen 部分	n.	part 부분	部分 часть	
7	jiǔ 九	num.	nine 아홉, 9	九、9 девять	
8	wǒmen 我们	pron.	we, us 우리	私たち,僕たち мы	
9	bā 八	num.	eight 여덟, 8	八、8 восемь	
10	wǔshí 五十	num.	fifty 쉰, 50	五十、50 пятьдесят	
11	fēn 分	n.	minute ~분	~分（時間） минута	
12	xià kè 下课		to finish class 수업이 끝나다	授業が終わる заканчивать урок	
13	shí 十	num.	ten 열, 10	十、10 десять	
14	bàn 半	num.	half 반, 절반	半分 половина	
15	tài……le 太……了		too 매우~하다	とても~だ слишком…	

Elementary / 9

16	zǎo 早	adj.	early 이르다	(時間等が)早い рано	
17	jiǎngzuò 讲座	n.	lecture 강좌	講座 лекция	
18	kāishǐ 开始	v.	to begin, to start 시작하다	開始、開始する начинать	
19	qī 七	num.	seven 일곱, 7	七、7 семь	
20	xiànzài 现在	n.	now 현재, 지금	今、現在 теперь	
21	chà 差	v.	to lack, to be short (*by some amount*) 모자라다, ~시~분 전	~分前(時間) без	
22	yī 一	num.	one 하나, 1	一、1 один	
23	kè 刻	mw.	a quarter (*of an hour*) 15분	15分間 четверть	
24	liù 六	num.	six 여섯, 6	六、6 шесть	
25	yíhuìr 一会儿	q.	in a moment, in a short while 잠시, 잠깐	少しの間 минуточка	
26	jiàn 见	v.	to see, to meet 보다, 만나다	見る、会う видеть	

7 明天你有课吗

1	míngtiān 明天	n.	tomorrow 내일	明日 завтра	
2	kè 课	n.	class 수업	授業 урок	

3	shàngwǔ 上午	n.	morning, forenoon 오전		午前中 утро
4	xiàwǔ 下午	n.	afternoon 오후		午後 после обеда
5	méi(yǒu) 没(有)	v.	to not have 없다		ない нет
6	zìxíngchē 自行车	n.	bicycle 자전거		自転車 велосипед
7	ba 吧	part.	particle placed at the end of a sentence to indicate a supposition, suggestion, request or order 구말에 쓰임 (제의, 청구, 추측, 동의, 승낙 등등)		文末につけて相談、提案、要求、命令の意味を表す частица, которая ставится в конце фразы с побудительным или утвердительным оттенком
8	shì 事	n.	some matter or thing 일		出来事、事 дело
9	kěshì 可是	conj.	but 그러나		でも но
10	méi wèntí 没问题		no problem 문제없다		問題ない нет проблемы
11	yàoshi 钥匙	n.	key 열쇠		鍵 ключ
12	zhuōzi 桌子	n.	desk, table 탁자, 테이블		机 стол
13	shàng 上	n.	on 위		～の上 на (чём)
14	chē 车	n.	bicycle, car, vehicle 차, 자전거		車、自転車 машина
15	xià 下	n.	below, under, down 아래		下の под (чем)

16	chēpéng 车棚	n.	bicycle shed 자전거 보관소, 소형 차고	車庫	палатка для велосипедов
17	lǐ 里	n.	in, inside 안, 안쪽	～の中、内部	в (чём)
18	hòubian 后边	n.	behind, at the back 뒷부분, 뒤	後、後ろの方	за (кем-чем)
19	dì-yī 第一	num.	first 첫째, 제일	第一	первый
20	jīntiān 今天	n.	today 오늘	今日	сегодня
21	wǎnshang 晚上	n.	evening 저녁	夕方、夜、晩	вечер
22	shíjiān 时间	n.	time 시간	時間	время
23	diànyǐngyuàn 电影院	n.	movie theater 영화관	映画館	кинотеатр
24	diànyǐng 电影	n.	film, movie 영화	映画	кинофильм
25	tīngshuō 听说	v.	to have heard of (something) 듣기로는	（人から）聞いた	говорят, что...
26	yǒumíng 有名	adj.	famous, well-known 유명하다	有名、有名である	известный
27	dāngrán 当然	adv.	of course, certainly 당연하다, 당연히	当然だ、もちろん、当たり前だ	конечно

8 你的电话号码是多少

1	zhōumò 周末	n.	weekend 주말	週末	выходные

词语手册

2	a 啊	part.	used at the end of a sentence as a modal particle 조사(문장 뒤에 옴)	文章の後ろにつく助詞 ай (частица)
3	búguò 不过	conj.	but, however 그러나	でも、けれど впрочем
4	zěnme 怎么	pron.	how 어떻게, 어째서	どう、どのように как
5	zǒu 走	v.	to go, to walk 가다, 걷다	行く、歩く ходить, идти
6	lù 路	n.	route (양사) 노선	（助数詞）路線 маршрут
7	hé 和	conj.	and 〜와, 〜과	〜と и
8	gōnggòng qìchē 公共汽车		public bus 공공버스	公共バス автобус
9	dōu 都	adv.	all, both 모두, 전부, 다	全部、すべて все
10	dào 到	v.	to arrive 도착하다, 다다르다	着く、到着する добираться
11	qí 骑	v.	to ride (as a bike, motorcycle, or horse) (자전거, 오토바이, 말 등을) 타다	(自転車、バイク、馬等に)乗る ездить, ехать
12	kuài 快	adj.	fast 빠르다	速い、早い быстрый, быстро
13	fēnzhōng 分钟	mw.	minute 〜 분 (시간)	分 (時間) минута
14	jiù 就	adv.	at once, right away 곧, 즉시, 바로, 당장	すぐ、じきに сразу
15	xiàoyuán 校园	n.	campus 캠퍼스	校庭、キャンパス кампус

Elementary / ● 13

16	dōngnán 东南	n.	southeast 동남 방향	東南	юго-восток
17	dōng 东	n.	east 동쪽	東	восток
18	èr 二	num.	two 둘, 2	二、2	два
19	hào 号	n.	number 번호	番号	номер
20	fángjiān 房间	n.	room 방	部屋	комната
21	duōshao 多少	pron.	how many, how much 얼마	(数量を問う)いくら	сколько
22	shì 室	n.	room 방	部屋、室	комната
23	shǒujī 手机	n.	cell phone 휴대폰	携帯電話	мобильный телефон
24	hàomǎ 号码	n.	number 번호	番号	номер
25	dǎ 打	v.	to call, to play (전화를)걸다	（電話を）かける	звонить по телефону
26	diànhuà 电话	n.	telephone 전화	電話	телефон
27	děng 等	v.	to wait 기다리다	待つ	ждать

9 多少钱一瓶

1	mǎi 买	v.	to buy 사다	買う	покупать

#	Pinyin / 汉字	词性	English	日本語
2	píjiǔ 啤酒	n.	beer / 맥주	ビール / пиво
3	shòuhuòyuán 售货员	n.	shop assistant, salesperson / 점원, 판매원	店員 / продавец
4	píng 瓶	n.	bottle / ~병(양사)	～本（助数詞） / бутылка
5	qián 钱	n.	money / 돈	お金 / деньги
6	sān 三	num.	three / 셋, 3	三、3 / три
7	kuài 块	mw.	*spoken form of the yuan, China's basic monetary unit* / 중국화폐 단위	中国のお金の単位 / юань
8	liǎng 两	num.	two (*of something*) / 두(양)	2 / два
9	zài 再	adv.	again, once more, further / 다시, 재차	もう一度 / опять
10	shuǐ 水	n.	water / 물	水 / вода
11	hé 盒	n.	box / 박스	箱、ケース / коробка
12	niúnǎi 牛奶	n.	milk / 우유	牛乳 / молоко
13	miànbāo 面包	n.	bread / 빵	パン / хлеб
14	sì 四	num.	four / 넷, 4	四、4 / четыре
15	yígòng 一共	adv.	altogether, in total / 모두, 전체, 다	全部で、合計で、合わせて / всего

16	máo 毛	mw.	*monetary unit equivalent to 1/10 of one ynan*	（中国のお金の単位）一元の十分の一	
			(중국화폐 단위) 1원의 10분의 1	мао (десятая часть юаня)	
17	gěi 给	v.	to give	あたえる、やる	
			주다	давать	
18	xiǎojie 小姐	n.	Miss	若い女性を呼ぶときに使う、～さん	
			아가씨	мисс	
19	kàn 看	v.	to look, to watch, to see	見る	
			보다	смотреть	
20	zhèxiē 这些	pron.	these	これら	
			이런 것들, 이러한	эти	
21	yào 要	v.	to want (*something*)	～したい、ほしい	
			원하다	нужно	
22	běn 本	mw.	*measure word (for bound objects like books)*	書物やノート類を数える助数詞	
			(양사)~권	экземпляр	
23	xiǎo 小	adj.	small	（大きさなどが）小さい	
			작은	маленький	
24	língqián 零钱	n.	small change	小銭	
			잔돈	мелочь	

10 你家有几口人

1	zhàopiàn 照片	n.	photo, picture	写真	
			사진	фото	
2	jiā 家	n.	family, home	家、家庭	
			집	семья	
3	kǒu 口	mw.	*measure word (for family members)*	（家庭、村などの）人数、人口を数える	
			~명(양사)	человек	

4	yéye 爷爷	n.	paternal grandpa 친할아버지	祖父、おじいさん дедушка	
5	nǎinai 奶奶	n.	paternal grandma 친할머니	祖母、おばあさん бабушка	
6	bàba 爸爸	n.	dad 아빠, 아버지	お父さん、父親 папа	
7	māma 妈妈	n.	mom 엄마, 어머니	お母さん、母親 мама	
8	gēge 哥哥	n.	elder brother 형, 오빠	兄 старший брат	
9	jiějie 姐姐	n.	elder sister 누나, 언니	姉 старшая сестра	
10	zhǐ 只	adv.	only 단지, 다만, 오직	ただ～、～だけ только	
11	háizi 孩子	n.	child, children 어린이	子供 ребёнок	
12	duō 多	adj.	a lot, many 많다	多い много	
13	jiātíng 家庭	n.	family unit, household 가정	家庭 семья	
14	yìbān 一般	adj.	in general, usually 일반적인, 보통의	一般である、普通である вообще	
15	dìdi 弟弟	n.	younger brother 남동생	弟 младший брат	
16	mèimei 妹妹	n.	younger sister 여동생	妹 младшая сестра	
17	hái 还	adv.	in addition, also, as well 또, 더	更に、それに ещё	
18	tiáo 条	mw.	*measure word（used here for dogs）* 가늘고 긴 것의(양사)	(棒状の物を数える)助数詞 *счётное слово*	

Elementary / ● 17

19	gǒu 狗	n.	dog 개		犬 собака
20	zhèyàng 这样	pron.	like this, this way 이렇다, 이와 같다		この様な、この様に так

11 北京的冬天比较冷

1	tiānqì 天气	n.	weather 날씨		天気 погода
2	zěnmeyàng 怎么样	pron.	how 어떠하냐		どの様な как
3	bú tài 不太		not too 그다지~하지 않다		そんなには、それほどでも~ не очень
4	fēng 风	n.	wind 바람		風 ветер
5	yǔ 雨	n.	rain 비		雨 дождь
6	lěng 冷	adj.	cold 춥다		寒い холодный, холодно
7	dù 度	mw.	degree ~도(양사)		度数 градус
8	qíngtiān 晴天	n.	sunny day, clear day 맑게 갠 하늘		晴れの日 солнечный день
9	qiūtiān 秋天	n.	autumn, fall 가을		秋 осень
10	rè 热	adj.	hot 덥다		暑い жаркий
11	shūfu 舒服	adj.	comfortable 편안하다		心地が良い комфортный

12	zuì 最	adv.	most 가장	もっとも〜、一番〜 самый
13	jìjié 季节	n.	season 계절	季節 время года
14	dōngtiān 冬天	n.	winter 겨울	冬 зима
15	bǐjiào 比较	adv.	relatively, quite, rather 비교적	比較的に сравнительно, довольно
16	chàbuduō 差不多		almost, nearly 비슷하다, 거의	ほとんど同じ почти
17	língxià 零下	n.	below zero 영하	零下 ниже нуля
18	chángcháng 常常	adv.	often, usually 자주	しばしば、たびたび часто
19	xià 下	v.	to fall 내리다	降る идти (снег, дождь и т.д.)
20	xuě 雪	n.	snow 눈	雪 снег
21	cháng 常	adv.	often, usually 자주	しばしば、たびたび часто
22	xǐhuan 喜欢	v.	to like 좋아하다	好き、好みである любить
23	xiàtiān 夏天	n.	summer 여름	夏 лето
24	àihào 爱好	n.	hobby 애호, 취미	趣味 хобби
25	yóuyǒng 游泳		to swim 수영(하다)	水泳、泳ぐ плавать
26	chūntiān 春天	n.	spring 봄	春 весна

专有名词		Proper Noun	
Běijīng 北京		capital of China	ペキン
		북경	Пекин

12 你在干什么

1	wèi 喂	interj.	hello (used to answer the phone)	もしもし(電話の応対)	
			여보세요(전화)	алло	
2	à 啊	interj.	ah, oh	あっ	
			아 (의문, 놀라움)	ой	
3	zài 在	adv./ prep.	indicating an action in progress; at	～している(現在進行を表す)	
			지금~하고있다	наречие, которое ставится перед глаголом для образования аналитической формы продолженного состояния	
4	gàn 干	v.	to do	～する	
			～하다	делать	
5	zuò 做	v.	to do	～をつくる、～する	
			～하다	делать	
6	zuòyè 作业	n.	homework	宿題	
			숙제	домашние задания	
7	měi 每	pron.	every	毎（回）毎（日）	
			매, 각, ～마다	каждый	
8	tiān 天	n.	day	日	
			날, 일	день	
9	xīngqīsān 星期三	n.	Wednesday	水曜日	
			수요일	среда	
10	cóng……dào…… 从……到……		from...to...	～から～まで	
			～부터 ～까지	с… до…	

11	zhōngwǔ 中午	n.	noon	正午、お昼	
			점심, 정오	полдень	
12	jié 节	mw.	*measure word* (*for classes*), period	助数詞(いくつかの区切りに分けるものを数える)	
			~교시(양사)	счётное слово	
13	tīngxiě 听写	n.	dictation	書き取りのテスト	
			받아쓰기	диктант	
14	suǒyǐ 所以	conj.	so, therefore	したがって、だから	
			그래서	поэтому	
15	jiǔbā 酒吧	n.	bar	バー	
			바	бар	
16	hē 喝	v.	to drink	飲む	
			마시다	пить	
17	kāfēi 咖啡	n.	coffee	コーヒー	
			커피	кофе	
18	shūdiàn 书店	n.	bookstore	書店、本屋	
			서점	книжный магазин	
19	duìmiàn 对面	n.	across from, facing	向こう	
			맞은편	напротив	
20	zìjǐ 自己	pron.	oneself, by oneself	一人	
			혼자	сам	
21	zài 在	adv.	in the process of	ちょうど~している(現在進行を表す)	
			한창(~하고 있는 중이다)	*наречие, которое ставится перед глаголом для образования аналитической формы продолженного состояния*	
22	chàng 唱	v.	to sing	歌う	
			노래하다	петь	
23	gē 歌	n.	song	歌	
			노래	песня	

24	huí 回	v.	to return 돌아오다(가다)		帰る、戻る возвращаться

13 我去图书馆还书

1	huán 还	v.	to return 돌려주다		返す возвращать
2	xiān 先	adv.	first 먼저, 우선		はじめに、先に сначала
3	yínháng 银行	n.	bank 은행		銀行 банк
4	huàn 换	v.	to change 바꾸다, 환전하다		換える、両替する менять
5	ránhòu 然后	conj.	then 그런 뒤, 그러한 후에		その後 потом
6	shāngdiàn 商店	n.	store 상점		お店 магазин
7	dōngxi 东西	n.	thing(s) 물건		物、商品 вещь
8	zánmen 咱们	pron.	we, us 우리		私たち、僕たち мы
9	yìqǐ 一起	adv.	together 같이, 함께		一緒に вместе
10	guān mén 关门		to close the door 문을 닫다		(店、ドアなどを)閉める закрывать дверь
	guān 关	v.	to close 닫다		閉める закрывать
11	xīngqītiān 星期天	n.	Sunday 일요일		日曜日 воскресенье

12	dǎsuàn 打算	v.	to be going to do, to plan to	～する予定、するつもり	
			~ 하려고 한다, ~ 할 작정이다		собираться
13	gòuwù zhōngxīn 购物中心		shopping mall	ショッピングセンター	
			쇼핑센터		торговый центр
	gòu wù 购物		to go shopping	買い物、買い物する	
			물건을 사다		покупка
	zhōngxīn 中心	n.	center	センター	
			센터		центр
14	guì 贵	adj.	expensive	(値段が)高い	
			비싸다		дорогой
15	hái kěyǐ 还可以		so-so, okay, passable	まあまあ	
			그저 그렇다		ничего
16	fēicháng 非常	adv.	very	非常に	
			매우		очень
17	zhìliàng 质量	n.	quality	質量	
			질량		качество
18	búcuò 不错	adj.	pretty good, not bad	良い、悪くない、正しい	
			좋다, 괜찮다, 맞다		неплохо
19	zhèng 正	adv.	just	ちょうど	
			마침		как раз
20	yīfu 衣服	n.	clothes	衣服	
			의복, 옷		одежда
21	kāi mén 开门		to open the door	ドアを開ける	
			문을 열다		открывать дверь
	kāi 开	v.	to open	開ける	
			열다		открывать

14 我喜欢浅颜色的

1	jiàn 件	mw.	measure word (*for pieces of clothing*) ~건(양사)	助数詞(衣類、事件、事柄等にもちいる) штука
2	bái 白	adj.	white 흰색, 희다	白色 белый
3	máoyī 毛衣	n.	sweater 스웨터	毛糸のセーター свитер
4	tǐng 挺	adv.	very, quite 매우, 아주, 극히	とても очень
5	hǎokàn 好看	adj.	nice, good-looking 보기 좋다	(見た目が)綺麗、良い красивый
6	róngyì 容易	adj.	easy 쉽다	簡単である лёгкий
7	zāng 脏	adj.	dirty 더럽다	汚れている、汚い грязный
8	lán 蓝	adj.	blue 파란색	青色 синий
9	yánsè 颜色	n.	color 색깔	色 цвет
10	yǒudiǎnr 有点儿	adv.	a little (*big, small, expensive, etc.*) 조금, 약간	少し、少し~だ немного
11	shēn 深	adj.	dark (색이) 짙다, 진하다	(色の濃度等が)濃い тёмный
12	qiǎn 浅	adj.	light, pale, pastel (*in color*) (색이) 옅다, 연하다	(色の濃度等が)淡い светлый
13	huáng 黄	adj.	yellow 노란색	黄色 жёлтый

#	pinyin / 汉字	词性	English	日本語 / 한국어 / Русский
14	piàoliang 漂亮	adj.	pretty, beautiful / 예쁘다, 아름답다	綺麗、美しい / нарядный
15	tā 它	pron.	it / 그(물건)	その物、それ、あれ / оно
16	zuótiān 昨天	n.	yesterday / 어제	昨日 / вчера
17	xīn 新	adj.	new / 새로운	新しい / новый
18	liàng 辆	mw.	*measure word* (*for vehicles*) / ~대(양사)	車、自転車などを数える助数詞 / *счётное слово*
19	jiù 旧	adj.	old, used / 낡은, 오래된	旧い / старый
20	piányi 便宜	adj.	inexpensive, cheap / 싸다	(値段が)安い / дешёвый
21	diū 丢	v.	to lose, to get stolen / 잃어버리다	失くす / терять
22	bié de 别的		another / 다른 것, 딴 것	もう一つの、別の / другой
23	hēi 黑	adj.	black / 검다, 검은	黒色 / чёрный
24	huī 灰	adj.	gray / 회색	灰色 / серый
25	lǜ 绿	adj.	green / 녹색	绿色 / зелёный

15 明天是我朋友的生日

#	pinyin / 汉字	词性	English	日本語 / 한국어 / Русский
1	wǎnfàn 晚饭	n.	dinner / 저녁 식사	夕飯 / ужин

Elementary

2	yǐhòu 以后	n.	after 이후		～の後で、～のあと потом
3	yìzhí 一直	adv.	all along, along 계속, 항상, 끊임없이		まっすぐ、ずっと всё время
4	máng 忙	v./adj.	to hasten; busy 바쁘다		忙しい занятый
5	zhǔnbèi 准备	v.	to prepare 준비하다		準備、準備する готовить
6	lǐwù 礼物	n.	gift 선물		プレゼント、贈り物 подарок
7	shēngrì 生日	n.	birthday 생일		誕生日 день рождения
8	dàngāo 蛋糕	n.	cake 케이크		ケーキ торт
9	sòng 送	v.	to give, to give as a gift 주다		(物を) あげる дарить
10	shuō 说	v.	to say, to speak 말하다		喋る、言う говорить
11	tèbié 特别	adj.	special 특별하다		特別の особенный
12	nán 男	adj.	male 남자		男 мужской
13	háishi 还是	conj.	or 아니면		または или
14	nǚ 女	adj.	female 여자		女 женский
15	kě 可	aux.	to be possible, to be worth ～ 할 만하다		～してよい но
16	bǐrú 比如	v.	for example 예를 들면		例えば например

17	qiǎokèlì 巧克力	n.	chocolate 초콜릿	チョコレート шоколад	
18	tián 甜	adj.	sweet 달다	(味等が)甘い сладкий	
19	hàomǎ 号码	n.	size 싸이즈	サイズ номер	
20	nàme 那么	conj.	then, in that case 그러면	それでは то	
21	shù 束	mw.	bouquet, *measure word* (*for flowers*) 다발	(花等に用いる)助数詞、束 букет	
22	huā 花	n.	flower 꽃	花 цветы	
23	zhǔyi 主意	n.	idea 생각, 의견	アイデア идея	

16 周末你干什么

1	yòu 又	adv.	again 또, 다시, 거듭	まだ опять
2	le 了	part.	*particle* 어떤 조건 아래 모종의 상황이 출현함을 표시	動詞・形容詞の後ろに置き、動作・行為の完了や状態の変化などを表す *частица, которая ставится после глагола или прилагательного для выражения завершённого характера действия*
3	kàn qǐlai 看起来		it looks like, it seems that 보아하니, 보기에	見た目 видно

Elementary | ● 27

#	Pinyin / 汉字	词性	English / 한국어	日本語 / Русский
4	la 啦	part.	modal particle 어조사	「了」と「啊」の合音で、感嘆または阻止の意味を兼ねた断定的な口調を表す。緊張と興奮の意を含む。 частица, которая ставится в конце предложения для выражения удовлетворения, завершённости действия и т.д.
5	kěyǐ 可以	aux.	may, can, be able to ~할 수 있다, ~해도 좋다	～できる、～してもよい можно
6	hǎohāor 好好儿	adv.	to one's heart's content, all out 잘, 충분히	ちゃんとしている хорошо
7	juéde 觉得	v.	to feel ~라고 느끼다, ~라고 생각하다	～だと思う казаться
8	méi yìsi 没意思		boring 재미없다, 지루하다	面白くない неинтересный
9	diànshì 电视	n.	TV, television 텔레비전, TV	テレビ телевидение
10	shàng wǎng 上网		to go online, to access the Internet 인터넷에 접속하다	インターネット、インターネットする сидеть в интернете
11	xǐ 洗	v.	to wash 씻다	洗う стирать
12	shuì lǎnjiào 睡懒觉		to get up late 늦잠을 자다	寝過ごす、寝坊する поздно вставать
	shuì jiào 睡觉		to sleep 자다	寝る спать
13	gēn 跟	conj.	and 뒤따르다, 와, 과	あとについて行く、と с (кем)
14	chūqu 出去		to go out 나가다	出て行く выходить

15	guàng 逛	v.	to go out shopping, to walk around 한가롭게 거닐다, 놀러 다니다	(町など)をブラブラする гулять
16	xuéxí 学习	v.	to study 공부하다	勉強、勉強する заниматься
17	bù tóng 不同		different 다르다	違う разный
18	ānpái 安排	v.	to arrange 안배하다, 배치하다	手配する、配置する распределять, планировать
19	shàng 上		last, previous 지난(번)	前回、先～ прошлый
20	bāo 包	v.	to wrap 싸다	包む лепить (пельмени и т.д.)
21	jiǎozi 饺子	n.	dumpling 교자	餃子 пельмени
22	tiào wǔ 跳舞		to dance 춤을 추다	ダンス、踊る танцевать
23	pá 爬	v.	to climb, to crawl 오르다	登る、這い上がる карабкаться
24	shān 山	n.	hill, mountain 산	山 гора
25	tīng 听	v.	to listen 듣다	聞く слушать
26	yīnyuèhuì 音乐会	n.	concert 음악회	コンサート концерт

17 做客（一）

1	zuò kè 做客		to be a guest 손님이 되다, 방문하다	人を訪問する、客になる идти в гости

2	qǐng jìn 请进		Come in please. 들어 오세요		入室を許可する、どうぞ проходите, пожалуйста
3	zhēn 真	adv.	really 참으로		本当に как
4	gānjìng 干净	adj.	clean 깨끗하다		清潔である чистый
5	zuò 坐	v.	to sit 앉다		座る садиться
6	āiyā 哎呀	interj.	*interjection word* 놀라움을 나타냄		驚いたり、以外に思った時に発する言葉 ax
7	kèqi 客气	adj.	courteous, polite 정중하다, 예의가 바르다		遠慮、謙遜する вежливый
8	yìdiǎnr 一点儿	q.	a little 조금, 약간		少し、少し〜だ немного
9	xīnyì 心意	n.	regard, appreciation 마음, 성의		心、気持ち подарок
10	shōuxia 收下		to accept, to take 받다, 받아 두다		貰う принимать
11	chá 茶	n.	tea 차		お茶 чай
12	guǒzhī 果汁	n.	fruit juice 주스		果実ジュース сок
13	suí biàn 随便		anything is OK, having no preference 마음대로		勝手にして、随意である любой
14	xíng 行	v.	OK. 좋다, 동의한다		よろしい ладно
15	lùshang 路上	n.	on the road, on the way 도중		道中、途中 на дороге
16	shùnlì 顺利	adj.	smooth, uneventful 순조롭다		(物事が)順調にいく благополучный

17	jǐ 挤	adj.	crowded 붐비다, 빽빽이 들어차다	(人や物が)ぎっしり詰まる тесный, тесно
18	dǎ chē 打车		to take a taxi 택시를 잡다(타다)	タクシーに乗る брать такси
19	dìtiě 地铁	n.	subway 지하철	地下铁 метро
20	zhàn 站	n.	station 역	駅 станция
21	yuǎn 远	adj.	far, distant 멀다	遠い далёкий, далеко
22	kōngtiáo 空调	n.	air-condition 에어컨	エアコン кондиционер
23	è 饿	adj.	hungry 배고프다	(お腹)空いた голодный
24	chī 吃	v.	to eat 먹다	食べる есть
25	huì 会	aux.	can, to know how to 할 수 있다	できる уметь
26	shì 试	v.	to try 시도하다	試す пробовать

18 做客（二）

1	hǎochī 好吃	adj.	delicious, tasty 맛있다	(食べ物等が)おいしい вкусный
2	wèidao 味道	n.	taste, flavor 맛	(食べ物等の)味 вкус
3	běifāng 北方	n.	the northern part of China 북방	北方、北の方 север

4	guò 过	v.	to spend (time), to celebrate	過ごす	
			지내다, 쇠다	проводить, отмечать	
5	jié 节	n.	festival, holiday	記念日	
			명절	праздник	
6	kèren 客人	n.	guest	お客さん	
			손님	гость	
7	fànguǎnr 饭馆儿	n.	restaurant	飲食店	
			음식점	ресторан	
8	nánfāng 南方	n.	the southern part of China	南の方、南方	
			남쪽, 남방	юг	
9	mǐfàn 米饭	n.	cooked rice	ご飯、白米	
			쌀밥	рис	
10	miànshí 面食	n.	wheat-based foods	麺類の食べ物	
			밀가루 음식, 분식	мучное изделие	
11	duì……lái shuō 对……来说		for (sb.)	～の方面から言うと	
			~입장에서 말하자면	что касается...	
12	zhòngyào 重要	adj.	important	重要、重要である	
			중요하다	важный	
13	zhǒng 种	mw.	type, kind	種、種類	
			종류, 종	*счётное слово*	
14	shípǐn 食品	n.	food	食品、食べ物	
			식품	продукты	
15	máfan 麻烦	adj.	troublesome	めんどくさい	
			성가시다, 번거롭다	хлопоты	
16	shǎo 少	adj.	few	少ない	
			적다	мало	
17	xiànr 馅儿	n.	filling	あん	
			(떡, 만두 따위에 넣는) 소	начинка	
18	děi 得	aux.	must, have to	～しなければならない	
			(마땅히)~해야 한다	должен	

19	huā 花	v.	to spend 쓰다, 사용하다	使う、消費する тратить
20	chāoshì 超市	n.	supermarket 슈퍼마켓	スーパーマーケット супермаркет
21	sùdòng 速冻	v.	quick-frozen 급속냉동(하다)	急速冷凍する быстро замораживать
22	rúguǒ 如果	conj.	if 만약	もしも、もし〜ならば、例えば если
23	dehuà 的话	part.	used at the end of a conditional clause 만약~다면	〜ならば、〜と言うことならば частица, которая ставится в конце условного предложения
24	xiǎng 想	aux.	to want to ~하고 싶다	〜したい、しようと思う думать
25	dài 袋	mw.	pack, bag 자루, 주머니	袋 мешок
26	tōu lǎn 偷懒		to be lazy 게으름 피우다, 꾀부리다	怠ける、サボる лениться
27	dàjiā 大家	pron.	everyone 모두	みんな все люди
28	rènao 热闹	adj.	abuzz, bustling with activity 벅적벅적하다	にぎやかである шумный
29	yǒu yìsi 有意思		interesting 재미있다	面白い интересный

19 现在习惯了

1	duō 多	pron.	how 얼마나	（疑問文に用いて程度を問う）どれだけ、どれほど насколько

2	cháng 长	adj.	long 길다		長い длинный
3	nián 年	n.	year 년		年 год
4	xíguàn 习惯	v.	to be used to, to become accustomed to 습관		習慣、習慣になる привыкать
5	shēnghuó 生活	n.	life 생활하다		生活、生活する жизнь
6	gāng 刚	adv.	just 막, 방금		ついさっき только
7	yǐjīng 已经	adv.	already 벌써, 이미		すでに～だ уже
8	bù hǎoyìsi 不好意思		sorry, to be a bit embarrassed 부끄럽다, 쑥스럽다		恥ずかしい、きまり悪い стесняться
9	cái 才	adv.	not until, as late as ~에야, 비로소		やっと、ようやく только
10	qǐ chuáng 起床		to get up 일어나다, 기상하다		起きる、起床する вставать
	chuáng 床	n.	bed 침대, 베드		ベッド кровать
11	shuì 睡	v.	to sleep, to go to sleep (잠을)자다		寝る、睡眠をとる спать
12	yèli 夜里	n.	nighttime 밤		夜 ночь
13	zǎo shuì zǎo qǐ 早睡早起		early to bed and early to rise 일찍 자고 일찍 일어나다		早寝早起き рано ложиться спать и рано вставать
14	gōngzuò 工作	v.	to work 직업, 일		仕事 работать

15	máobing 毛病	n.	bad habit, flaw 흠, 나쁜 버릇	悪い癖 недостатки
16	gǎi 改	v.	to change 고치다	改める исправлять
17	dà 大	adj.	old (*for people*) 크다	大きい старый
18	niánjì 年纪	n.	age 연세, 나이	年齢、年のころ возраст
19	dàgài 大概	adv.	about, approximately 대략, 대강	おそらく、おおかた наверно
20	suì 岁	mw.	years old ~살	~歳 год

20 看病人

1	kàn 看	v.	to see, to visit 방문하다	訪問、訪問する навещать
2	bié kèqi 别客气		Don't be so polite. That's OK. 사양하지 마십시오	どういたしまして пожалуйста
	bié 别	adv.	Don't... ~하지 마라	~するな не
3	yīnwèi 因为	conj.	because ... 로 인하여	~なので、~により потому что
4	wúliáo 无聊	adj.	uninteresting, boring 심심하다, 지루하다	退屈、退屈である скучный
5	yīyuàn 医院	n.	hospital 병원	病院 больница
6	liáo tiānr 聊天儿		to chat 잡담을 하다	おしゃべりする болтать

7	zuò mèng 做梦		to dream, to have a dream		夢を見る
			꿈을 꾸다		видеть во сне
8	xìngfú 幸福	adj.	happy		幸福、幸せである
			행복하다		счастье
9	bèi 背	v.	to recite, to memorize		暗記する
			암기 하다, 외우다		учить наизусть
10	shēngcí 生词	n.	new word		新しい単語
			새 단어		незнакомое слово
11	kǎo shì 考试		to take a test		テスト
			시험		сдавать экзамен
12	lèi 累	adj.	tired		疲れる
			피곤하다		уставать
13	sǐ 死	v./adj.	to die; to death		死ぬ、死
			죽다		умереть
14	zhù 住	v.	to reside, to live (*somewhere*)		住む
			살다, 거주하다		жить
15	wèn 问	v.	to ask		たずねる、聞く
			묻다		спрашивать
16	yīshēng 医生	n.	doctor		医者
			의사		врач
17	tóngyì 同意	v.	to agree		同意する
			동의하다		соглашаться
18	duìle 对了	v.	Oh yeah..., by the way		ところで
			참		кстати
19	chǎo 炒	v.	to stir-fry		炒め、炒める
			볶다		жарить
20	cài 菜	n.	vegetable, prepared dish		野菜、おかず
			채소, 반찬		овощи
21	miàntiáor 面条儿	n.	noodle		ラーメン、ヌードル
			국수		лапша

22	jīròu 鸡肉		chicken	チキン
			치킨	курица
23	hànbǎo 汉堡	n.	hamburger, hamburg	ハンバーガー
			햄버거	гамбургер
24	bìngrén 病人	n.	patient, ill person	病人、患者
			환자	больной
25	shēntǐ 身体	n.	body, health	体、身体
			몸, 신체	здоровье
26	yào 药	n.	medicine, medication	薬
			약	лекарство

专有名词 Proper Noun				
	Màidāngláo 麦当劳		McDonald's	マクドナルド
			맥도날드	Макдональдс

21 我喝了半斤白酒

1	shēng qì 生气		to be angry, to be mad	怒る
			화가나다	сердиться
2	hǎoxiàng 好像	v.	it seems	まるで～のようだ
			마치~과 같다	будто
3	liǎnsè 脸色	n.	look, (facial) color	颜色
			혈색, 안색	вид
4	áo yè 熬夜		to stay up late or all night	徹夜、徹夜する
			밤샘하다, 철야하다	поздно ложиться спать
5	jīn 斤	mw.	half a kilogram	助数詞(1"斤"は500グラム)
			중량 단위(1근은 500g)	полкило
6	báijiǔ 白酒	n.	*a type of Chinese distilled alcohol*	蒸留酒の総称
			배갈, 백주	китайская водка

Elementary

#	Pinyin / 汉字	词性	English	日本語
7	tóu 头	n.	head 머리	頭 голова
8	téng 疼	adj.	hurt, ache 아프다	痛い、痛む больно
9	fēng 疯	v.	to be crazy 미치다	狂う с ума сходить
10	zuì 醉	v.	to be drunk 취하다	酔う、酔っぱらう пьянеть
11	tù 吐	v.	to vomit, to throw up 토하다, 내뱉다	吐く、吐き出す тошнить
12	fàn 饭	n.	food, cooked rice 밥, 끼니	ごはん обед, еда
13	rèqíng 热情	adj.	hospitable, enthusiastic 열정	熱情 любезный
14	bù tíng 不停		continuously, without stopping 끊임없이	(ある動作が)止まらない беспрерывно
15	de 地	part.	*structural particle* 동사를 수식할 때 씀	動詞の修飾語をつくる *частица*
16	dào 倒	v.	to pour 붓다	注ぐ лить
17	jiǔ 酒	n.	alcohol, liquor, wine 술	酒 алкоголь
18	yǒude 有的	pron.	some 어떤 것, 어떤 사람	ある(人、物) некоторый
19	qǐng kè 请客		to host (*usually a meal*), to entertain guests 한턱내다	奢る угощать
20	quàn jiǔ 劝酒		to urge sb. to drink more 술을 권하다	酒を勧める предложить пить

21	kě 渴	adj.	thirsty	喉が渇いている	
			목마르다	хотеть пить	
22	bāng 帮	v.	to help	手伝う、助ける	
			돕다	помогать	
23	bēi 杯	n.	glass, cup	（助数詞）コップや杯などの容器を単位として、液体の量を数える	
			잔(양사)	стакан	
24	kùn 困	adj.	sleepy	眠い	
			졸리다	хотеть спать	
25	jìxù 继续	v.	to continue	続く	
			계속하다	продолжать	

22 他感冒了

1	néng 能	aux.	can, be able to	できる
			~할 수 있다, 가능하다	уметь
2	bìng 病	v.	to be ill	病気、病気になる
			병	болеть
3	gǎnmào 感冒	v.	to catch a cold, to have a cold or flu	風邪、風邪をひく
			감기(걸리다)	простужаться
4	tóu téng 头疼		headache	頭が痛い
			머리가 아프다	болит голова
5	fā shāo 发烧		to have a fever	熱が出る
			열이 나다	(у кого) температура
6	késou 咳嗽	v.	to cough	せき、せきをする
			기침하다	кашлять
7	qiántiān 前天	n.	the day before yesterday	一昨日
			그저께	позавчера

8	chǎng 场	mw.	measure word (for a game or match) (양사)일의 경과 • 자연 현상 따위의 횟수를 세는 단위	（助数詞）スポーツ・演芸・映画などの上演回数を数える счётное слово
9	zúqiú 足球	n.	soccer, football 축구	サッカー футбол
10	bǐsài 比赛	n.	match, game 시합(하다)	試合、試合する соревнование
11	huílai 回来		to come back 돌아오다	もどる、帰ってくる возвращаться
12	dài 带	v.	to bring 지니다, 휴대하다	持つ、持っている брать
13	sǎn 伞	n.	umbrella 우산	傘、とくに雨傘 зонтик
14	kàn bìng 看病		to see a doctor 진찰하다, 진료를 받다	診察する、治療する идти к врачу
15	kāi 开	v.	to write out 처방하다	処方する выписывать
16	dǎ zhēn 打针		to get an injection 주사를 놓다	注射する делать укол
17	zuìhǎo 最好	adv.	had better, had best 가장 좋다, 제일 좋다, 가장 바람직한 것은	一番良い лучше
18	xiūxi 休息	v.	to rest 쉬다	休憩、休憩する отдыхать
19	qǐngjiàtiáo 请假条		written request for leave 휴가원, 결석계, 결근계	休暇願い записка с просьбой об отпуске
20	qǐng jià 请假		to ask for a leave 휴가를 받다	休みを請う просить об отпуске
21	xīwàng 希望	v.	to hope, to wish 희망하다	希望、希望する надеяться

22	pīzhǔn 批准	v.	to approve, to grant (*a request*)	許可する、同意する
			비준하다, 허가하다	разрешать
23	yuè 月	n.	month	月
			월	месяц
24	rì 日	n.	day, date	日にち
			일	день

23 你学了多长时间汉语

1	chídào 迟到	v.	to be late	遅刻、遅刻する
			지각하다, 연착하다	опаздывать
2	dǔ chē 堵车		traffic jam	渋滞、渋滞する
			차가 막히다	пробка
	dǔ 堵	v.	to stop up, to block	詰まる
			밀리다, 막히다	блокировать, образовать пробку
3	huài 坏	v.	to break down, to be broken or ruined	壊れる
			망가지다	ломаться
4	lúntāi 轮胎	n.	tire	タイヤ
			타이어	шина
5	pò 破	v.	to break open, to tear	破る、破れる
			파손되다	рваться
6	dǎoméi 倒霉	adj.	having bad luck	ついてない、運が悪い
			재수없다	не везёт
7	xiǎoshí 小时	n.	hour	時間
			~시간	час
8	píngshí 平时	n.	in normal times	いつも、いつもは
			평소, 여느 때	обычно

9	zhōngtóu 钟头	n.	hour 시간	時間 час	
10	zháojí 着急	adj.	anxious 조급해하다, 안달하다	急いでる торопиться	
11	yòng 用	v.	to use 사용하다	使う、使用する использовать	
12	xiě 写	v.	to write 쓰다	書く писать	
13	zuòwén 作文	n.	essay 작문	作文 сочинение	
14	kǒuyǔ 口语	n.	spoken or oral language 구어	口語 разговорная речь	
15	kàn 看	v.	to see from one's point of view ~라고 보다, 생각하다	観察、観察する смотреть	
16	xué 学	v.	to learn, to study 배우다	学ぶ、勉強する учить	
17	chūzhōng 初中	n.	junior high school 중학교	中学校 средняя школа	
18	nàme 那么	pron.	that (*as in "to that dgree..."*) 그렇게	そんなに то	
19	yǔfǎ 语法	n.	grammar 어법, 문법	文法 грамматика	
20	jiǎndān 简单	adj.	simple 간단하다	簡単、易しい простой	
21	fānyì 翻译	v.	to translate 번역하다, 통역하다	通訳、翻訳 переводить	
22	mǎshàng 马上	adv.	immediately, at once 곧, 즉시	すぐ сразу	

23	xià 下	n.	next 다음		次の следующий
24	xuéqī 学期	n.	semester 학기		学期 семестр

24 你吃了早饭来找我

1	dǎ 打	v.	to play 치다		打つ играть
2	qiú 球	n.	ball 공		ボール мяч
3	shítáng 食堂	n.	dinning hall, cafeteria 식당		食堂 столовая
4	liǎng 两	mw.	*unit of weight* 양사(보통 50g에 해당)		重さの単位 лян (весовая единица, равная 1/20 килограмма)
5	jùhuì 聚会	v.	to have a get-together or party 모임		パーティー собираться вместе
6	zhù 祝	v.	to wish 축원하다		祝う、祈る поздравлять
7	kuàilè 快乐	adj.	happy 즐겁다, 행복하다		愉快である весёлый
8	wǎn 碗	n.	bowl 사발, 그릇		碗、茶碗 чаша
9	pútaojiǔ 葡萄酒	n.	wine 포도주		ワイン вино
10	chuī 吹	v.	to blow 불다		吹く дуть
11	làzhú 蜡烛	n.	candle 초, 양초		ろうそく свечка

12	nǚshēng 女生	n.	female student	女の子	
			여학생	студентка	
13	kǎlā OK 卡拉OK		karaoke	カラオケ	
			가라오케	караокэ	
14	dànshì 但是	conj.	but	でも	
			그렇지만, 하지만	но	
15	wǎn 晚	adj.	late	(時間等が)遅い	
			늦은	поздний	
16	fàng xīn 放心		to set one's mind at ease	安心する	
			마음을 놓다, 안심하다	успокаиваться	
17	měishùguǎn 美术馆	n.	art museum, art gallery	美術館	
			미술관	галерея	
18	zhǎnlǎn 展览	v.	to exhibit	展覧、展覧する	
			전시하다	выставка	
19	méi yìjiàn 没意见		to agree, to have no objection or opinion otherwise	意見がない	
			불만 없다, 의견이 없다	согласен	
	yìjiàn 意见	n.	opinion	意見、不満、議論、文句	
			의견	иное мнение, несогласие	
20	zǎofàn 早饭	n.	breakfast	朝ごはん	
			아침 식사	завтрак	
21	zhǎo 找	v.	to look for	探す、捜す	
			찾다	разыскивать	
22	ménkǒu 门口	n.	entrance, gate, doorway	入り口	
			문(출입구)	вход	
23	jiàn miàn 见面		to meet	会う	
			만나다	видеться	
24	diànnǎo 电脑	n.	computer	コンピューター	
			컴퓨터	компьютер	

专有名词	Proper Noun		
Xiǎoměi 小美		name of a person (female)	人名
		인명	Сяо Мэй

你该多锻炼锻炼了

1	gāi 该	aux.	should		べきだ
			마땅하다		nopa
2	wǎn'ān 晚安	v.	Good night.		おやすみなさい
			안녕히 주무세요		спокойной ночи
3	diànshìjù 电视剧	n.	TV drama, soap opera		テレビドラマ
			드라마		телесериал
4	tàijíquán 太极拳	n.	Taiji, a kind of traditional Chinese shadow boxing		太極拳
			태극권		Тайцзи
5	cānjiā 参加	v.	to attend		参加、参加する
			참가하다		участвовать
6	bān 班	n.	class, team, section		クラス、組
			반, 그룹		группа
7	bào míng 报名		to register, to sign up		応募する、申し込む、志願する
			신청하다, 지원하다		записываться
8	dòngzuò 动作	n.	action, motion		動作
			동작		движение
9	wàng 忘	v.	to forget		(物事を)忘れる
			잊어버리다		забывать
10	chóngxīn 重新	adv.	over again, anew		また最初から、一から
			다시, 재차, 새로이		снова
11	nàozhōng 闹钟	n.	alarm clock		目覚まし時計
			자명종		будильник

12	kōngqì 空气	n.	air 공기	空気 воздух	
13	xīnxiān 新鲜	adj.	fresh 신선하다	新鲜、新鲜である свежий	
14	hú 湖	n.	lake 호수	湖 озеро	
15	pǎo bù 跑步		to run, to jog 달리기	走る бежать, бегать	
16	shù 树	n.	tree 나무, 수목	木 дерево	
17	niǎo 鸟	n.	bird 새	鳥 птица	
18	fēi 飞	v.	to fly 날다	飛ぶ летать, лететь	
19	jìnr 劲儿	n.	strength 힘	力 сила	
20	chū 出	v.	to come out 나오다	出る выходить	
21	hàn 汗	n.	sweat 땀	汗 пот	
22	duànliàn 锻炼	v.	to exercise 단련하다	鍛鍊、鍛える тренироваться	
23	bàng 棒	adj.	very good, excellent 뛰어나다, 훌륭하다, 좋다	とても良い、素晴らしい прекрасный	
24	pǎo 跑	v.	to run 달리다, 뛰다	走る бежать, бегать	
25	sàn bù 散步		to take a walk 산책하다	散步、散步する гулять	

25 快考试了

#	Pinyin / 汉字	词性	English	日本語
1	jiē 接	v.	to answer the phone, to receive	（電話に）出る
			받다	отвечать (на телефон)
2	diàn 电	n.	electricity	電気
			전기	электричество
3	yònggōng 用功	adj.	diligent, hard-working in one's studies	一生懸命勉強する
			열심히 하다	много заниматься
4	kuài 快	adv.	to be going to (happen) soon	もうすぐ、じきに〜だ
			머지않아〜하다	скоро
5	jīchǔ 基础	n.	base, foundation	基礎
			기초, 기본	база
6	zhǐhǎo 只好	adv.	to have no choice but to	〜する以外ない、〜するしかない
			부득이	приходиться
7	gèng 更	adv.	even more, more	更に、ますます
			더, 더욱	более
8	nǔlì 努力	adj.	hardworking, putting in a lot of effort	努力、努力する
			열심히	старательный
9	kuàiyào 快要	adv.	is going to (happen) soon	もうすぐ
			곧	скоро
10	fàng jià 放假		to go on break, to start the vacation period	休み
			방학	распускать на каникулы
11	jiàqī 假期	n.	holiday, vacation period	休暇
			휴일	каникулы
12	lǚxíng 旅行	v.	to travel	旅行、旅行する
			여행(하다)	путешествовать
13	juédìng 决定	v.	to decide	决定、决定する
			결정하다	делать решение

Elementary

14	kěnéng 可能	aux.	might, maybe, perhaps 가능하다, 아마도	かも知れない、らしい возможно
15	chūfā 出发	v.	to start out 출발하다	出発、出発する отправляться
16	kǎolǜ 考虑	v.	to think over, to consider 고려하다, 생각해 보다	考慮、考慮する задумываться
17	míngxìnpiàn 明信片	n.	postcard 엽서	葉書 открытка
18	xīnnián 新年	n.	new year 신년, 새해	新年 Новый год
19	jì 寄	v.	to mail, to send 붙이다, 보내다	送る отправлять
20	hèkǎ 贺卡	n.	greeting card 축하 카드	グリーティングカード поздравительная открытка
21	bànfǎ 办法	n.	way, means, approach 방법, 수단	方法 способ
22	qīnqi 亲戚	n.	family relation, relative 친척	親戚 родственник
23	zhěngzhěng 整整	adv.	the whole, the entire (*day*, *morning*, *etc.*) 온전한, 꼬빡	まるまる、ちょうど、かっきり целый
24	zài 再	adv.	then 다시	再び、もう一度 опять
25	gāngcái 刚才	n.	just now, a moment ago 막, 방금	さっき только что
26	pái duì 排队		to stand in line 줄을 서다	列を作る、列に並ぶ стоять в очереди

专有名词		Proper Nouns		
1	Dōngběi 东北		Northeast of China 동북	東北 северо-восток

2	Shèngdàn Jié 圣诞节	n.	Christmas 크리스마스, 성탄절	クリスマス Рождество

27 爸爸妈妈让我回家

1	jìhuà 计划	n.	plan, project 계획	計画 план
2	dāi 待	v.	to stay 머무르다	（あるところに）とどまる оставаться
3	dìfang 地方	n.	place 지방	地方 место
4	fēngjǐng 风景	n.	scenery 풍경	風景 пейзаж
5	měi 美	adj.	beautiful 아름다운	美しさ、美しい красивый
6	jí le 极了		extremely (*used after adjective indicating to a high degree*) 매우, 극히	とても、実に очень
7	fùxí 复习	v.	to review 복습	復習、復習する повторять
8	gōngkè 功课	n.	assignment, homework 공부	課業 урок
9	bì yè 毕业		to graduate 졸업(하다)	卒業、卒業する оканчивать (учебное заведение)
10	zhuājǐn 抓紧	v.	to grab hold of, to take advantage of (*time*) 다그치다	急いでやる торопиться
11	fāngmiàn 方面	n.	aspect 방면, 방향	～方面 аспект

12	gǔdài 古代	n.	ancient		古代
			고대		старина
13	lìshǐ 历史	n.	history		歴史
			역사		история
14	gǎn xìngqù 感兴趣		to be interested in		興味をもつ
			흥미있다		интересоваться
15	jiàoshòu 教授	n.	professor		教授
			교수		профессор
16	yídìng 一定	adv.	definitely, certainly		必ず、きっと
			꼭, 반드시		обязательно
17	kǎoshang 考上		to pass an exam		(試験などに)受かる、受かった
			(시험에)합격하다		поступать
	kǎo 考	v.	to take an exam, to test		(試験などを)受ける
			시험치다		сдавать
18	ràng 让	v.	to cause, to make, to ask (or allow) someone to do something		(人等に)〜させる
			〜하게하다		пусть
19	wèntí 问题	n.	problem, question		問題
			문제		вопрос
20	yīnggāi 应该	aux.	should		〜すべきだ
			반드시〜해야 한다		надо
21	xiǎngniàn 想念	v.	to miss		懐かしむ、恋しがる
			그립다		скучать
22	tàng 趟	mw.	*measure word (for trips)*		(往復する動作を数える)助数詞
			차례, 번(양사)		*счётное слово*

专有名词　Proper Nouns

1	Hā'ěrbīn 哈尔滨	*name of a place*		ハルピン
		할빈		Харбин
2	Zhāng Dàpéng 张大朋	*name of a person (male)*		人名
		인명		*имя* Чжан Дапэн

3	Chūnjié 春节		Spring Festival 음력설	旧正月 Праздник весны

23 考得怎么样

1	xīngqī 星期	n.	week 주, 요일	週、曜日 неделя
2	mén 门	mw.	*measure word（for courses）* 과목의 단위(양사) ~과목	(学科・技術を数える)助数詞 *счётное слово*
3	wán 完	v.	to finish, to be done 끝나다	終わる、終わりにする заканчивать
4	yǒuxiē 有些	pron.	(there are) some 일부, 어떤	いくらかの(事物) некоторые
5	bàogào 报告	n.	report 리포트	レポート доклад
6	de 得	part.	structural particle 동사나 형용사의 뒤에 쓰여, 결과나 정도를 표시하는 보어를 연결시키는 역할을 함	（助詞）動詞や形容詞の後に用い、結果・程度を表す補語を導く *частица, которая применяется для образования дополнения к глаголу или прилагательному*
7	fàngsōng 放松	v.	to relax 릴랙스, 긴장을 품	リラックスする расслабляться
8	gàosu 告诉	v.	to tell 알리다	告げる、知らせる、教える сообщать, говорить
9	jǐnzhāng 紧张	adj.	tense, nervous, stressed 긴장하다	緊張、緊張する напряжённый
10	xiàoguǒ 效果	n.	effect 효과	効果 эффект

Elementary / 51

11	ya 呀	part.	used at the end of a sentence as a modal particle	話し手の感情や態度を表すために文末にくる語気助詞
			어세를 돕기 위하여 문장의 끝에 사용하는 어기조사	частица, которая ставится в конце предложения для выражения удивления, недоумения и т.д.
12	dào 道	mw.	measure word (for test items)	(助数詞) 回数、度
			(양사) 회수를 나타냄	счётное слово
13	tí 题	n.	question, test item	問題
			문제	задача
14	dá 答	v.	to answer	答える、返事する
			대답하다, 회답하다	отвечать
15	wèi shénme 为什么		why	なぜ、どうして(疑問詞)
			왜	почему
16	gòu 够	v.	to be enough	十分、足りる
			충분하다	хватать
17	yuèdú 阅读	v.	to read	読解、読む
			읽기	читать
18	Hànzì 汉字	n.	Chinese character	漢字
			한자	иероглиф
19	nán 难	adj.	difficult	難しい
			어려운	трудный
20	màn 慢	adj.	slow	(時間、速度が)遅い
			느리다	медленный
21	quèshí 确实	adv.	indeed, really, truly	確実である、確かに
			확실하다	точно
22	jì 记	v.	to remember	覚える
			기억하다	запоминать
23	fāngfǎ 方法	n.	way, method	方法
			방법, 수단	метод

词语手册

24	biān 编	v.	to edit, to compile	編集、編集する	
			엮다, 편집하다	составлять	
25	gùshi 故事	n.	story	お話、物語	
			이야기, 스토리	рассказ	
26	jiè 借	v.	to borrow	借りる	
			빌리다	брать	
27	yěxǔ 也许	adv.	maybe, perhaps	もしかしたら〜かもしれない	
			어쩌면, 아마도	наверное	
28	bāngzhù 帮助	v.	to help	手伝う、助ける	
			돕다	помогать	
29	dān xīn 担心		to worry	心配する	
			걱정하다	беспокоиться	
30	jiějué 解决	v.	to solve, to resolve (*a problem*)	解決、解決する	
			해결하다	решать	

专有名词	Proper Noun				
	Ōu–Měi 欧美		European and American	欧米	
			유럽과 아메리카, 구미	Европа и Америка	

29 我们已经买好票了

1	quánbù 全部	n.	all, completely	全部、全部の	
			전부	всё	
2	zhōngyú 终于	adv.	finally, at long last	ついに、とうとう	
			결국, 마침내	наконец	
3	biétí 别提	v.	no need to mention	言うな	
			말하지 마라	не говоря о...	
	tí 提	v.	to bring up (*a topic*)	話題にする、提起する	
			제기하다	упоминать	

Elementary | 53

	Pinyin / 汉字	词性	English	日本語 / Русский
4	zāogāo 糟糕	adj.	in a mess, in a sorry state / 엉망이다, 망치다	しくじる、だめになる / плохой
5	shēngdiào 声调	n.	tone / 성조	声調 / интонация
6	cuò 错	adj.	wrong, incorrect / 틀리다	間違い、間違う / ошибка
7	qiānxū 谦虚	adj.	modest / 겸손하다	謙虚、謙虚な / скромный
8	ná 拿	v.	to take / 잡다, (손에) 쥐다, 가지다	持っている / носить, нести
9	kāi wánxiào 开玩笑		to make fun of / 웃기다, 놀리다	冗談を言う、からかう / шутить
	wánxiào 玩笑	n.	joke / 농담, 장난	冗談、ふざける / шутка
10	gāotiě 高铁	n.	high-speed rail / 고속철	高速鉄道 / высокоскоростной поезд
11	piào 票	n.	ticket / 표, 티켓	券、切符 / билет
12	zhāng 张	mw.	measure word (for tickets and other objects that are flat in shape) / ~장(양사)	（平らな物を数える）助数詞 / лист
13	èrděngzuò 二等座	n.	second-class seat / 이등석	二等席 / место во втором классе
14	lìngwài 另外	pron./adv.	the other; additionally / 예외, 그밖의	別の、もう一つの / к тому же
15	yīděngzuò 一等座	n.	first-class seat / 일등석	一等席 / место в первом классе
16	liánhuān 联欢	v.	to get-together (for a party or celebration) / 함께 모여 즐기다	交歓、交歓する / торжество

17	wǎnhuì 晚会	n.	evening party	夜会、夜に行う集まり(主にお酒を楽しむ)	
			이브닝 파티, 야회	вечер	
18	biǎoyǎn 表演	v.	to perform, to act	出演、演ずる、実演する	
			연출하다, 연기하다	представление	
19	jiémù 节目	n.	program	(TV等)番組	
			프로그램	номер	
20	zhège 这个	pron.	well..., uh... (indicates hesitation)	これ、この	
			이, 이것	это	

30 我要参加联欢会

1	xíngli 行李	n.	luggage	（旅行の）荷物	
			여행짐	багаж	
2	chuān 穿	v.	to wear, to put on	着る、はく	
			입다, 신다	надевать, одевать	
3	shōushi 收拾	v.	to pack, to organize, to put in order	片付ける	
			거두다, 치우다	убирать	
4	bàntiān 半天	q.	half a day	長時間、半日	
			한나절, 한참 동안	половина дня	
5	zhěng tiān 整天		the whole day	まる一日	
			온종일, 하루 종일	весь день	
6	liánhuānhuì 联欢会	n.	get-together, party	交歓会、親睦会	
			친목회	торжественная встреча	
7	xūyào 需要	v.	to need	必要とする	
			필요하다	нужно	
8	Yīngwén 英文	n.	English language	英语	
			영어	английский язык	

9	shǒu 首	mw.	*measure word (for songs)* ~곡 (양사)	(曲などに用いる)助数詞 *счётное слово*
10	liúxíng 流行	adj.	popular 유행하다	流行 популярный
11	gēqǔ 歌曲	n.	song 가곡	歌曲 песня
12	míngē 民歌	n.	folk song 민가, 민요	民間歌謠 народная песня
13	hǎotīng 好听	adj.	pleasant to listen to, nice-sounding 듣기 좋다	聞き心地が良い благозвучный
14	fāyīn 发音	n.	pronunciation 발음(하다)	発音 произношение
15	dǒng 懂	v.	to understand 이해하다	分かる、理解する понимать
16	shúxi 熟悉	adj.	familiar (with) 숙지하다, 익히 알다	熟知 знакомый
17	gēcí 歌词	n.	lyric 가사	歌詞 текст песни
18	biāozhǔn 标准	adj.	standard 표준	標準 стандартный
19	miànzi 面子	n.	face, dignity 면목, 체면	メンツ лицо
20	xiàzài 下载	v.	to download 다운로드	ダウンロード скачивать
21	cì 次	mw.	time, *measure word (for actions)* 다음의	次 *счётное слово*
22	pà 怕	v.	to be afraid (of) 무서워하다, 두려워하다	恐れる、怖がる бояться